为什么你该花更多的钱，买更少的衣服？

拯救地球，
也拯救你衣柜的
新购衣哲学

To Die for

Is Fashion Wearing out the World?

露西·希格尔（Lucy Siegle） —著

王芷华 李旻萍 —译

TO DIE FOR: IS FASHION WEARING OUT THE WORLD?
By LucySiegle

This edition arranged with INTERCONTINENTAL LITERARY AGENCY LTD(ILA)
Through Big Apple Agency, Inc., Labuan, Malaysia.
Simplied Chinese edition copyright: 2016 by SDX JOINT PUBLISHING CO.LTD
All Rights Reserved.

本作品中文简体版权由生活·读书·新知三联书店所有。未经许可，不得翻印。

本书中文译稿由城邦文化事业股份有限公司麦田出版事业部授权使用，
非经书面同意，不得任意翻印、转载或以任何形式重制。

图书在版编目（CIP）数据

为什么你该花更多的钱，买更少的衣服？/（英）希格尔著；王芷华，李旻萍译.—北京：生活·读书·新知三联书店，2016.10（2021.2重印）
ISBN 978-7-108-05600-9

Ⅰ.①为… Ⅱ.①希… ②王… ③李… Ⅲ.①消费经济学－研究 Ⅳ.① F014.5

中国版本图书馆 CIP 数据核字 (2015) 第 284786 号

责任编辑	黄新萍
装帧设计	朱丽娜　张　红
责任印制	董　欢
出版发行	生活·讀書·新知 三联书店
	北京市东城区美术馆东街22号
邮　　编	100010
网　　址	www.sdxjpc.com
图 字 号	01—2020—6443
经　　销	新华书店
排版制作	北京红方众文科技咨询有限责任公司
印　　刷	北京隆昌伟业印刷有限公司
版　　次	2016年10月北京第1版
	2021年2月北京第3次印刷
开　　本	880毫米×1230毫米　1/32　印张 13.5
字　　数	283千字
印　　数	11,001—14,000册
定　　价	42.00 元

————

（印装查询：010-64002715；邮购查询：010-84010542）

嘿,亲爱的黛西

别通盘接收所有你读到的事

反之,你为何不再多问几个问题?

我知道你认为人人得到的酬劳都应该与他们所付出的相同

但在这个世界上有人想的和你不一样

他们想的和你不一样

他们之中有些人连想都不想。

卡琳·波瓦特[①],《黛西》

摘自 2006 年《用粉笔涂鸦》专辑

---

① 编注:卡琳·波瓦特,Karine Polwart。苏格兰作曲家、歌手。改编了许多苏格兰民谣,后来在民谣的基础上加入了很多个人经历、政治因素,个人风格日益凸显。

目 录
contents

前言　001

01　肥了衣柜，瘦了风格　005
02　更快、更便宜　025
03　时尚罪犯与时尚受害者　061
04　阳奉阴违的稽查机制　095
05　奢华，太奢华　123
06　难以承受之美　145
07　棉之害　169
08　毛之病　201
09　令人又爱又恨的皮草　227
10　皮的诱惑　267
11　吞噬非洲的二手衣幽灵　289
　　插曲：完美的衣柜　314
12　时尚大厂的自清运动　317
13　从五斗柜出发拯救世界　349
14　精挑细选真时尚　369
15　少买一件更时尚　405

谢辞　427

前 言

全世界每年制造出约800亿件衣服。令人难以置信的是,当购买其中任何一件时,我们所能知道的关于这件衣服是如何被制成、被组装而成,以及在何种环境下被制造出来的相关信息,却是少之又少。在面对制作出流行时尚的工人时,消费者、零售商、设计师及品牌,本来都应该肩负着一份责任,但我们却装聋作哑,不去看制造背后那些悲惨的残酷剥削以及工人所处的危险环境。我们的每一个衣柜都与之脱离不了关系。在快速时尚(fast fashion)低廉价格的引诱之下,我们忽略了国际贸易规范及法律,正在供应链中最微弱的一环上发挥着最恶劣的影响力。在以前,棉花是由奴隶生产的,但在今天,快速时尚将这类在20世纪初即受到西方法律禁止的工作方式,移植到现今发展中国家的每一座纺织工厂里。

我热爱时尚,但我想要的,是它能够令我感到兴奋,给我灵感,而不是让我感到非常愤怒。如今时尚产业与消费者已经陷入一个互相剥削的恶性循环中,并且愈陷愈深,我们生活的地球以及数以百万计的工人,在全球生产线骇人的条件下辛苦地工作着。同为时尚产业的消费者,我自己的消费行为也犹如对其火上浇油。但当

为什么你该花更多的钱，
买更少的衣服？

To Die for :
Is Fashion Wearing out the World?

我更仔细地探入这个看似无毒无害、美丽廉价的工业对环境及社会所造成的真正冲击后，我得到一个结论：够了就是够了。

对于任何一个误以为自己个人的决定实在太微不足道，为着无法对现状产生任何影响而感到苦恼的人，我在此要让你们有所改观。随着全球人口数量逐渐增加，自然资源急遽减少，尤其是那些从前未被人为破坏的旷野的开发，地球正承受着前所未有的压力，这意味着，地球从来都没有比现在更需要人类做出有理智的决定，无论是个人的还是集体的。对我们来说，谨慎并且明智地消费，从来就没有比现在更关键。现今的消费模式迟早必须改弦更张，这早已不是秘密，而时尚产业严重失衡的现状，更是早已埋下隐患。

为什么要给时尚定下流行的时限？为什么不能穿旧衣裳和在慈善义卖店里找到的衣服呢？我开始越来越同意把时尚看作既无用又邪恶的这派说法，深绿环保人士（deep green，像是清教徒那样俭朴的人）的学说更认为，时尚是非常可憎的。不过，若是这样就一竿子打翻一船人了，认为所有的时尚都是肤浅、无用且愚蠢的，或是完全忽略艺术风格中所透露出来的符号意义，显然又不正确。我们的穿着方式是展现个性、呈现自我的非常重要的一环。

不过你也可以看得出这股对时尚的不信任，是其来有自的。无止境地血拼已经塞爆了我们的衣柜。我们的购买模式被以股东的利润为唯一目标的多国企业搞得本末倒置，几乎在一夜之间，我们就养成了即兴消费、随便买随便丢、购买的衣服量比从前的任何时候都多的这种恶习。过去百年来累积的时尚传统、知识与品位也被糟

前言

蹋了。这是一场革命,但却是相当惹人厌的一场革命。说来也怪的是,尽管我们已经很大程度地改变了我们的购买习惯,关于这类消费现象的研究却仍相当贫瘠,这也正是我要在过去 5 年里进行个人调查研究的原因。无论我人在何处、无论我在工作中要撰写什么样的故事,我通常会聚焦到一个与时尚有关的报道上。例如,出发到曼彻斯特撰写一则女性因为穿高跟鞋把脚穿坏了的报道;令我印象更深刻的是,不知有多少年轻女性将她们有限的收入花在索价不菲的名牌包上。我们的时尚狂热在过去 10 年内,已经远远超出界定什么是、什么不是流行的层面了。

时尚经常直接或间接地跃上报纸头条或商业版面,俨然已成这个时代的记号。今日的报道不仅限于凯特・摩斯(Kate Moss)还是菲利普・葛林(Philip Green)[①]的游艇有多大(或者是两者的都报道),还会报道时尚中较平淡的一环,如棉花。偶尔还会出现一些比较醒目的标题,例如:"棉质胸罩再次流行"。不过,这类话题却也说明,除了采矿业之外,少有其他的工业像时尚一样与自然界如此息息相关。从最简单的说起,时尚有赖于水以及农产品,如棉花,还有各种家畜牲口。但时尚产业却几乎还没有开始将由于其生产营运造成的动植物栖息地消失、物种多样性减少,以及气候变迁等后果纳入考虑中。

好消息是:尚有一扇小小的机会之窗可以拯救时尚这个创意产

---

① 译注:英国零售品牌 Topshop 的老板。

业。以上所述的规则已经开始有所改变，制作成衣的工人们开始反击（因为他们当中太多人根本无法靠我们愿意花在衣服上的钱生存下去），而良心发现的消费者现在也有机会站在成衣工人的一边。纵使庞大的零售商和品牌需要你的光顾、政府希望你继续购物，然而，现在，改变的时刻到了。

我担心的是：除非身为时尚爱好者及消费者的我们自己有所坚持，否则这个产业可能只会采取一些不痛不痒的改革。全球经济衰退，再加上时尚供应链的主要原料价格不可避免地上涨，例如，油和棉花，我们将会发现，盘踞英国闹市区街上的多国品牌及零售巨头等大型企业会为了追求边际利润而更加冷血地变本加厉。受害者将是制造商、成衣工人，而最终当设计与质量皆受到牺牲时，受害者将是你和我。我可不希望这样的事发生。

这是一场战役，而我们的软弱会成为现今时尚产业链的筹码。也就是说，它们的对手将是慎思明辨的消费者。我撰写本书的目的，正是要引导你成为这样的消费者。本书将带你超越服装上的挂牌，进入当代服装生产的核心，揭开关于原料、产品以及我们衣柜中琳琅满目的衣服的真相。其中所提之事有好有坏，但目的是要帮助你打造一个既能满足时尚美学，又能符合道德伦理准绳的时尚未来。最终的用意，是要再次点燃那股最初使你成为时尚爱好者的兴奋与热情。

露西·希格尔
2011 年 4 月

肥了衣柜，
瘦了风格

Fat Wardrobes
and
Shrinking Style

为什么你该花更多的钱，买更少的衣服？

To Die for：
Is Fashion Wearing out the World?

每天早晨我一起床，就面对着自己的时尚史。有的是盲目的错误，有的是多次尝试后的进步，有的简直是神来之笔、天作之合，有的则是失心疯、看走眼，有的只是图个安慰，更有的是酒醉过后的瞎买：它们打死都不曾离开我的衣柜。这是因为我的"常用"衣柜（有别于另外两个为了容纳我这10年之内不断暴增的衣服而增添的衣柜）和我的床、门相反，它就像是个合不上的拉链，再也藏不住这些暴增的收藏，要是眯眼一瞧，甚至还能找到我在20世纪90年代早期穿过的一件颇为吓人的聚酯纤维无袖连身迷你裙呢。

因为我是一个收藏家，无法钟情于特定的时尚品位（其实是典型的当代消费主义煽惑的随意买、随意丢），所以你大概会猜测我对那堆衣服有点自信。或许有人会猜想，凭我这种时尚评论人士的直觉，应该会留下些未来还能流传给下一代时尚爱好者的精品吧。不过很遗憾，我可不敢这么说。许多我曾经"投资"其中的短暂流行热潮，好比挂着链条的T恤、露单肩的连身裤，还有其他看起来像是出自名家之手的服饰，摊在清冷的阳光下一看，只拼凑出一幅惨不忍睹的画面。话虽如此，我的衣柜（群）还是反映出了一个时代的某种缩影：在时尚中发生了一场革命的证据，这场革命永远改变了我们看待以及穿着衣服的方式。由于这些衣物能够呈现出我们这个时代的穿着大趋势，因此还有着一定的收藏价值。我成堆的收藏正是当今人们毫无节制的消费习惯的证据。

也许大多数的人不像我这样会留下过去的旧衣物，不过，收在我橱柜深处的衣服的款式、数量和种类还是与大多数人的相似。事实上，尽管我花了多年的时间让我的生活更加环保，更遑论在报纸专栏中鼓励读者试着和我一起这样过，但长久以来我的衣柜依旧像个黑洞。我有几次试着以更严格的环保标准筛选每件衣服——最好是环保的纤维材质、低环保足迹，或是奉行社会正义的概念，例如，公平贸易（Fairtrade）的这类非主流设计师及品牌，但很显然，我还是在消费。摆在眼前的事实是，虽然我可能比多数人更"绿化"，甚至开始限制自己，只在特定的零售商店里消费，但我还是在狂买特买，每个月的账单也经常失控。我不需要到你家探访一番，就可以八九不离十地猜出你的橱柜中有什么，因为在过去的十年半内，我们不仅购买的速度更快，品位也变得趋向一致。

若是你的穿衣品位不只是跟着时尚趋势，还跟着消费趋势走，那么你会发现自己拥有的，是较 10 年前来说相对少量的正式服装；在办公室服饰方面的情况也差不多，似乎全世界各地都在过"周五便服日"。取而代之的是满屋子衣架上、橱柜内以及抽屉里的家居服与休闲服，也可能出现一些奇怪款式的踪迹，比如说，奢华的家居休闲服（一种既可外出穿也可居家穿的衣服，其质料也来自混合布料，例如，由克什米尔羊毛混纺制成）。最普遍可见的款式大概要数 T 恤以及与其关系密切的螺纹紧身背心了。你大概也会发现自己在过去 5 年内累积了好几件连衣裙，毕竟我们仍醉心于一些更女性化、更"撩人"的连衣裙。而且，拜弹力蕾丝以及其他新奇布料混纺所赐，你也会比史上任何一个时期的女性拥有更多件内衣裤，它们不仅数量更多也更漂亮，并且增添了成熟韵味。现今已经出现不止一种花样的丁字裤,它们变得更有装饰性,也具备前所未有的诱惑力。2009年,贴身衣物(一个使得性感内衣相当不性感的商业名称)消费在英国的市场已经高达28亿英镑,增长了16.1个百分点。我在后文中会再讨论详细的原因,在此我主要针对的是女性时尚。不过,若你是一名男性或是家中有男孩子,你会发现,运动服饰对他们的衣柜也发挥了深远的影响力。另外,几乎可以确定的是,你拥有的牛仔裤件数可能多到一辈子都穿不完。2006年,欧洲一年消费的牛仔裤件数为3.91亿条(在英国这座岛上的我们"贡献"很大:以2007年来说,每秒钟就卖出3条),我在衣柜里就能数出19条,其中只有4条是我常穿的。

你现今对衣服的需求量,大约是1980年时的4倍之多,一年花在衣服上的金额,至少为625英镑——不过记住,这只是平均值。当然,你也会得到许多收获(或者直白地说,收获指的是衣服带来的磅数重量),在一年内将累积出28公斤的衣物(再次声明,这是平均值),估计英国一年内所消费的全新时尚,加起来的重量达172万吨。然而,真正吓人的是,几乎同等量的衣服会被你草草地扔进垃圾桶里。在后面内容中我会再重回这个议题。

就算你坐拥丰腴、澎湃的衣柜,以及关都关不起来的抽屉,但冷静思考下来,你并不会对所拥有的感到快乐。这让我想到自己当时为了努力跟上2009~2010年时的冬季潮流而买的那(两条)闪亮绑腿裤。你常常会在自己的壁橱中发现那么几件不禁让你困惑"我当时到底是着了什么魔才会买下这东西?"的衣物。我们比史上任何一个时代的人都购进了更多的衣服,但我们对于入袋之物却愈来愈少产生满足感。这正是因为我们成了如此被动的消费者。我们东张西望、左顾右盼,然后随俗从众,接着就像所有人一样,选条队伍排进去,然后发现自己再次出现在提款机前。

　　脑袋清醒时我会反省,我到底干了些什么啊?若是宽容一点,我会说自己在过去20年来的挥金如土当中至少还捡到过一些好东西。要是讲得刻薄一点,我的衣柜根本是个丢人现眼的垃圾堆,那里面绝对有着一大堆乱七八糟的材质:人造纤维、棉花,还加上一点点的羊毛。在风格以及观念上,也同样有着类似的混淆不清。显然我对我的衣柜投入了时间、金钱与心血,但在20年疯狂的消费时尚后,我能端上台面的有什么?很遗憾,我衣柜里真正有价值的服饰大概少得可怜。坦白说,我的许多衣物注定要流向掩埋场,而非留给子孙。

时尚狂热

　　2007年5月,眼见一间紧临牛津圆环站的店,在前身为一家沉寂已久的伦敦百货公司旧址上重新开张,摇身一变,成了一座占地7万平方英尺[①]的时尚帝国。其中包括76个试衣间,以及18座电扶梯。当然,开幕当天的女性消费者人潮可不是冲着装潢来的,而是标签

[①] 编注:相当于约6500平方米。

上低得惊人的价格。买一杯拿铁加上一个帕里尼三明治的钱，就可以买到一双鞋子和一件外形不比名家款式逊色的礼服裙。

Primark 的成功在于，它创造了这个时代的人们能够用最低的价格买到最潮的流行服饰的历史纪录，光是这点就值得大大称道一番了。但发生在牛津圆环店开幕当日的事，还更加精彩。你应该可以想见，店内价格本来就已经低到不行，但在外头几乎清一色兴奋不已、接近疯狂的女性顾客群中，不知怎么地竟流传起一则传闻，说里面在进行大特卖，所有服饰一件 1 英镑，场面从情急不已的消费者争先恐后地抢位子开始，逐渐变得失控。焦躁的年轻女性你推我挤，拉扯头发，并在走道上扭成一团。最后动用了骑警来疏导群众，两名前来购物的民众被带上救护车接受治疗。我们永远都不会知道这个 "一件 1 英镑" 的传闻究竟从何而来，荒谬的是，这些发狂般的消费者其实只要沿着街走到下一间 Primark 分店，就可以轻轻松松、舒舒服服地用同样的折扣买到同样的商品。

"时尚，说穿了不过就是人为的传染病。" 1906 年时乔治·萧伯纳（George Bernard Shaw）就这么轻蔑地宣称。说真的，当时的他并不是直指着时尚产业说的，因为事实上在 1900～1938 年间，英国的服装市场正处于停滞状态，因此，萧伯纳并不是因为看见拎着来自各家大包小包的袋子，同时挽着最新时髦 "必买包" 的年轻女孩摇摇摆摆地搭乘上大众运输工具，才这么有感而发的。可是把他的观察用来描述今天的时尚现象仍有如预言般的准确。现今我们确实达到一个分水岭，购买衣服似乎已经成了一种冲动，而非出于对风格的喜爱或者崇敬。"然而需求，是可以被灌输的，"这位留着大胡子的伟大剧作家继续说，"这点完全被时髦的商人所理解。对他们来说，要说服消费者在旧衣服还没穿坏前就换上新衣以及买下他们并不真的想要的东西，易如反掌。"最终，"时尚的心理学成了一种病理学"。乔治啊，谢谢你曾经警告过我们，你大概不会乐意见到我们的衣柜现今成了什么样子。

但我们没有听智者的警告。那股融合了名人光环与平民价格的时尚潮流已经席卷了英国的主要商区，任何一个新产品的发布会只要同时包含以上这两种元素在内，几乎就成了招徕更多女性蜂拥而至甚至需要警察维持秩序的保证。2007年，凯特·摩斯（Kate Moss）短暂出现在位于牛津圆环的Topshop内，发表第一个以她名字命名的系列时（这个品牌的估计总值为300万英镑，并使Topshop的销售成绩大增10个百分点），专栏作家玛丽·瑞德（Mary Riddell）观察了这被称为"凯特日"（K-Day）的一天后形容，"就算是Godot①挟带着第一台PS3游戏机以及实现世界和平的秘方降世，都不会比这件事更受到期待"。

尽管在凯特日之后不久，"莉莉日"（L-Day，歌手莉莉·艾伦［Lily Allen］发表的一个服装系列）紧接着上场，但我引颈期盼的还是由大获成功的瑞典零售商海恩斯莫里斯（Hennes and Mauritz，一般简称H&M）所策划的"卡沃利日"（C-Day），届时将由"明星专用

---

① 编注：Godot是一个游戏引擎，可用于开发PC、主机、移动和Web游戏。

的设计师"罗伯特·卡沃利（Roberto Cavalli）为识货的一般消费者所发表的"华丽系列"。

　　这类运用王牌设计师的吸引力打造高级时装的氛围，挂上自己的牌子，再以亲民的价格提供给一般民众的手法，H&M可说是个中翘楚。它们初试啼声是在2004年与卡尔·拉格斐（Karl Lagerfeld）合作时，如同在时尚界占有举足轻重地位的时尚记者苏西·梅肯丝（Suzy Menkes）在《纽约时报》中所述，这样的合作"开启了一种媒体现象，在全世界各大城市都造成一波文化大地震，并吸引了人山人海的购买者"。当然，对一些高级服装设计师们来说，工作的性质也随之改变了——从前他们制作的作品数量可能是10~50件，但在和大众流行品牌合作时，他们突然间要增至成千上万件。在论及质量时，自然需做出让步，并且需要克服一些文化方面的差异。例如，我们知道卡尔·拉格斐显然不认为腰粗臀肥的女孩也能属于酷炫世界中的一员。因此，当他发现H&M希望将他的设计也以大号以及超大号尺码生产时，感到相当无奈，毕竟这些衣服原先是设定给"细且修长的人"穿的（欢迎来到时尚世界）。不过，撇开这件尴尬的事不谈（H&M很快便以道歉回应），总体来说，这类明星设计师与主流店家的结盟似乎能使双方皆大欢喜。原因显而易见：对主流零售商来说，这么做能够燃起公众对任何与名人、与奢华搭上边的产品的狂热；而对一线设计师来说，也能有在大量主流人群眼前曝光的机会。罗伯特·卡沃利对媒体表示，他与H&M合作时，"将展现最为人所津津乐道的招牌设计，并且提供具有品

01 肥了衣柜，瘦了风格

位的品项"。

最终，很遗憾，这个合作的结果真是一场灾难。当店门一开，魁梧的保安人员看来颇为紧张——一看就知道商品将被一扫而空。当狂热的购物者们开始推搡、抓夺、咒骂再直冲到收银柜台时，我一下就被围困于飞舞在空中的手肘间，等我接近残留下来的商品时，那个区早已被前面到过的人群蚕食鲸吞过。每隔几分钟，就会出现一组勇气可嘉的店员试图为那个区补上新货。不过当箱子一打开，试图拖出更多件紧身衣、雨衣和卡布里裤时，就会有人扑上来，鲁莽地从他们的手中扯走商品，自行撕开那层包在外面的薄塑料袋。如狼似虎的群众布满整层卖场，虎视眈眈地巡视着周遭的动静。当又一名从另一个仓库出来的不幸店员好不容易找到一条能顺利进入卖场内的路，一进到里面，见到的都是留在地上的塑料袋以及满地横七竖八的衣架。此外，还有一些冷静、精打细算的买家，他们不分款式地拿了满手的衣服，而且什么尺寸都有，然后静悄悄地走到柜台结账。我后来得知，这些是电子商务网站易贝（eBay）的卖家们，只需要再过几个钟头，那些无法亲自来到这儿的人，就能够以一个更像是卡沃利品牌的价位来进行竞标了。

我茫然地拿起了一件上面印有斑马纹的衣服，正想来读一读标签上的成分标示时——毕竟你也知道我是个"环保控"——一个年轻女人对我大喊着："那是我的！"便直接将它从我的手中抢去，"我拿到了！"总的来说，我只是一个时尚爱好者，不是时尚圣斗士，而且我也不愿意为了这项调查而与人大打出手。对我来说，购物应该是快乐的，犯不着为此与人争执。于是，斑马纹小可爱就这样从我的手中溜到了她的手里，我也就这样从卡沃利的活动中黯然退出。

我在之后反思，我们无疑正经历着一种新形态的时尚／购物体验。这些事件诱发出了以下的疑问：我们是怎样让时尚走到如今这种更像是在足球场上的奔窜，而非走向可可·香奈儿主张的对典雅与细节的重视？当引颈盼望的长龙已经成了每年一月大减价的固定景观时，"暴动购物"（mob shopping）倒成了新现象。发生在Primark 的那一次扭打，是我有记忆以来第一起发生在英国的与时尚相关的暴动事件。类似的骇人景象出现在两年前，开幕日群众搏斗着抢入位于北伦敦埃德蒙顿（Edmonton）大型宜家家居店。让民众发狂的原因，是据传有 50 英镑的沙发。在我看来这似乎象征着一种新的堕落，当我们身处卖场时，便失去了所有理性的批判。如同生态界导师温德尔·贝瑞（Wendell Berry）所言，我们的世界正逐渐变成："所有产品的历史皆会丧失，所有产品、商场、制造商与消费者的堕落将不可避免。"

贝瑞说得并不夸张，时尚的景观已经改变，并快速腐蚀着作为消费者的我们。事实上，随着人们对廉价衣物的崇拜越来越严重，越来越把数量看得比质量更重要，你很可能会把这当作一种正常的变化，而不是异常现象。接下来的挑战是，当我们被眼前那么多店家的袋子、那么多双的鞋子搞得目不暇接之后，我们往往不把它当回事，往往不会仔细看看我们崭新、巨大的衣柜并反思代价是什么。

购物瘾君子

从 20 世纪 80 年代中期开始，我们的消费模式、我们与衣物的关系出现了变化。学术界在 2005 年时留意到这个明显的改变。露意丝·摩根（Louise R. Morgan）和葛瑞特·毕尔维特（Grete Birtwistle）锁定了八个消费族群，调查了共 71 名女性的购买习惯，并且深入访问了 18~25 岁的年轻消费者，几乎所有人都坦承她们花的比从前更多；至于增加的比例，则是从一个月多出 20~200 英镑的都有。更叫人意外的是，她们完全没有计划要将所购之物保留下来。她们也承认，当买自廉价时尚的衣物破了、脏了，或有污点时，最可能被丢进的地方不是洗衣篮，而是垃圾桶。

从前人们购买衣服的方式，就是安安分分地配合着一个人的收入以及四季自然的变化。当时人们看待穿着、清洗与缝补的态度，与我们当今的消费模式全然没有一点共通之处。关于这点我感同身受：我也曾经属于那些贪得无厌的女性中的一员。正是我们这群人使得英国女性在服装消费方面，在 2001～2005 年短短 4 年之间大涨了 21%。我还有塞满收据的鞋盒以及塞爆的衣柜可以证明我的"贡献"。这短短的 4 年也正是衣服价格神奇般下降 14 个百分点的时期，但我们并没有少买一些衣物，搭上降价顺风车省下点钱。事实上我们反而买得更多，得意扬扬、迫不及待地买回家中的衣服增加了

1/3。另外，别忘了还有配件：匆匆瞥一眼我那由杂乱鞋子堆成的小山丘，里面有无带浅口鞋、运动鞋、橡胶靴（很明显地1双不够：我有4双），还有高跟靴（至于这有几双还不太确定，因为另有好几双还在硕果仅存的补鞋匠那里）。不过，这些购买行为显示出我已经跟上了一股惊人的全球流行趋势：2003年，英国花在鞋子上的总费用首次超过500亿英镑。现在我们每月购买的衣物量，平均是4.1件，要试着记起自己在上个月买了什么，有点像是要你去记起你吃了什么。你可能会否认说你什么都没买，但你可能无意间忽略了比如说随意拿起的那件背心，或是车站小摊前那件令你裹足不前的可爱小短睡裤等的随性购买行为。

没错，我也是上瘾者之一，不过当你知道似乎总是有人的症状比你严重得多时，不也是感到挺欣慰的吗？当我为了一个电视节目访问另一个也叫露西的21岁无业大学毕业生时，我还真是小心眼地暗自松了口气。尽管还没找到工作，身上还背着数额不小的学生贷款，这位露西坦承每月花在服饰上的金额在200~500英镑。当她让我一窥她的衣柜时，我唯一能说的是，她真的很爱买衣服。她会在几天前就先计划好要穿的衣服，她会从杂志上撕下她想要仿效的穿着——她对时尚是认真的。我也诚心欣赏她的品位：身为一个又高又瘦的金发女孩，她是天生的衣架子，也知道如何穿搭。她是那种即使已经囊中羞涩，但仍然有办法从旧货拍卖中挑出好东西，并让自己穿得有有款的人。不过，她才不会冒这个险。造成她衣柜内有着大量且所费不赀的衣物的原因，是她坚决不穿重复的衣服。像露西这样经常出没在同样 2～3 家伦敦西区夜店的女孩,她需要许多不同的打扮来点缀她的社交生活。她说她的朋友会因为重复穿同样衣服的这项罪名,将她排斥在外。我一点都不怀疑她会常常像时尚杂志中"穿错衣"(faux pas)专栏那般,指责像凯莉·米洛(Kylie Minogue)这样的巨星将她的蟒蛇皮纹鞋穿了一次以上。

露西几乎没有一天不为她的衣柜添进些什么新品。挂在她展示给我看的衣柜里的衣服,有 30% 连挂牌都还没有拿下来,显然她根本就还没有穿过。2008 年,乐施会(Oxfam)做了一项英勇的举动,试着鼓励像露西这样的买家捐出这类还没有穿过的新衣服。一项由乐施会及玛莎百货(Marks & Spencer)进行的调查显示,每 10 人中就会有一人承认,他们的衣柜里 90% 的衣服都没穿过,总计约有高达 24 亿件衣物从来都没有被穿过,只是挂在那儿积灰尘。其中又以只比露西年长一点的女性为主,即 25~34 岁女性,其挂着不穿的衣服的价值最高——平均每人拥有的金额约为 228 英镑。

4 年前当我遇见露西时,她的志向是成为"大嫂团"[①] 中的一员。对于是谁发明了这个说法还众说纷纭。《每日邮报》(*Daily Mail*)宣称是他们,不过肯定是《红秀》(*Grazia*)让它流行起来的,无论如何,这词总是和迷人、魅力以及时尚脱不了关系。我不知道这是否依然是露西的人生目标,或许甚至她已经达到了,如果是这样的话,那么她也将获选进入时尚消费之路中的英格兰超级联盟(Premier

---

[①] 译注:WAG,即 Wives And Girlfriends 的缩写,英国报刊发明的新词,专指球星的太太及女友,典型代表有英国足球明星贝克汉姆的太太维多利亚。

League)——具有代表性的店包括专门提供"大嫂团"和肥皂剧明星时尚所需,位于利物浦的梦幻精品店Cricket,店内备有从巴黎世家(Balenciaga)到马克·雅各布斯(Marc Jacobs)等令人眼花缭乱的各家品牌。对周刊小报来说,它更具有源源不绝的时尚花边消息。我在2006年拜访过其业主贾丝汀·弥尔斯(Justine Mills),并问她,当诸如亚历克斯·库兰(Alex Curran,现在是史蒂芬·杰拉德[Stephan Gerrard]①的太太)因为将金丝雀黄的Juicy Couture宽松运动服和太空靴(Moon Boots)搭在一起穿而受到抨击,当名人在时装媒体中出现负面评价时,对店内生意是否会产生任何影响时,她表示当然会造成影响,并且说:"在她登上所有最差穿着排行榜后,我们接到了来自全国各地的订单。"

慢速时尚的快速死亡

我已经记不起在快速时尚这种消费模式兴起之前的光景,但我的时尚品位是在那时奠定的。我确实回想起了某股想要穿得与别人不一样的渴望、那些穿着条纹紧身裤以及牛仔短裤时的热情。事实上,在那些年间,我绝对不算是生活在时尚之都的人。那时的我住在德文郡(Devon)、德比(Derby)及位于爱尔兰中心的马林加(Mullingar)。你能看出来,这些都不是所谓具有时尚风格的都

---

① 译注:英格兰国家足球队队长。

市。但我不记得有过什么特别落伍或跟不上潮流的感受。当我回想20世纪80年代时，几乎是自然而然地想起《服装秀》（The Clothes Show）这个节目，从1986年此节目开播以来，我就是它的忠实粉丝。当它于2006年再次播出时我依然收看，甚至在几集讨论"良心时尚"（ethical fashion）这个主题时，我也受邀参与节目。矛盾的是，虽然再次播出的《服装秀》拍摄于消费者转眼间就能靠仅仅20英镑得到任何想要的造型的年代，但是，我再也感受不到当初的那股雀跃的悸动了。

20世纪80年代的人们也有追求时尚美丽的渴望，但你通常得耐心地等待，然后拟订计划，策略性地光顾位于闹市区的特定几间店，像是Miss Selfridge、Dorothy Perkins、还有Tammy Girl。还有些时候，你需要造访义卖商店、另类的独立零售商，或者陈列仅仅出现一次的商品的集体时尚商场，或是从设计师制作出的小量作品里精挑细选来搭配出自己想要的整体造型。20世纪六七十年代的传奇精品店有Biba and Sex（顺道一提，它成功地在未将生产模式搞砸的前提下，对设计与时尚做出了革命性的改变），还有位于南肯辛顿（South Kensington）的Hyper Hyper那样的复合精品店（我应该声明一下，在此所指的Hyper Hyper是那座美轮美奂、绚丽奇巧的宫殿般的商场，唯有位于英国西北曼彻斯特的Aflex Palace可以与之一较高下。只有这两家店能够让作品不多的新锐设计师在黄金地段展出销售商品。它与2009年时突然在牛津街上蹦出的同名为Hyper Hyper的店家有着天壤之别。这家新Hyper Hyper店里充斥着合成的"实惠"服装,大多数衣物内所含的塑料成分浓到当你一走进店里,碳氢化合物的气味便扑鼻而来)。

那个时代的衣柜还有另一项重要特征,那就是当时我们的服装中绝大部分都是在英国制造的,甚至从纤维的加工到完成都在这里。从在索美塞特郡(Somerset)编结与缝制的皮革,到位于布拉福德(Bradford)以及哈德斯菲尔德(Huddersfield)的古代精纺工业(将毛纱变为制作西服的衣料),再到曼彻斯特为玛莎百货供货的高威公司(Coats Viyella),当时在衣服卷标上看到"英国制造",那还并不是个多令人感到意外的标志。不像现在,那时看到的多数"英国制造"代表的都是有勇气的设计师或制造商,他们身体力行"在地时尚"(home-grown fashion)的理念,通常很可能只是一家一人公司或品牌。直到十几年前,在可称为英国服装业巨头的玛莎百货中,仍有90%的品牌服装来源还是在英国。如果你还记得,那个牌子叫作 St. Michael,而这也是玛莎百货唯一销售的服装品牌。"二战"期间,为了及时供给制服的产出,英国的服装制造商将发展成熟的各个分支集合成一条流水线,不过这并没有庞大到足以改变男装生产的程度,或进而影响到更能获利的女装。一定程度的外包作业一直以来是时有耳闻,好比将剪裁以及缝纫的工作(整个生产流程中真正的缝制作业)交给国外的制造商,但似乎也就局限在中国香港地区、台湾地区,以及韩国三地之间。事实上平心而论,我们这支由裁缝、机械工、打板师、整理工、色彩师、织工,当然还有设计师所组成的团队,在和平时代表现得相当不错呢。他们有完整的基

01　肥了衣柜，瘦了风格

础产业在背后作为支持——农夫提供绵羊与羊毛，屠宰场生产皮革，还有补鞋匠、修改师傅以及回收业者（过去他们没有今天的光环，而只是街上收破烂的）——这种种令今日讲求永续发展的环保斗士们羡慕不已。

接下来的故事你也知道。1981年时，英国的服装以及鞋业零售市场的进口数量只占售出总量的29%，但到了2001年，这个数字飙升到了90%。英国曾经自诩能够自给自足的成衣业，已然成了明日黄花。

不过造成过去与现在之间最主要、关键的区别，是在过去的时尚产业中，建有能够减轻压力的透气口，以及能够主导消费与生产步调的机制与体系。当时的生产模式严格地区别时尚与衣物的界限。整个体系的最顶端是订制服（couture），其独特卖点在于每件衣服都能绽放出精湛的手艺，都是设计师与制作者匠心独运的成果，而且最多只生产10件。最终的成品完全是手工的，而买家大概一直到完成制作过程的最后一步之前，都不会看到作品，而这也意味着服装秀一年只能展出两次。现今在纽约、伦敦、巴黎和米兰的时装周（以及哥本哈根、东京、多伦多和北京等世界上其他地方的展出）都是按着这个步调运作的。

再次一级就是成衣（prêt à porter）。其生产速度比较快，设计与制作的过程更单纯，在设计上仍然保有独特性，也会有专业设计师的杰作，但制作过程相对工业化，成品往往被重复制成千百件。

更次一级就是处于中间市场的流行时尚了，在这之中有着高度的工业化,并且是从一个既定标准化的板型中取样。这些服装本质上都是基本款,然后再添加一点流行时尚的元素。它们在设计时就被赋予较短的生命周期:通常的设定是仅穿一季,即大约半年的时间,例如一个秋冬或春夏。

最后就是每天的日常衣物了:牛仔裤、T恤、毛线衣等这些每个人衣柜中都会有的衣服。

现今,我们把每件买来的衣服都与秀台挂钩。每个衣柜里似乎都应该有几件大品牌或大设计师的作品作为压箱宝。衣物和时尚之间的分野变得愈来愈模糊,直到现在,我们在使用这些字眼时,也时常相互交换着用。事实上,日常衣物都已经成了时尚。我们期望每样东西,不管是性感内裤、睡袍,还是上健身房时预备要沾上满身大汗的运动服,都要是最新、最潮,最好还是明星设计师特制的时髦货。

所以喽,我们的购买方式便以大量、快速、便宜为重。不仅全球家家户户的衣柜都拥挤不堪,其中的衣服也是买了就丢,丢了再买。一家荷兰学术机构于1998年做的研究显示,在荷兰,衣柜中每件衣服的生命周期平均为3年5个月,在这段时间中,它有幸被穿上身的总天数为44天。在没有更近的研究成果之前,要针对时尚在今日发生的改变进行评估是有困难的,但大家都承认,周期变得越来越短了。根据我们每年购买以及被丢入掩埋场的衣服总量来估算,许多衣服只有蜉蝣般朝生暮死的生命周期。

同时,越来越多像露西这样无薪、无业的大学毕业生沉迷于维持着名人般的奢华外表。而店内卖着普拉达（Prada）和巴黎世家的精品店Cricket离她太遥远。或许你会怀疑，不论露西购买的是什么类型的衣服，她能够维持这样的血拼还真是个奇迹。她能做到这点，多亏了另一个衣柜奇迹：快速时尚。

02

更快、更便宜

时尚大厂如何毁掉你我的品位?

Faster and Cheaper

2008年7月，Primark位于牛津圆环的旗舰店的年营业额达到2亿英镑。以Primark的单价来算，那可意味着惊人的衣服数量。不过也不用太讶异，因为光是这一家店，在开张的头十天就已经卖掉了100万件衣物。如此低廉的价格意味着消费者甚至可以省去拿着衣物排进（或推挤进）漫长的试穿队伍的步骤，因为就算将这些未经试穿的衣物买回家后又改变了心意，他们也不痛不痒。

也许正是这样的心态，得以解释为什么一位在出版业工作的时尚评论家，在看到一位得意扬扬地提着六七袋装满衣物的Primark棕色大袋的顾客时流露出不可置信的表情。那是个下着大雨的一天，当这名年轻女性沿着牛津大街走的时候，其中一个袋子的提把断了，折好的棉质衣物就这样散落在人行道上。当然啦，这位记者理所当然地预期她会弯下腰来捡起这些全新的衣服，但是她没有，她就这样继续往前走了。时尚，在这个年头已经不值一文、近乎垃圾了。

现在出现了一些讨论声浪，怀疑时尚已成了用过即丢的免洗餐具。研究员莎拉·吉欧琪（Sara Giorgi）为了使我们的研究可信度更高，调查了是什么原因造成消费者产生如此改变，并发现一些惊人的案例。"我不洗袜子，"其中一名受访者回答，"它们几乎不花什么钱就可以买到，它们的确是啊！洗它们的钱比我再去买一双还贵。"我知道东西变得愈来愈廉价，但直到遇到这样的花钱方式，我才相信真的会发生什么能源枯竭的事。我想，这得归咎于人们太过于追求便利性。下一位受访者插话说："我也是啊，去度假的时候我就去买一包内裤,然后你知道,用完就丢了。不然呢,难道还要把它们收回行李箱吗?"

新模式大军

在千禧年之际,英国的主流时尚产业已经不再从事真正的生产了。生产设备被大举出清,作业员被资遣失业。显然在英国的时尚产业中,卖衣服的比做衣服的来得多,除了几个仍固执撑着的偏远地区以外,几百年来的成衣业传统就这样在短短十多年内被弃如敝屣。一些相当高端的品牌,如巴宝莉(Burberry)也将制造厂迁移至海外,英国曾经贸易兴盛的本土服装产业如今却如史前巨兽般过时,取而代之的是一个几乎完全仰赖进口的服装市场,靠的是光鲜亮丽的商店门面以及在广大零售帝国背后老板和执行长的领袖魅力。

菲利浦·格林(Philip Green)毫无疑问曾是(或者说仍是)当中的国王,身为相对平凡的大众品牌"英国家居店"(BHS)的老板,2002年时他以8.5亿英镑的价格买下了阿卡迪亚集团(Arcadia group),普遍认为他谈成了这个世纪以来最划算的一桩生意:将阿卡迪亚网罗到旗下,等于使他拥有了Topshop、Topman、Wallis、Evans、Miss Selfridge,还有Dorothy Perkins,也就是说占据了英国流行服饰大饼中相当大的一部分。不过这些令人垂涎的品牌却没有在我们的衣柜中占据多大分量。接下来,改变即将发生。

在几个月内只要是格林出现在媒体中,很少不伴随着他具有点石成金能力的相关报道。Topshop的确造就了一番非凡的成绩,光是2005年上半年,它在英国的销售业绩就达到了10亿英镑(请留意,整个英国服装市场的市值也不过70亿英镑)。格林的点金能力,显然将这些千篇一律的店变成了摇钱树,也使得英国的流行品牌成了全世界羡慕的焦点,被商业分析师、时尚媒体,尤其是消费者所称颂着。Topshop成了所有时尚爱好者的朝圣地。对我们消费者来说,这是一条再直接不过的道路,只要翻开杂志中的某页,看看其中建议该如何搭配出从国际秀台上挑出的"美丽倩影",然后快速前往那间离你最近的Topshop,就可以从架上找到既新潮又便宜的服饰。不可否认,无论是在剪裁、加工还是布料各方面,都会令modellista(指奢侈品产业中的专业手工制造者)精神崩溃,但是,它们毕竟又快又便宜。

我不会说自己的行径在任何一方面比较高尚,我曾经和大家一样被这样的速成法冲昏头。事实上我对Topshop的拥护发生在格林先生开始接手以前,并可追溯到1992年。当时的我初抵伦敦,是一名17岁的大学生,常常带着朝圣般的心情到位于牛津圆环的那家Topshop购物,至今我还留有几件那个时期的东西:怪异的莱卡绑腿喇叭裤,还有短上衣。我的天啊!直到2000年年初,我的造访次数开始变少,当时我开始愈来愈顾虑到阿卡迪亚的供应链政策以及它并未加入道德贸易联盟(Ethical Trading Initiative)的几项事实——在我撰写此文时,它仍不是会员。另外还有一个原因,就是我开始觉得自己穿这些衣服已经有点超龄,出于本能地想要穿些更讲究剪裁的衣服。当我在2009年开始为本书收集资料时，求到一张Topshop时装秀前排的票时，过去的迷恋膜拜突然就这么破灭了。

不过对其他的时尚媒体来说，似乎不是这么一回事。在2009年2月的伦敦时装周中，Topshop的地位依然屹立不倒。它在当时的确成了伦敦时装周中最令人兴奋的一件事（这个说法我想会遭到英国时装协会的强烈否认），不过支持此一说法的原因是，事实上2010年春夏这季，已经是Topshop第十六次赞助新生代活动（NewGen）了（挖掘新生代或新锐设计师。只需要回想一下曾经被新生代捧过的设计师，马修・威廉森［Matthew Williamson］、克里斯托弗・肯恩［Christopher Kane］、尔登［Erdem］、约翰逊・桑德斯［Jonathan Saunders］以及近期的亚历山大・麦昆［Alexander McQueen］便不难想象为何人们如此趋之若鹜），更何况Topshop的主秀中素来以"传达"（delivering）闻名，所有的一切都解释了为什么，就算是在星期日，时尚界中的重要人物仍旧如期来到了一间位于肯辛顿的仓库中参加它的服装秀。

当我顺利通过层层守门警卫后（这里有着高度的安全戒备，至于原因，我想这永远是个谜），一下就被带到位置上。我先前就被告知，Topshop的服装秀就像是一场杰出的戏剧演出，秀台的表面看起来像是一层银色的冰，背景则是霓虹和闪闪发亮的细线，一堆摄影师挤在台子的最前端——看起来像是个摇摇欲坠的垂直金字塔，大批时尚编辑和设计师穿着一身黑，即使手中拿着紫色的酷悦香槟笔记本和超大皮革包，依旧像个冲锋队员般地单刀直入,一拥而上。然后四周变黑,变得很黑,接着好戏登场:穿着荧光及闪亮服饰的青少年出场,排成一条不间断的人流,看起来像是在银色秀台上发光的蝌蚪,每间隔3～4个女孩就会出现一种新的主题或配件:无背带提包、好几个手镯、一条围巾,每样皆走在流行尖端、新奇有趣、利落大方。这正是瞬息万变的快速时尚,令人目不暇接。随后,观众报以热烈如潮的掌声来表达他们的赞赏。而与这令人眼花缭乱的盛会并存的,是一个正陷入严重经济衰退的国家。

我能想象4年前,当Topshop在伦敦时装周开始第一场秀时,想必更是万人空巷了。这个大众流行巨人让人着迷的原因,正是它为相对单调乏味的陈设添入了一丝丝亮点。其实大部分的"点石成金"都是由珍·雪弗森(Jane Shepherdson)设计的,她正是那位2005年即使处在消费指数下滑的恶劣环境下仍旧带领牛津圆环的Topshop旗舰店销售成绩突破1亿英镑的舵手,并且将各分店中加起来共计5500件的金属闪亮背心在半周内全部售出。

雪弗森有一种预知流行风潮的神奇灵感,她能及时抓住即将走红的潮流,然后在消费者上门之前把货补进店里。到2005年为止,她已经在Topshop工作了20年。从采购开始做起的她,据说是靠着把职业生涯全部压在一款后来成为该店热门畅销商品的背心上而奠定了自己的地位。

"最近当我看着我的衣柜,穿起一些已经陪伴我许久的衣物时,它们看起来依旧焕然一新。我不是在追寻潮流,这让我感觉快乐多了。"珍·雪弗森在 2010 年时如此说。"穿着当前正流行的衣服，或许是最容易的事吧，"她笑着说，"不过，当然啦，我现在穿的这件驼色克什米尔套头毛衣，显然刚好是正在流行的。"这位帮助 Topshop 站稳快速时尚龙头地位的女性，于 2010 年时进行管理层收购，现在是 Whistles 的执行长，她表达出的时尚观点往往与"良心时尚运动"完全一致，而不那么主流。例如，她曾公开地表示有钱人会借着购买便宜衣服来自夸"非常亲民"，此一论点我也完全同意。和我一样，她似乎对"快速时尚"忍无可忍。她受够了不耐穿的衣服和大量粗制滥造的东西。"不过我知道！我是跟得上时代的。"她说。"珍，"我冒昧地问一句，"你曾经有过自己养出了一只怪兽这样的感受吗？"她的表情介在自责和困惑之间："我的确会被问及这样的问题。一方面来说，这蛮好笑的，因为快速时尚不是我发明的。如果真是我一手养成的，现在我肯定成了百万富翁，而我绝对称不上。我们的动机其实相当简单。我们一直想要在所期望的价格内，也就是指在我们的顾客能负担得起的价格内，尽可能提供最好的设计。我们同时也想到，好吧，我们是卖许多东西，不过至少让我们提供的是有诚意的设计款式，令人喜爱且惊奇的东西吧。这就是我们在做的。"

毫无疑问，这个希望衣服带有"有诚意的设计"的卑微梦想成功了，就像雪弗森提到的："在我加入 Topshop 时，是不会在店内看到一个真正的时尚达人（fashionista）的。当时店内的风气是不一样的，走的就不是这个路线。那时的人要不就是穿着设计师的精品，要不就是穿着大众流行品牌。"而她彻底翻转了这点，使得到大众流行品牌店购物也算得上一种时髦的行为。"每个女孩都会承认自己在 Topshop 购物。"商业记者尼克·曼提阿森（Nick Mathiason）在 2005 年《观察家报》（Observer）的一篇对雪弗森的人物采访中写道。"终于有一天你成了创造潮流的人，"雪弗森说，"接着人们就开始觉得必须要拥有这些东西。但我很难明确指出究竟这一切是从哪儿开始的。"

在珍·雪弗森成功之后，想要模仿 Topshop 的成功策略的零售商多如过江之鲫。它们的口味也越来越重。于是快速时尚成了一个产业标准，衣服被以飞快的效率、小批量地制造。时尚产业对于每一项潮流以及顾客需求之变化都必须战战兢兢地保持警觉，这在业界称为"快速反应"。

要效法 Topshop 的成功秘诀意味着要尽可能地掌握高效率的供应链，在业界这代表着减少生产时间，负责采购及开发资源的员工必须无时无刻不踩着油门，生产环节中的每一个部分都被压缩，不是以几周来计算，而是以几天或几小时计。"上市的时间"（在这段最重要的时间内，工厂为了达到订单目标，加速缝制衣物，然后再将货物运输到店内）先是减半，然后接着再减半。辨识潮流趋势、再将它们反映到服装上的时间变得愈来愈短。采购得不分昼夜地把在英国的设计团队做出的些微调整，以传真的方式告知在发展中国家的供货商们。这已成了司空见惯的事。

几年前，一家大零售商的制衣工厂大约会有 20 周的时间，生产出 4 种款式、共计 4 万件的衣物。如今，如果它有幸得到零售商的委托的话，必须在 1 周内生产出 4 款、各 500 件的衣物，共 5 周。剩下来的 3 万件，要等设计团队掌握主要顾客群是否被泰勒·斯维夫特（Taylor Swift）、黛西·罗易（Daisy Lowe）、林赛·罗罕（Lindsay Lohan）等明星，或是不知道是谁的新穿着给影响了，总之要等到最后一刻才会下单。

当 Topshop 有办法将生产周期从 9 周减至 6 周时，H&M 的交货期，指的是从设计到上架，则只需要 3 周的时间。事实上，根据权威时尚记者希拉里·亚历山大（Hilary Alexander）的说法，是 H&M 引爆了时尚产品的"可抛性"，而且抛弃的速度快得夸张。早在 2003 年，她就发觉苗头不对了，但只委婉地说："我不能完全地确信这是个好消息。"并且提到事实上有些衣物便宜到"你真的会走运地买到两三件，而穿过之后就直接丢掉"。新服饰业运作的获利方式，是基于一个称为"精简零售"（lean retailing）的枯燥概念，但它后来在商学院中却变得大红大紫。新的运作模式抓住了每个人的眼球，从分析师、经济学家、媒体到时尚达人。毕竟，如果你也是时尚达人，这样没有什么不好啊。对入门者来说，光是选择的暴增就能吓坏你。以 Topshop 为例，每一季便能生产出 7000 款样式。

Topshop 和 H&M 两者皆是有意识地以符合青少年品位的造型以及跟着当红名人的模式抢攻年轻人市场，而它们都不是那个完成最终革命的角色。这个角色是由一个更加稳重的、在大众流行中风格较成熟的品牌 Zara 来扮演的。从外表上来看，Zara 对我来说是

为什么你该花更多的钱，
买更少的衣服？

To Die for：
Is Fashion Wearing out the World?

一个谜团（这个隶属印地纺［Inditex］的西班牙品牌，于1998年进入英国，但在西班牙本地自1975年就已经存在）。我记得，Zara从前的样式看起来像是典型欧洲辣妈会穿的服装。然而，不久之后，尽管我还是没有想要穿得像一个Zara女人一样，但是我发现自己造访的次数变得愈来愈多，好像是我被教得要喜欢它的衣服一样。

据说，当Zara的第一家店在英国伦敦摄政街上开张时，购物者都有些摸不着头绪，价格看似是高的，我也听说（可能是谣传）若是消费者说打算等到打折时再回来买，店员就会告诉他们到时候那些商品就已经不在了。事实上，这些犹豫不决的消费者下周再回去买时，那些商品也确实不在了。

Zara有几个做法完全打破了传统的游戏规则。不过，首先（也是最重要的一点）就是这家西班牙零售商对于每款造型只先生产相对少量的件数。乍听之下这是小事一桩，但其实是时尚零售这一行业里革命性的创举。与其他生产商着重在量上不一样，Zara在西班牙有一群为数约200人的设计师，每年会提出大约4万款新的设计，而其中的1.2万款会被实际生产出来（这比Topshop多出5000款）。数年前，当我在一家店担任周六打工店员时，永远在做的事（或者至少是应该要这么做），就是当有新货到店时，不断地致电通知顾客们。不过这已经成了历史，因为在时尚大厂的世界中，补充存货是逊咖做的事。但这对消费者会产生什么样的影响呢？这么说吧，身为一名购物者，若是你在购买的当儿犹豫了，便很有可能错失掉购买的机会。而这在购物者的心中创造出了一种恐怖的渴望，产生出被哈佛研究员称之为"一种诱人的独家感"（a sense of tantalizing exclusivity）。若是你犹豫一刻，一种发自脊梁骨的恐惧感便油然而生，害怕这个能将秀台上的华丽时髦带回家的机会（正如零售与时尚分析师达凡希·杜塔［Davangshu Dutta］一针见血指出的：Zara是出了名的"诠释而非重新创造"）就这样永远与你擦肩而过了。

Zara从秀台上热门的款式中汲取"灵感"，以及借着小量并且快速应变的生产线来刺激买家的两项看家本领，已经施展奏效，从媒体对Zara全欧洲最大的一家店将在伦敦开张的报道就可以明显看出。"一座3000平方米的消费殿堂"，记者兼设计专家卡罗琳·萝克丝（Caroline Roux）如是描述，"在一大堆令人眼花缭乱的服装选择中，我留意到架上有一件将克里斯汀·迪奥（Christian Dior）诠释得还不错的刺绣编织披肩（标价95英镑）、一件Pradaesque风味的锦缎西装背心（45英镑），还有一件极别致的与意大利品牌Costume National（原价为565英镑）类似的黑色羊毛大衣（只要65英镑）。一名店员甚至还指给我看一个被他称为'安娜·苏系列'的区块，当中有着各色各样最新潮的拼布、丹宁①，以及波西米亚嬉皮风（boho chic）（苏是纽约设计老将，作品亦登上秀台）。"

萝克丝认为有一个原因使得Zara如此吸引人，即每一个款式只会出现在市面上短暂的时间（绝对不会超过4周）。要成为"Zara迷"唯一的办法就是：愈常光顾愈好。一般的零售商估计其顾客光

---

① 编注：丹宁，denim，即牛仔布，音译作丹宁布。

临的次数为一年 4 次,不过 Zara 寄望的却是平均一年内光顾 17 次。这解释了我经常不经意的突击巡视行动,而每次我离开店时,手中总是提着一只显眼的蓝色纸袋。"办公室里的女孩们知道新货会在周二及周四抵达,时间一到她们就出动,"时尚公关公司蒙度斯(Modus)总监朱利安·弗格(Julian Vogel)告诉萝克丝,"这是一种没有罪恶感的纵欲狂欢。"

"这门生意的成功之处全在于缩短应变时间。在时尚世界里,存货就像食物,很快就坏掉了。"前印地纺主席荷西·玛利亚·卡斯提加诺(José María Castellano),也是为 Zara 筹划"一眨眼即错过"(blink-and-you-miss-it)时尚蓝图的大功臣如是说。此做法最大的好处在于为零售商消除商品不再流行的风险(我们在后面会谈到,有人质疑此举只是将风险往下推给供应链,转嫁给原本已经岌岌可危的人)。根据分析师表示,Zara 不会因为订单上紧身牛仔裤的水洗方式错误,或是夹克翻领尺寸不符,就考虑将它的商品以 6~6.5 折的价格出售(这是一般时尚零售商的做法)。反之,它坚持一套规则,即它的产品大约只打到 8.2 折。

与其听取预测师和分析师对未来一年流行趋势的建议,再千辛万苦地花上 9~12 个月的时间决定出一个风格,然后再冒险订购并且选择颜色与布料,不如反其道而行之,Zara 就是先行者。它不是靠着由造型团队和色彩预测家们钻研着产业报告来讨论出结果的,而是在位于阿尔泰霍—拉科鲁尼亚(Arteixo-La Coruna)这个无疑一点都不时尚的印地纺西班牙总部,建立起一支庞大的产品团队,

02 更快、更便宜

让这群务实的"潮流侦探员"持续不断地以电子邮件、电话的方式听取顾客的意见,从而得知消费者喜欢什么、不喜欢什么。如果有一群潮男潮女突然间迷上了和吸血鬼有关的衣着,或者雕花牛津鞋,或者维多利亚风已经过时,这个印地纺办公室就会知道。

结果就是,全欧洲163家店(英国占60家)一周会进新货两次。要达成这样的速度得靠些技巧,包括一些非常技术性的步骤。比如说,买进半成品、未染上色的布料,即所谓的"坯布"(greige)。它可以在时尚探子捎来什么最潮最流行的信息之后,立即进行染色并完成。在生产线,有专门的物流专家进行规划管理,有地下轨道将完成的衣物移送到几百条滑道,以确保每家店在对的时间收到正确的包裹。不过Zara做的一件关键大事是,它款式中的50%~80%都是在欧洲制造,也因此能在抓准流行趋势之后30天内送达各分店。但要达到那样的速度,便需要许多空运作业。每周两次,法国航空以及荷兰航空的飞机从萨拉贡萨(Zaragoza)起飞,降落在巴林[①],满载供给中东Zara的货物,也有飞往亚洲并在回途时载着原料以及完成一半的衣服的班机。和其他的产业一样,这并非环保之举,它依赖的是便宜的油价。

与之相比,生产基地设置在远方的品牌得花更多的时间在运输上,你就可以了解为何Zara模式足以让"饥渴"的顾客们为之疯狂。一项针对埃及棉衣料出口所进行的研究指出,据估计,从印度和巴

---

① 编注:即巴林王国。位于亚洲西部,邻近卡塔尔和沙特阿拉伯。

基斯坦进口纱线到一个储藏设备中,需要花上30天的时间。此外,还必须加上通关的过程,其中包括等待的时间(两周)、准备出口文件再花上几天、打包一个货柜需要4小时(最近几年用来装衣服的货柜尺寸,已经从20尺增加到了40尺,从此也看出了前所未有的需求),然后再加上在海上的时间(在本例中是要从埃及的亚历山大到纽约,在纽约一定还要再次通关,然后进入测试实验室中),最终这宛如地老天荒的流程耗时90~120天。等货到了,由好莱坞演员掀起的太阳裙热潮也退了。

就连菲利浦·格林也向Zara致敬:"天才,这正是时尚产业这一行要做的事情。"他在接受《零售周刊》(*Retail Week*)杂志访问时如此说。"当麦当娜在西班牙举办一连串的演唱会时,"商业专家罗宾·迪蒙(Robin Dymond)在他的博客中提到,"年轻女孩们已经在她的最后一场演出时穿上了麦当娜在第一场演唱会中的全套服装。"虽然我对于西班牙青少年至今依然认为穿得像麦当娜一样是件很酷的事感到讶异,但是我理解他的重点。他看到的另一个改变是:"西班牙王储菲利贝(Felipe)和莱蒂齐亚·奥尔蒂斯·罗卡索拉诺(Letizia Ortiz Rocasolano)在2003年宣布订婚时,莱蒂齐亚穿的那款落落大方的白色长裤套装在几周内就被几百名欧洲女性穿上了身。"

其他欲争夺大众流行服饰王位的觊觎者们也群起而效尤。Espirit和Mango也尝试建立同样的模式:缩短从订货到交货的时间、增加换季次数、减短运送时间(这一项最快可以控制在48小

02 更快、更便宜

时以内)。有一点在时尚产业中可说是绝对过时了,那就是在仓库里堆积大量存货。甚至,任何一点的存货都不可以留。

身为消费者的我们,三天两头就变换口味。长久以来挑选衣服时会用的某些标准,比如看看质量如何、看看标签上的说明,随着我们适应了Zara等品牌创造出的新鲜感,都被抛到脑后了。过去我们的衣柜一年换季两次(我们借由延缓消费来换取一年两次的巨大满足),如今可能是20次。尽管世界上主要的服装周仍保留着春/夏、秋/冬的季节分期,但说真的,在现实生活里,它们已经仿佛格列高里圣歌一样成了中世纪的遗迹了。

我们或许可称Zara是一家改变游戏规则的公司。当它在财经媒体中赢得喝彩、眼见其股价直速往上蹿的同时(它在2001年时曾开放给大众公开认股,结果超额认购了26倍,股票价值抬升了21亿欧元),像玛莎百货这样的品牌,其相对平淡的股票至少要多20天才能达到这样的结果,而且往往从订货到交货期为6个月,还因为其产品的单调乏味受到了许多讥讽。有不少过去走在时尚前沿的大厂也受到波及,面临了不及时改革就得被淘汰的困境。它们许多都是处在中间市场的品牌,既不是太便宜,也不是太贵,但在质量及耐穿度方面皆有一定的口碑,价格也很合理。符合这些特点的品牌慌张地尝试着要不提升品牌的流行度(比如说,试着清楚确立品牌的风格及方向),要不就是以大砍价的方式,试着挽回顾客。

回顾来看,这些从前备受爱戴的中间市场品牌,在千禧年前夕尤其难熬。当Laura Ashley、Next和Monsoon等牌子急着"重建它们的商品定位"时，全部受到指责，被批误判、误导了"极重要的女性时尚市场"。玛莎百货也以遭受多年的冷嘲热讽而出名，尤其是在召开年度股东大会时，气氛更是难堪。1999年时，一名个人股东泰瑞莎·凡内克—舍普琳丝（Teresa Vanneck-Surplice）对当时玛莎百货董事长布莱恩·巴多克（Brian Baldock）挥动着对手连锁品牌卖的女性短衬裤说："你卖的内衣也太老土了！"并且还补上一句："虽然我已经52岁了，但我还是喜欢穿性感一点的内衣。"凡内克—舍普琳丝在2007年又再度成为镁光灯的焦点。在当年的股东大会上，她再次做出了戏剧性的控诉。她告诉史都华·罗斯（Stuart Rose，当时的常务董事），她对于玛莎百货贩卖的衣着还是很不满意，这也是她为什么从头到脚都穿着Primark（但罗斯以"这不会长久的"一句双关语做出了精彩的回应）。回头来看，中间市场犯下的错误在于它们无法再被视为流行的代表。快速时尚正在五光十色的流行战场上纵横驰骋着，中间市场却好像被晾在一旁般，显得有点手足无措，两面不讨好。因此，会发生诸如荷兰品牌C&A遇到的惨剧：1999年时它还名列英国前十的服装零售商之一，但才隔了一年，便宣布将关闭所有在英国的店面。

不过，早在2000年时，我还不会为中间市场哀悼，因为那时候的我还只顾着搜罗更多的牛仔裤和鞋子呢。但现在我开始停下来想想，并为过去的荒唐感到懊悔了。没错，这正是那种因为"千金难买早知道"而后悔的例子。从后来的发展态势来看，中间市场的存在确实是维持时尚产业健康的最佳办法，包括因快速时尚导致失去的对供应链的控制。要确保能以合理的价格来提供主流大众以实惠的时尚产品,中间市场是必不可少的。

失控:疾驶的风格列车

我不想要把情势描绘得太悲观,但事实上局面就是每况愈下。快速时尚有其优点,它确实刺激了消费者的购买欲。然而,我们真正需要的是负责任的快速时尚(这听来肯定不是非常性感)。不过要是它仍然忠于珍·雪弗森一开始的想法,要在民众可负担的价格内制造出更好、更具有流行感的衣服呢?当然,生产成衣无可避免地会对环境造成些污染(任何制造总是会有些负面影响),但是我们能尽可能地把伤害降到最低。

成衣革命带来的显著变化也受到非时尚圈子的注意:暴增的衣物,以及手上挽着大包小包、摇摇晃晃走在街上的女性。20世纪90年代末期,经济学家和商业分析师因为一般店家的超高利润而有所警觉,开始对此进行了更进一步的研究,他们想知道,到底发生了什么事。这就好比你听见一个通宵达旦且越来越喧闹狂野的派对,直到你觉得必须下床,亲自看看发生了什么事。然后,你发现这场派对果真不同凡响:这场狂欢盛宴有着惊人的成长率,尤其是在英国的成衣业一向相当低迷的历史背景下,如今不但起死回生,还一枝独秀,因此更加令专家好奇不已。1900~1938年期间,服装业的成长犹如冰山融化般的缓慢;到了"二战"时,情况甚至更惨，当时，衣服是受到配给管制的。从 1975 年开始，英国人才终于开始不把时尚贬低为一种缝缝补补的产业。到了 1999 年，服装在英国市场达到了前所未有的庞大规模。根据 1998～1999 年的英国时尚产业报告，英国的服装及鞋业总值为 260 亿英镑（1983 年时才 117 亿英镑），后来几年还要上涨得更多。2009 年时，总值达到了 460.5 亿英镑，占总消费额的 5.3%。

我把这个时尚业里的生产、销售、消费的板块大挪移称之为"快速时尚的炼金术"。炼金术，这项中古世纪时的化学先锋，发动许多炼金术士进行着一场最终一事无成的探索，他们幻想着将普通的金属变成金子。"快速时尚的炼金术"也有类似的企图，将基本的布料以及平凡无奇的供应链变成了具有巴黎世家般质感的时尚品。就像炼金术一样，在这深奥玄秘的技法中，有着无法被量化的神秘元素——正当快速时尚创造了耀眼的销售数字的时候，服饰的价格其实是在下跌的。这可就值得来好好说明一下了。我们显然添购了不少衣服储货。1990 年时，我们在衣服及鞋子上累积起来花了 230 亿英镑，最大的一份是花在衣服上，几乎达到 190 亿英镑。根据流行趋势看来，很大的比例据估计是花在靴型牛仔裤以及一度独领风骚的娃娃装上。而这样的数值却只占我们整体家用预算的 4.5%（在 20 世纪 60 年代时，我们花在服装上的数目相较之下少多了，但却占了整体家用预算的 10%）。1998 年时，这些数值开始急速上扬。然而，现在我们一年花在衣服及鞋子上的金额只占了家用预算的 5.7%。2001 年 7 月，英国衣服及鞋子的销售较上年大幅增长，为 20%。这是自 20 世纪 70 年代中期以来的最高的年增长率。

但实际上，服装的价格已经大幅（并且我该补上一句，是毫无章法地）下降。也就是在这个时候，快速时尚炼金术的黑暗面开始露出马脚。从 1996～2000 年间，衣服的价格便开始逐年下降，到了创下销售额历史新高的 2001 年时，价格更是大幅下降了 6%。分析家们几乎都能听见这颗大气球泄气的声响了。在一份由普华永道会计师事务所（PricewaterhouseCoopers）城市分析师马克·胡德森（Mark Hudson）所进行的研究中，回溯 1995~2005 年间 Next 网购的目录，证实发生了一些非常奇怪的事：价格下降了 40%，而 2003～2007 年的 4 年间，服饰的零售价格平均起来下降了 10%。

一份 1998 年的研究指出，在 1982～1995 年，一名汽车工人为了购买一套西装所需花上的工作时数，从 25 个小时降低到了 18 个小时。消费者不需要细想也能知道到底发生了什么事：总之就是花得更少，但买得更多。

进入折扣商店

快速时尚教导我们把速度放在第一位，而这对我们大多数人的衣柜所产生的影响是毋庸置疑的。不过这还不是事情的全貌——真正的炼金术：将平淡无奇的布料变成"一布千金"的流行服饰，使得消费者与金融市场皆为之疯狂——只发生在当快速时尚与史上最低价格点相结合的时候。此时国外的快速时尚巨子：Gap、H&M和Zara，肯定都在你的衣柜中占了一席之地。2002年时，它们的市场总占有率仅仅不到5%。在时尚行星中，火力最强大的入侵者，要属于俗称的"廉价"零售商，也叫作"折扣商店"。

这些品牌：Matalan、Peacock's 及 New Look 引领着价格，而它们最为人所知的，也是它们那"具有侵略性的定价策略，售价比从前大好时光的中间市场价格低了3~5成"。不过它们之中没有一家像Primark一样产生如此大的震撼力。Primark起源于爱尔兰。在那儿长大的我，熟悉的是它的另一个名字：Penneys。那儿是那种你会去购买学校袜子和背心的地方。我可以信誓旦旦地说，我当时绝对不会相信在20年后，那儿居然会因为它卖的军外套及点点套装而在时尚杂志中受到赞扬。这间折扣零售连锁店背后的母公司是英国联合食品集团（Associated British Food），我们厨房当中常见的食品，如Ryvita全麦饼干、Kingsmill面包和阿华田（Ovaltine）都是它生产的。Primark在1974年时来到英国本土。除此之外，我们对这家公司所知不多。少数可得知的是：其70来岁的创办人阿瑟·莱恩（Arthur Ryan）于2009年离开了高居40年的位置，不过他多年来灌输给公司的信念可没有被淡忘，那就是，所有的产品一定要达成不可思议的12.5%的利润。根据一篇出自爱尔兰报纸《星期日商业邮报》（Sunday Business Post）的报道，有一次，一家工厂老板找莱恩商谈一件成本价为5英镑、售价为10英镑的产品，莱恩跟他说他没有兴趣，除非老板能提供给他成本价为3英镑，但能够以 7 英镑卖出的产品。据传他是这样说的：“我不管你要怎么办到，去做就对了。”一名《苏格兰人》(Scotsman)的记者试着求证，却遭到了 Primark 的否认。一名前员工在 2007 年时告诉《星期日泰晤士报》：“他是那种看到生产线 5 英镑的产品卖得很好，然后将价格砍到 3 英镑的人，因为这样会卖得更好。"

Primark 在折扣商店中的地位，就像是 Zara 在快速时尚零售商中的一样，身为开拓者的它，在证明了这是一门能够赚钱的生意后，亦引发了群起的模仿。2007 年 5 月，Primark 在伦敦的旗舰店开幕，接着在曼彻斯特和布里斯托皆开了偌大的店面。折扣商店打动我们的秘诀是，它要我们忽略其他价值，只短视近利地考虑唯一一个问题："它真的、真的很便宜啊！"从那时起，所有的消费者都只在乎价格的高低。

2006 年，廉价零售商成为服装零售大饼中成长最快的一部分：零售分析公司 Verdict 当时预言，到年底时，每 4 英镑花在时尚中的钱，就有 1 英镑是付给了廉价零售商。当然，这个预言成真了，接着就在 18 个月后，时尚工业的圣经 Drapers 屏息报道着："就在 Primark 的成交量跃进了 10.1% 后，距离超越玛莎百货在服装市场占有率的龙头地位又更进了一步。"谁不想从中分一杯羹呢？在大众流行零售商也采取了这个获利模式以后，这个市场里出现新的竞争者看来只是早晚的事了。

从冷冻豌豆到家庭号服装包：
超级市场是如何加入战局的？

与其说我没有料想到有一天我的朋友及同事们会眼巴巴地追随着英国联合食品集团旗下一家子公司中的产品，不如说，我没有准备好接受的是，这场时尚革命居然会发生在超级市场里，我们居然会将克什米尔的两件式套头毛衣丢进放着冷冻豌豆的手推车里。不过任何产业只要能够把压力向下转嫁给供应链的身上，并借此赚得黑心钱，最终自然就会吸引到英国超级市场的目光。2003 年，乐购（Tesco）开始试着拓展它在非食品零售中的市场，其中也包括了时尚服饰。保险起见，它与非常成功的美国全球品牌管理公司巧乐奇（Cherokee）订立了一项协议，内容是巧乐奇独家提供给乐购一种相当奇怪、但能满足各种需求的综合性商品——"家庭号服装包"。既然衣服的吸金力较食品杂货来得更强，紧接着四家大型超级市场中已经有三家（乐购、Asda 及 Sainsburys）一点都不意外地加入了时尚的战场。到了 2005 年，超级市场已经占了英国时尚市场份额的 19%。2010 年时，乐购证实其成为世界上最大时尚品牌的打算，推出第一家独立运作的时尚店家（里面没有冷冻豌豆），也就是它们自己的服装品牌 Florence&Fred。他们选择在布拉格这座古色古香的城市来为这项新的冒险事业试水温。

02 更快、更便宜

接着好戏上演了。零售商将它们对待食品的那套残酷的锱铢必较原则同样地运用在时尚商品上，以一连串跳楼大甩卖发动颠覆传统时尚业生态的价格战争。在 2003 年的超级市场大战中，当乐购与 Asda 试着以一千样产品赢过对方时，时尚成为关键：Asda 的乔治牛仔裤（George jeans）以 6 英镑出售、合身女性长裤售价从 9 英镑降至 7 英镑、裙子从 7 英镑落到 5 英镑、外套则是从 14 英镑变成 12 英镑。如果你冷静下来想想，这个价格合理吗？是啊，面对一件便宜得像洋芋片一样的夹克还有什么好多想的？结账带回家就是了。不过，请考虑一下制作的细节：纽扣、接缝线、口袋以及点缀用的装饰。如果这是它真正的售价而非亏本促销价，它应该会是用厚纸板做成的。Asda 于 2007 年 11 月推出结婚礼服 Ditto，售价为 60 英镑。事实证明，这些复合式超级市场跨出已经稳如泰山的食品界而闯进服饰界攻城略地，其所获得的报偿是巨大的：Asda 的乔治品牌一年产值为 20 亿英镑，成为公司内部最大的资产之一。2009 年，乐购这家多重零售经营中公认的领先者，每天每分钟赚近 6000 英镑。

让时尚达人疯狂的 PRIMARNI[①]

既快速又廉价的时尚产品仿佛是勾引消费者的猫草[②],让人难以抗拒。但在时尚媒体或其他更大众的媒体中,并没有出现许多与此相关的批判性思考或探讨。事实上,当廉价零售商试着主导英国的流行市场时,时尚媒体不但没有表示疑义,还与其联手一起煽风点火。毕竟,他们和所有人一样,也为速度与低价的合体感到兴奋不已。"哇呜"的价格、具有指针性的造型,售价3~4英镑的服饰还被赋予了一个响亮的标签:Primarni 和 Pradamark[③](我想后者没那么红)。它们有助于洗刷一般零售商品的穷酸感,打上时尚精品的光环。在时尚沦为一种廉价、可抛弃商品的时代,它们还挺酷的。

英国时尚媒体的霸权在2005年出现了重大转变,由每月出刊的时尚大家,如《嘉人》(*Marie Claire*)、*Glamour*[④],拱手让给每周出刊的时尚圣经 *Grazia* 手中。它吐露的信息是,消费者换新造型的基本周期应该是以周而不是月来计算,这点刚好呼应了大型廉价玩家的出现。而且杂志中的造型都是读者能负

[①] 译注:从折扣服装店 Primark 和高级服装品牌阿玛尼(Armani)各取一部分所合成的单词,用来讽刺欲以便宜价格买到具有时尚设计感的行为。
[②] 译注:catnip,类似大麻可吸食但比较便宜,而且没有那么强烈,不会产生像吸食大麻一样的快感,只会让人感到放松和想睡觉。
[③] 译注:与 Primarni 同理,Pradamark 各是取 Prada 及 Primark 的一部分所组成的词汇。
[④] 编注:英国高端女性时尚周刊。

担得起的。你可以一天换4次服装,拥有一个"大嫂团"成员才有的奢华衣柜,或是假装自己是林赛·罗罕也可以,随你喜欢。一开始完全没有任何批判、质疑廉价时尚的声音,甚至连任何一点粗率的评论都没有。所以在2005年,毫不奇怪,几乎同一时间里,一方面Primark的阿瑟·莱恩被时尚工业圣经 *Drapers* 称为"大众流行时尚中最有影响力的男人",一方面他的零售帝国却被《道德消费者》(*Ethical Consumer*)杂志(一本有着15年历史的刊物)指为"大众流行品牌中最不道德的零售商"。不过,看不出来这具有什么杀伤力。

即使如此,折扣商店还是得为它们的削价战略进行辩护,有时候甚至连消费者也得为这些行为辩护。与发生在食品零售商身上的辩论一样,它们泪眼汪汪地告诉我们关于领退休金的老妇现在能买得起现成意大利面的感人故事,而现在服装零售商再次装扮成蝙蝠侠一般的正义使者,告诉我们在他们的努力拼搏奋斗下,衣服的价格终于获得了"平民化",使得低收入家庭的孩子也能穿得暖和。廉价零售商喜欢标榜他们制造出"可负担得起"的衣服是为了照顾弱势消费者,说得好像若是没有Asda、乐购、Peacocks、Matalan、New Look还有Primark等提供的"家庭号服装包"的话,这些消费者就都得衣衫褴褛一样。

不过,在我们颁发好人好事代表奖给泰瑞·李希(Terry

Leachy)①、阿瑟·莱恩还有其他人之前,还是来看一看究竟是哪些人使得这些零售天王进入富豪的行列。"可支付力"(affordability)这个问题是时尚界中的烫手山芋。我想不到为何时尚不该是能负担得起的,但难道快速时尚以及廉价零售商雇用签订"零时工"②(zero-hour)的行为就不该喊停吗?事实上是它们粗暴地闯入时尚市场中,贪婪地想在这块零售大饼上占有尽可能大的份额,而且往往他们的主要顾客群并不是低收入的家庭,而是富足的时尚迷。

对刚起步者来说,看零售商换地点的速度有多快——转眼间就转换到一个更热门、更有商机的地点——还是蛮有趣的。一间旗舰店,加上大量的媒体造势,就能带来荷包满满的顾客与现金。如同一位分析师所说,这些因素似乎"洗刷了曾经身为中间市场主要消费群的中等收入群到折扣商店购物的那份穷酸感"。另一位专家指出 Primark 的能耐,不仅让它在 2009 年金融海啸期间维持在零售商销量第一的位置(就它在服装市场中拥有最高的市场占有率来看),另外它的市场占有率还提升了 18.2%,毫无疑问可得知谁是零售商该感谢的顾客群。"Primark 的基本顾客群是相对年轻的消费者,正因着他们承担着较少的经济责任;以致 Primark 受到经济衰退的影响最小。"

所以别搞错了,廉价零售商目标对准的,是时尚中最有购买力的消费者。这群人包括 16% 的消费者、创新者(innovators)以及

---

① 译注:乐购前执行长。
② 译注:一种新的剥削方式,类似签一份打零工合约的概念,有工可得,没工没得,没有固定收入保障,并且往往一次只能签给一家公司。

早期采用者（early adopters），他们也可被称为是具有"高度的时尚意识"：他们不只是对流行趋势很敏锐，更乐于身体力行。因此，对于现今英国消费者有40%的衣服是从"廉价零售商"买的，却只花了全民服装总预算的17%，也不用感到太意外了。廉价零售商显然也和其他品牌一样具有时尚意识（fashion-conscious），竭尽所能地吸引高级时尚设计师与品牌。在我撰写本文的同时，Asda刚好要推出它与20世纪60年代享誉全球的品牌Biba的创始人芭芭拉·胡拉妮琪（Barbara Hulanicki）合作的第二个系列。

你可能也和我一样发现了（而我是在一篇时尚媒体的文章中看到的）：一旦廉价零售商开始涉入时尚，也可能全然抛开原本的"廉价"宗旨。例如，2010年3月，乐购推出了F&F Couture[①]，一共16件服饰的系列，其中包含一件价格为140英镑的聚酯纤维蓬蓬裙。乐购服装部门采购总监扬·马强特（Jan Marchant）在宣布这个品牌的成立时说："F&F揭开了超级市场的时尚新纪元。"

不景气时尚[②]

每当我反复地思考着消费的泛滥，以及快速、廉价时尚的肆虐时，总是能听到有人不在意地回了这么一句："别担心！"打从全球

---

① 译注：在法文中有高级订制时装的意思。
② 译注：recession chic，特指在经济衰退时大量推出的平价时尚产品。

经济萧条以来,很多人总是信心满满地告诉我,那些把裤子、袜子丢掉的人,还有乱丢从 Primark 买来的廉价衣物的人,在经济衰退时会回心转意,改变他们的浪费习惯。最终他们会回到环保的这条路上,认真缝补他们的袜子。说真的,在 2008～2009 年经济直线衰落时,时尚星球确实曾出现过这样的做法,倡导不一样的生活方式。这些或许只是举手之劳,或者是一些得不偿失的胜利,不过有一些证据指出,在那段时间,就连时尚达人也勒紧着纤细的裤带过日子。《哈泼时尚》也在问:"要古驰(Gucci)还是汽油?"好吧,这称不上是什么应付全球经济萧条的策略,不过你应该了解我的意思。

同时,专家预测在女性服饰价格方面,在 2008～2012 年间,平均涨幅应该为 4.7%。我们在后文会回到这点上来。要注意的是,在过去 4 年间,被称为"世界裁缝工厂"的中国东南各省的劳工成本上涨了 50%。快速时尚仰赖于廉价的布料,主要使用聚酯纤维和棉,占全世界所有布料制品超过八成。两者都有是否能够永续发展的问题。这些因素暗示着,我们在过去的超过 10 年间所经历的这场快速、廉价派对,按理说是该收摊了。

假如我每听到一次有人说经济不景气能够解决我们时尚消费恶习就能得到 1 英镑的话,我所得到的英镑算起来已经够买一件真正的飞行夹克了。关于快速、廉价时尚之死的谣言之所以被极度夸大,主要有两个原因。首先,我们已经不可自拔地适应了这种新的时尚模式,要戒掉这个习惯没那么容易。其次,廉价时尚提供了超乎我们渴望的商品,反而使我们对于真正与自己衣物相关的问题感到麻木。

事实上,廉价零售商的生意从来就没有这么兴隆过,我们的衣柜中几乎有一大半的衣服来自它们。2009 年,Primark 赶超沃尔玛和 Asda,成为英国本土最大的低价衣服零售商。好戏还在后头。尽管棉花以及合成布料的成本不断攀升,其他的阻碍也不绝于耳,廉价零售商在 2010 年夏季时依旧超越 Asda 和玛莎百货,坐上大家觊觎已久的英国最大服装零售商的龙头宝座(从数量上来算,也就是售出衣服的总量)。同年 11 月,Primark 宣布有 6 家新店为应圣诞节的到来而即将开幕。就连当其他百业都日渐萧条的时候,时尚,在此指廉价零售商,像是得到了一张免死金牌般安然无恙。根据英国国家统计局(Office for National Statistics)的数据,2010 年 9 月,当其他零售贸易处于衰退时,超级市场中非食品的销售却在激增,衣服及鞋子的销售与上年同月相比,以金额来说增长了 6.1%,以数量来说则增长了 4.8%。2010 年 4 月,乐购的衣服销售额首次突破 10 亿英镑大关。

经济衰退甚至可能反倒成了廉价零售商的机遇,为它们带来新顾客,因为不可避免地会有一些中产阶级的消费者向下转往低价位市场。2010 年 10 月的一项公告表示,未来儿童津贴将会视家庭经济情况而选择是否配发,这让处于市场中高端价位的独立时尚零售商及品牌开始担心起了自己的生计。这两者之间的关联或许不是那么明显,不过 2013 年时,许多中等收入家庭的津贴将被取消。独立时尚零售商表示,从前对每个家庭来说,这笔金额等于就是一笔额外可以自由运用的支出,且会被用来买衣服。"一名中产阶级的女性（有一个孩子）每月可获得 80 英镑的津贴，所以只要 3 个月，她就有足够的钱来买我的衣服了。这笔钱事实上就是她要拿来疯狂购物用的，这样的人也就是我的顾客。"优质女装品牌 Handwritten 老板暨创始人谭雅·莎奈（Tanya Sarne）告诉 Drapers。我们先暂且不论用纳税人的钱来买高级服装这件事的道德正当性，而先来想象另一个可能出现的方案。若是那名顾客实在是太渴望买到新的衣服，但从前用来购物的预算又缩水时，莎奈的客户的消费对象就可能下移到价格便宜的连锁店。

毫无疑问，对于 Peacocks、Primark、乐购还有 Asda 等廉价零售商来说，它们都希望事情就照着以上的预测发生。在我撰写本文的同时，还有更多的品牌抢着加入这场廉价时尚争夺战。贩卖烤面包机、帐篷的知名邮购零售商 Argos，传闻有意"进军时尚市场，挑战既有的服饰零售商们"。还有日本时尚连锁店优衣库（Uniqlo），它将快速／廉价的炼金术修炼到了炉火纯青的地步，并且当前正规划一个 2 万~3 万平方英尺、横跨在伦敦的巨型商店（是优衣库现有一般店面平均面积的两倍大），试图"增强其在英国市场的地位"。它有个看来似乎更吓人的野心。根据 2010 年 10 月《日本时报》(*Japan Times*) 对优衣库母公司"迅销"（Fast Retailing）的长谷大辅的访问，他表示："优衣库在 2020 年要成为全球最大的休闲服公司。"为了显出决心，他又再加了句："我们自称为'迅销'，因为我们动得非常快，请睁大眼睛，我们将以迅雷不及掩耳的速度改变世界。"是的，长谷先生，我正在关注着。另外，别忘了来自美国时尚巨人

Forever 21 的突击,其在伯明翰斗牛场购物中心的店随时准备开张,并且也预期一飞冲天。根据其执行副总裁所说:"Forever 21 所体现的快速时尚概念,与欧洲消费者要求在一定价格内拥有领先潮流的快速时尚口味一拍即合。"无疑是如此。

由于各种因素的缓冲与辅助,到目前为止全球金融风暴不但没有使大家回归到一个更慢速的时尚习惯,反而是加强了更快速与更廉价之时尚的结盟。这样的局面称之为"大时尚"(Big Fashion,与它最相近的概念还有垄断性的"大农产商"与"大药厂"),整个行业中的力量变得集中在少数几个主要玩家的手中,而它们的首要目标(甚至排除了所有其他考虑)就是为股东赚进大把钞票。

除非我们做些什么来打破它,否则我们将一直被蒙在鼓里,并且身陷在这个前所未见的最廉价、最快速的炼金术中,然后一派轻松地惊叹:"怎么可以卖得那么便宜?!"不难理解,这是零售商们不愿意回答的一个问题。当它们真正提供一个响应时,那肯定也只是烟幕弹,或是大厂商抛出的含糊其词,它们不可能把实情全盘托出。它们会说,那都是购买力提高、效率提升,加上供应链更顺畅的帮忙喽。总是满怀着希望的我,决定再问一次大时尚的玩家们:"不是啦,说真的,你们究竟怎么让衣服这么便宜的?"

于是我写信去问它们。以下是我发函的典型内容:

亲爱的 [某某大众流行连锁店执行长]:

最近在时尚杂志中读到一篇文章,在谈到大众流行商店时,杂志斩钉截铁地指出："在一个连身裤装只要价13英镑、冬季长版裙只要15英镑的时代,你不会找到比飞行夹克只要25英镑、军装版大衣只要29英镑更便宜的价格了。"在这个例子中,采访记者在店中找不到任何一件超过30英镑的服饰。从我自身经历来看,也在您的卖场中看到如此的情况。若是您能提供一个明确的答案,透露您是怎么做到能以如此低的价格售出衣物的,笔者将感激不尽。总而言之,您是如何让商品卖得那么便宜的?

非常感谢。

露西·希格尔

尽管多次提出请求,有些零售商明显地觉得没有义务要分享它们的炼金术秘密。然而,优衣库、Asda的George品牌,以及乐购,皆大方地回答了。

"优衣库是一家SPA零售商:一家专业(Speciality)零售商,拥有自有(Private)服装(Apparel)品牌,意思就是说,我们的作业从制造到销售,包括从原料的取得、设计、产品研发、制成、配送、存货管理到最后的销售,完全连为一体,"优衣库英国市场营销主任艾美·豪沃斯(Amy Howarth)解释道,"我们掌控制造中的所有基础要素,也就是说我们可以避开中间商,直接提供给顾客最好的价格。"

她接着提到优衣库的规模,以及为什么它在全球10个国家(截至2010年11月)能拥有共965家店,关键在于"受惠于制造及生产的规模经济,我们能提供给顾客绝佳的价格"。到目前为止都还算是清楚,不过信的最后,到了关于优衣库为何能以超低价格进行零售的原因时,却开始变得语焉不详,坦白说,是变得闪烁其词了。"在优衣库,每件事都和我们的日本起源有着深深的联系,我们一直追求着确保在质量、设计与科技方面的最完美平衡。"随信附带的一张纸,解释着优衣库造"服"于人(Made for All)的哲学,给了少许的实际线索:"我们相信所有人都会喜欢简单、精心设计的衣服,因为如果所有人每天都可以看起来、并且也感觉到更好,那么或许这个世界也能够变得更好一些。"这话说得真漂亮。

不过,确定这里没有刻意漏掉什么吗?我没看见实际上付出劳力、制作这些衣物的劳工的相关资料!优衣库的回答会让你误以为这些衣服在制成的过程中,因为受到质量一流的日本设计的规范,一切井井有条。

其次,在George(Asda的服装部门,Asda即是沃尔玛在英国的分身)品牌总监费欧娜·朗勃特(Fiona Lambert)的信中,清楚地表达了George的宗旨:"George是在超过20年前,由乔治·戴维斯(George Davies)抱着一个诚恳的初衷所创立的,他希望能够设计、销售展现出集风格、质量与价格于一身的服饰,我们一直努力实践这份承诺,将时尚以亲民的价格提供给我们的顾客。"

她很快便先纠正了一个常见的假设:"常有人误以为George之所以能够压低售价,只是因为我们取得衣料的方式。事实上这样的低价得归功于持续地改进有效率的运作,并注意那些比起其他服饰品牌已经低得多的利润空间。要降低成本并非光靠单单一种方法就可以达成,而是需要从宏观的角度出发,缜密地检验所有大大小小的细节,大如与供货商之间的协调合作,小到缩小衣服挂牌的尺寸。"

接着她进一步说明Asda之所以能够将衣服卖得那么便宜的本领:"我们不需要为了吸引人走进店来,而花上一大笔的钱为George做广告。"加上店面大多都位于郊区,低廉的租金是一大优势。很好,看来都很合理。不过,衣服的实际制造过程呢?

"成衣制作过程中最大的成本在于布料,"朗勃特小姐继续说,"我们集中批进大量的原料,包括棉花、布料、纽扣和拉链,这样做是为了节约成本,然后再和工厂老板共同分摊。在许多情况下,我们会利用沃尔玛的规模来进行全球的原料采集,我们也集中采买所有的包装、衣架和衣服吊牌,我们甚至利用缩小吊牌尺寸来节省成本。我们也启动店内衣架回收的做法,到目前为止回收了超过6550万个衣架。第二大的成本要属运输费了。而我们运送衣服的方式,亦能够降低我们的成本。借着提前做好货品的规划,只有在不得已的情况下才使用昂贵的空运。"

朗勃特仍然是旧调重弹,又是归功于完美的物流管理。但读到她肯定地指出布料及运输是成衣业最大的两项成本时,实在令人感到气愤。他们难道没有漏掉什么吗?这里没有提到真正生产这些衣服的工人的酬劳。

在朗勃特小姐的信中,完全没有提到纺织工人,直到信的最后才提及,事实上Asda与GTZ有着持续的合作关系。GTZ为一家德国的非政府组织,从事生产结构的监督工作,信中特别强调它尤其注重"工人技巧"这一方面。总之,大规模生产、精密的计划,以及至少提过三次的衣服吊牌,却对纺织工人只字未提。

乐购的回复由其商务总监理查德·琼斯(Richard Jones)做出。他表示:"我们很努力地工作,以确保能比竞争者更有效率、流行度更高。我们直接向工厂进行采购,而其他人却要通过中介;我们凭着自身的大规模需求,让供货商得到大订单,而我们就能够调降每一单的成本。我们在英国及世界其他各地雇用优质员工,他们认识这些供货商,并设法知道谁能够以最好的价格提供高质量的符合产品标准的技术。我们也确保给予供货商清晰的规范解说,避免过多关于设计上的冗长讨论。此外,我们有品牌管理及生产方面的专家们定期参访工厂,查核生产效能。因此在验货过程中,不合格的数量非常罕见。我们在运输以及物流系统方面的效率(以及节能减碳),是全球领先者之一。"

接着琼斯先生谈到劳工权益的主题。他自豪地高举乐购身为道德贸易联盟中一员的旗帜,并点出公司目前也在进行提升工人技能的这项事实:"有一个很好的例子可以证明我们对改善工作环境的承诺:目前我们计划为制衣部门在孟加拉国成立一间专业技术学校,这将有助于供货商为当地及国际市场提升生产效率、提高工资、减少工作时数。当然啦,确保良好工作条件的挑战,是所有成衣供货商都得面对的。"他在结束前又宣扬了一段:"我们意识到成衣业对许多发展中国家的经济有多么重要,并且深信该做的事就是诚恳地面对工作条件方面的挑战，试着帮助改善它们，诸如继续提供工作及经济成长的机会，而不是减少我们的交易，然后看着那些工作和成长的机会逐渐流失。"

03

时尚罪犯

与

时尚受害者

Fashion Crimes
and
Fashion Victims

零售商们冒着大家都早已听腻的风险，照样给着千篇一律的回应。总的来说，时尚大厂们在解释各家独门炼金秘方时，通常都归功于采购有方、省下营销和广告的花费（在一些案例中，会归功于在设计办公室时，刻意走低调、简约的风格）、库存管理精明，以及一些所谓的创新做法，包括对衣服上吊牌的处理方式。以一线超级市场为例，当你看到一个疯狂降价到实在不可思议的价钱时，比如一件牛仔裤只要6英镑，或T恤只要4英镑，你不禁想是不是还有什么你不清楚的蹊跷，让它们可以卖得这么便宜。譬如说，这些降价的衣物是不是被用来作为诱饵，零售商虽然损失一点，但却能够因此吸引新类型的买家进店里来，以增加基本款的人气？毕竟超级市场在做服饰生意时，就如同卖香蕉和马铃薯一样。我认为这样的做法是不合适的，但不合适的理由并不是因为把时尚包装成像一袋马铃薯的卖法有失时尚尊严（虽然我的确感到一阵痛楚），而是因为先不断地降价然后再弥补损失，这样的伎俩会促使其他人也跟风。恶性循环的结果是，价钱降到了前所未闻的低点。

如此不断大降价所产生的冲击，在几千里以外为时尚大厂进行缝制的一大群人亲身感受到了，而无论是我在上一章中廉价时尚笔友们的响应里，还是在衣服的标签说明上，这一群人都甚少被提到。令人吃惊的是，每年在孟加拉国要缝制出共15亿条牛仔裤及其他棉质裤，印度每年生产超过70亿件超过100种款式的西式衣物。2002年，据推测，生产消费类产品最有力的中国每年生产的衣物超过200亿件（地球上无论男人、女人还是小孩，平均每人拥有4件中国制的衣服)。根据估计,目前全球有25万家成衣出口工厂(没错,就如它的名称,其生产的产品仅供出口)。在英国,我们可是如饥似渴地盼着这些产品。一份服装产业报告指出,在所有出口到欧洲的服饰中,到英国的就占了一半。这些到达英国的货物都是石头里蹦出来的吗?

不,这些产品是无数劳苦工人的血汗制成的。一家家时尚大厂的产品,其实是由距离欧洲总部采购团队及设计师们几千里远,发动大约4000万名制衣工人披星戴月制成的,你可以称他们为"剪裁、制作与修剪大队"(Cut-Make-and-Trim,简称CMT)。CMT在时尚链中的角色,是将原料纤维纺成布料,并将纸样及款式定型,也就是说从低阶生产到衣物生产完成的作业过程。根据时尚工业的理论,在供应链中有101个环节:第一步是"设计师去看布料展",最后一步是"把货物准备好寄出"(当然,在这个步骤之后,货物还是需要经过空运、海运,以及陆上卡车运送,才会到达你的眼前)。而CMT这个真正做衣服的阶段,只占了整个流程表中的小小一部分:"真正制作衣物的时间只有28天,一共要进行9项操作。"但这9个步骤却要耗费极大的人力劳动。

时尚这个产业非常幸运地成为全球化进程的受益者,甚至可以说成了全球化产业的典型代表。全球化正倾向专精于开发出地球上最廉价(往往也是最顺从)的劳工。东南亚提供了许多这样的劳工,这也解释了为什么快速时尚的全球装配流水线正是沿着柬埔寨、印度、越南和孟加拉国等国家蜿蜒前进,所有这些国家也都愈来愈依靠成衣贸易来增进其国内生产总值（GDP）。不过，全球化创造出来的局面并不利于助长忠诚度。事实上或许可以这么说，这样的环境使得知名的时尚品牌如一只花心的野猫，玩弄着世上几个最穷的国家的忠诚度。时尚品牌在这个产业中拥有着无上的权力，永远都在向外寻觅着最划算的买卖，而且唯利是图，翻脸不认人。品牌及零售商不是在几家信得过的供货商中寻求合作，而是从四五十家成衣工厂中进行筛选。若是有关税优惠，或许它们还会从非洲国家、有时亦从南美洲来寻求资源。它们的选择如此之多，如果一家制造商无法提供够快、够廉价的产品时，便大不了换一家更听话的厂商合作。

这条全球装配流水线不仅绵长，还很嗜血。通常，工作的环境非常恶劣，并且往往危险丛生。这使我们的CMT大队夜以继日地处在地球上最贫穷的国家中最可悲的环境里。对这类环境最贴切的描述，就是血汗工厂了。

有好几个方式可以用来定义一家血汗工厂。最早这个词是形容一个进行委托加工或再向下转包给劳工的体制。这点至今仍是对的，只不过这个词被运用得更广了。现今还可以用来形容包括工时长、工作环境差、低薪资，以及不准工人加入工会或组成任何能表达自身利益的组织。除此之外，近几年相关的报道及真相的揭露提供了更多的信息。有些画面在阅读及收看时，会让人感到不大舒服，但没什么不舒服比要在这样的场所里过掉人生的大半时光更可悲的。当我想到血汗工厂时，还会想到闷热的高温、恼人的汗臭、"嘎嘎"作响的机器运作声、满溢的大小便，整个惨无人道的场景还被一名来回踱步、手上可能还拿根警棒的工厂经理给监管着。

虽然缺乏明确的定义,但这群几乎毫无反抗能力、处在一个落魄而有时近乎不人道的产业中的受害者,这样的成衣工人,保守估计可能有数百万人。其数量庞大得令人不安。那么他们是谁呢?很可能你衣柜中的大多数衣服都是由女性制作的,她们是CMT大队的主力军。一般也认为她们比较容易管控,尤其发展中国家的主流文化也意味着她们较不可能质疑中间人或转包商所提出的价格及条件。另外,女性的巧手也更适合进行缝纫的细活。她们比较灵巧,而且如果动作上稍有怠慢,她们也比较容易被威吓震慑住。

在美国,反血汗工厂组织已经明确地描绘出我们消费时尚的方式与生产现实之间的关联。2001年1月,一份名为"卷标背后的劳工"的组织(Behind the Label.org)出示的报告指出,在过去15年间,美国强大的成衣零售商,如沃尔玛、Lord & Taylor以及Gap,已经创造出了一场全球血汗工厂危机。文中继续表示,为美国零售商制作衣物的血汗工厂分布在全球150个国家,包含超过200万劳工,这些人大多是年轻女性和青少年。全球化意味着到达英国及其他欧洲国家的衣服,也都有类似的供应源。我们穿的服饰究竟有多少来自于血汗劳工的双手,其实我们心知肚明。

时尚大厂中的人类面孔

时尚业里的零售商、制造商品牌以及消费者,都能神奇地将表为什么你该花更多的钱,买更少的衣服?

To Die for :
Is Fashion Wearing out the World?

面上光鲜亮丽的时尚与背后负责实际生产的那群活生生、有血有肉的劳工大军一刀两断地切割开来。在过去超过10年中,身为消费者的我们,已经完全对时尚那看来似乎难以置信的价格变得麻木不仁。购买廉价服饰的狂热,使我们容易忘却这些产品在生产过程中的现实面。有时我们会拿大家都心知肚明这样的商品是在恶劣的环境条件下做出来的事实开玩笑;有时候我们干脆全部一股脑儿地忽略。克劳蒂雅·温克曼(Claudia Winkleman)有一次代表《名利场》(*Vanity Fair*)参与巴黎时装周时说:"高级时装又怎么样?就凭着这些异常昂贵的裙子都是手工缝制的?我在此要说的只是:这里有谁曾经光临过 Primark 吗?说真的,没有,他们的牛仔裤一条卖8英镑,我猜一台机器大概花不到30秒就把这条裤子的缝隙接好了吧。"我不会怪克劳蒂雅·温克曼说了什么,她是电视上最好笑的主持人了,更何况她只是为了要强调高级订制服与现实的脱节有多远(后面会再提到),不过我还是小心眼地用她来举个例子。她所估计缝制需要的30秒,其实离事实并不远。4000万名服装工人被要求遵循一套标准(在业界称为"虚拟工厂标准",即 virtual factory standard,后文会再详论),在全球装配流水线大方地给予一条5个口袋的牛仔裤15分钟的制作时间。然而请记得,这其中包含缝进14样不同的零件,包括"拉链及盖住拉链的门襟"以及"裤管下摆的折边"。另外她还忘了说,操作那台机器的是活生生的、人生父母养的人类。

施加在那与你我一样的人类身上的压力,是残酷的。要说装配流水线对一般的成衣工人有多么残忍严苛,一点都不为过。60名诺森比亚大学(Northumbria University)①时装系一年级的学生决定一试,花一天的时间在自己的缝纫室中,模拟制作生产线上最常见的T恤。因为从一开始大家就知道,这些学生不可能达到一般工厂所要求于成衣工人的时间,所以我们的学生被给予115秒钟的时间来缝制每个边缝,而出口工厂的标准仅有48.5秒。这部记录学生们的努力的片子叫作《曾经在那里,完成了——只是不确定我的名字有没有在T恤上》(Been There, Done It–Just Not Sure if I am Entitled to the T-Shirt)。在里面我们可以看到学生们战战兢兢、汗流浃背的模样,但是每个小失误,比如,掉了把剪刀、重新对准缝线时的停顿,都让他们付出了沉重的代价。学生队在7.5个小时内,做出了95件T恤,而以一家孟加拉国处于"同条件生产线上"(指使用同款机型机器、在同样的生产条件下)的出口工厂为例,每日的目标为900件。

还有些揭露血汗工厂真相的报道也值得一提。在英国国家广播公司第三频道播出的《血、汗、T恤》(Blood, Sweat, and T-Shirts)(后来还延伸出奢侈品及外带等主题②),就在帮助年轻人了解这个问题上发挥了抛砖引玉的效果。这些年轻观众是未来的消费者,希望他们对此议题会更加留意、并有充分的了解,帮助他们在购买时做出选择。其他让这个议题受到大众瞩目的宣传策略还包括在伦敦

---

① 编注:英国规模最大的大学之一,位于英格兰东北部首府的纽卡斯尔市中心。
② 译注:《血、汗、T恤》于2008年播出;2009年针对亚洲食物产品主题,推出《血、汗、外带》;以及2010年时针对非洲的奢侈品生产,推出《血、汗、奢侈品》。

打造出一个血汗工厂的环境，然后让名人成为工作人员（可惜后来因为不明的法律纠纷而无法播出）。但，想当然，这些节目的制作都是为了吸引希望被娱乐的观众。他们倾向于将这样的场景置入在最能够吸引观众目光的两种人：名人或青少年身上，模拟出成衣工厂中的恶劣环境。因为之前提到的法律问题，我们只能看到一部分。我们想要知道的是这些人能够忍受挑选棉花或缝制衣物多长的时间。答案是：通常，不是很久。

不过到目前为止，这类节目能达到的，顶多也只是在西方名人、青少年还有时装系新生的心里造成一丝丝的不安，仍旧无法全面揭露血汗劳工所遭遇的真实境遇。目前就我所见，这群由名人、青少年及新生组成的小白鼠们，还远远没有见识过真实的处境。在那里，若是去参加争取权益的会议就会被打得鼻青脸肿，个人证件及许可证被抢走，除非膀胱快炸开来了否则不准去上一间臭气冲天的厕所，性骚扰可能是家常便饭，被强迫堕胎也时有所闻。运气不好的话，他们会在夜间被锁在工厂里，然后因为电线走火而被大火吞噬，活活烧死。

总之，我们这些生活在安逸之中的西方人恐怕无法体会血汗劳工的痛苦。在缝纫机前蜷了一天，我们也会感到疲累，但我们可以求助于保障基本人权的金科玉律：国家法、卫生法和安全法。但以上种种，对于真实活在全球装配流水线的普通成衣工人来说，仅仅是海市蜃楼。

成衣工人的一天

我没有告诉索克妮我看了仿真成衣工人生活的电视节目,因为我猜她会觉得我疯了,虽然她可能会很好奇我怎么有那么多闲工夫坐在那儿看电视。索克妮和其他的女性成衣工人一起在柬埔寨工作,她将通过电话介绍两位她认为会愿意谈谈的女性给我认识。如同许多工人都活在害怕被解雇的恐惧之中,这些成衣工人也一样,尤其是那些带着年幼孩子的,她们几乎没有休假可言。更糟的是,索克妮只能在她们换班时的短暂休息时间,用手机到工厂外面和我通话。"如果我们被注意到了,"索克妮告诉我,"我们可能就得立刻离开。"我答应了她,同时感受到她复杂的心情。一方面把她们卷进来让我极度有罪恶感,但另一方面能和她们讲上话让我感到极度荣幸。于是就如同说好的那样,我从伦敦打电话给她们,两名女工在以完成承包商发包订单出名的城市金边(柬埔寨首都)的一座大型制衣厂的外面回答我的采访。她们身处的可不是伦敦街头的展览工厂。

莉云(化名)年方30岁,在成衣工厂中已经工作了9年的时间,每天缝制牛仔裤、T恤和其他的基本款服饰。目前她认为她们只在为一家工厂生产,但是她不知道是哪个品牌(索克妮边翻译边解释着,她无法告诉我她在为哪一个品牌生产,因为她根本不认得标志或挂牌上的名称)。"我对我工作的地方有许多的感受,"她说,"许多不好的感受,真的,我觉得我们承受了好多痛苦,尤其是如果不能达到设定目标的话。"目前,她一天必须完成200件衣服,"这真的很难做到,虽然我自认是个动作快的工人了"。那么,若是她没有达成目标会有什么惩罚呢?"非常惨啊,"她说,"这家工厂毫无章法可言,监督员想都不想地就用非常粗鄙的字眼羞辱你。"不过莉云最害怕的还是无预警解雇,她将一毛钱都拿不到。

林可(化名)也是30岁,在被列入黑名单几个月后刚刚找到工作。她做了什么以至于被列到黑名单中呢?"我加入工会,"她很快地解释,"但那时我几乎走投无路,因为我有一个3岁的女儿,而我的先生不工作。"她很快就要在围墙另一边新工厂里接下一个班,从晚上7点一直工作到隔天早上6点。一般我会称这个为晚班,但在她的情况中这更像是一个延续:"我今天已经从早上7点工作到晚上6点了,"她说,"我们被告知一定要这么做才能完成这个订单,我们刚刚承包了一笔大生意。"林可工作1个月可以得到相当于92美元的收入,"我们没有足够的食物可以吃,三餐不得温饱,因为我们住在工厂后面的一栋大楼里,可是他们每两个星期就要来收一次房租。如果我筹不到钱,我们就必须离开,就是这样生活的。""如果我想要买衣服给我的孩子,"林可说,"我必须千方百计地去借钱。"

我问这群日复一日缝制衣服赚取微薄收入的柬埔寨女人对未来有什么样的想法,得到的答案令人鼻酸。"我觉得我一点反抗力都没有,"林可说,"我没有选择,在这里的人没有一个想在这样的环境里工作。未来毫无指望。但我却想不出若是不这么做,要怎么养活我的女儿。有的时候我只想哭,然后逃得远远的,把这一切抛在脑后。"然后突然间她说:"我们现在必须立刻回去工作了。"从她们愿意放弃对她们来说如此宝贵的时间和一个她们不认识、远在几千里外的人谈话,就可以体会到她们有多么渴望外界的援手。她们不断抱持着一线希望,期盼着渺茫的生机。

白忙一场

我们知道全球的食物价格正在不断上涨。在发展中国家,60%~80%的家庭收入花在食物上,这造成的压力相当巨大。研究显示,食物价格每上涨20%,就会多出1亿的人口被归进"赤贫人口",即一天的生活费不到1美元的人。然而在成衣工厂中有份工作,并不表示就能幸免于难,因为大多数服饰品牌至今仍然对是否给付最低工资(即指一份刚好足够满足基本生活需求的工资)这个问题三缄其口。成衣工人一旦遇到负债及天灾人祸,生活就顿时陷入绝境。食物价格的上涨,包括主食如面粉和米,导致在亚洲出现了食物暴动,孟加拉国和柬埔寨尤其严重。这样的事可不是巧合。如同位于孟加拉国的一家非政府组织"女人当自强"(Nari Uddug Kendra)的执行总监舍法莉(M.K. Shefali)向"卷标背后的劳工"组织所表示的:"以一名生活在达卡市的成人来说,每天为了维持基本生活的营养至少需要摄取1805卡路里。照今天的生活物价来看,每人每月光是花在食物上的金额为1400塔卡①。许多成衣工人(尤其是女性)根本赚不到这个数目,这严重地影响到了她们的健康及生产力。"就算我们先不论这件事的道德正当性,我们还是好奇:一间用着挨饿劳工的工厂究竟能持续运作多久?

对我们,或我这种坐在办公桌前的文弱上班族来说,服装业工人所需要的体力是难以想象的。从在印度或马里轧棉开始,用长柄大镰刀将棉球分开,再把它们收集起来送到管中加工、扎起大捆大捆的原料,再到蜷曲在机器前缝纫、确认再确认、进行折叠以及对准的工作,在许多工厂中这种机械式的工作,或坐或站,每次需要在同一个地方长达7~8个小时。同时,最卑微的工人得用手和膝盖匍匐着到机器的下方,挖找出被错置的纤维、被浪费掉的材料或棉球。他们是手指灵活的活体扫把和簸箕,他们可以把自己弯折在机器的下方,而悬在头上的正是高速旋转的机器管子及叶片。对一名又疲累又营养不良的人来说,这是一份危险的工作:稍稍一不留神,手指就有可能被截断。这是需要消耗相当的卡路里的工作。这些成衣工人与我们,恰好有着相反的难处。自从我们的腰围日渐粗大以来(需要愈多愈大的衣服),我们努力控制饮食,甩掉过多的卡路里;他们则努力靠着一份"最低的"工资,从低热量的食物中,如玉米、米饭、蔬菜和水果中,摄取尽可能多的热量。而所有的食物还都得面对变幻莫测的全球食物价格波动。所谓的"朝不保夕"

---

① 译注:塔卡为孟加拉国货币单位。100孟加拉国塔卡约为8.16元人民币。

大概就是如此了。

这些工人的工资每次都会被东扣西减,所以不要被零售商会坚守最低工资的承诺给哄骗了。工厂所在国很自然地会提到最低工资的问题,就算政府有一条关于最低工资的法律,并不代表工人就能领到足以活下去的钱。以孟加拉国为例,该国于1994年设立的每月最低工资标准约为930塔卡,并且固执地支撑了超过10年之久。在工厂大火引发的一连串抗议后,最低工资标准提升到了一个月1662.5塔卡,然后,2010年7月提升到3000塔卡。这看似提升了许多,但一算之下,3000塔卡原来只有27英镑。劳工权益团体对此当然不甚满意。"薪资增加的程度根本就不足以支撑成衣工人及其家庭的基本需求,也不足以应付近几年飞涨的物价,"全国成衣工人联盟(National Garment Worker Federation)的哈克(Amin Amirul Haque)如此说,"这些工人大多都是家中唯一的收入来源,一天1英镑对要养活三四或五个人的家庭来说,实在是杯水车薪。"这仍是世界上数一数二的最低工资。另外我们也应该记得,就算政府薪资局提出了一个最低工资标准,也绝不保证工厂老板就会依规定办理。

神奇的是,零售商常常就是有办法回避这个道德问题。道格·米勒(Doug Miller),亦即我们先前提到的,那个让一年级新生体验实际服装生产线压力的诺森比亚大学的良心时尚研究中心(由Zara母公司印地纺赞助的单位)的主任,凭着他钻研时尚产业中的劳工问题30年的经验,清楚地断言:"劳工成本总体来说低得令人难以启齿。"他认为,根据他以往的经验,零售商一向在其生产线的整体规划当中,对"CMT 成本"问题避而不谈。他们为了不想承担确保成衣工人能获得合理工资的责任,也不想给付加班费,于是想出了一个好听的办法,叫作"离岸价格"(Freight on Board)。其中已经包含成衣在离厂前所产生的所有成本:布料、裁剪、包装以及生产制造。劳工成本(有时称为"制作元素")被独立出来计算是非常罕见的。

  借由把所有的成本绑在一起,然后将所有的责任外包给供货商,零售商将品牌形象与给付工人低工资切割得一干二净。另一方面,采购员毫不留情地对离岸价格讨价还价。据估计,离岸价格中通常有 60% 用于支付布料费用,供货商压低不了棉花或聚酯纤维的价格,唯一可以压低的便是劳工的工资。采购员也许无心特别针对工人的工资,不过每一次当他或她压低价格时,位于生产链底层的工人便极可能就是那个将要受到冲击的人。这个体制在这一方面,不能说没有精打细算过。根据"行动救援"(Actionaid)的数据,Asda 一件收费 4 英镑的 T 恤,1.185 英镑付给供货商,Asda 赚 2.8 英镑,而成衣工人只得到 1.5 便士[①]。这样的分配公平吗?

---

① 译注:1 英镑等于 100 便士。

03 时尚罪犯与时尚受害者

危机四伏的一行

　　危机，对今日的时尚业来说，代表着计划之外的额外成本。原罪第一条，便是错失让一件将要大红大紫的衣服或配件准时上市的良机，因为这意味着将来势必得降价求售。从一开始，零售商就会对制造商施压，要他们喊出低于其他供货商的价格，而且合约的条件必然包括"及时交货"。为了确保那些针织衫与长裤能准时上架以供消费者挑选，空运通常是必要的。对大多数制造业来说，这意味着他们得满足零售商的每一个需求。若是零售商说"跳"，供货商只会问："跳多高？"

　　对在第一线进行生产的工人来说，危机有着全然不同的内涵。破旧的厂房设备，简陋的电源线路，高压的锅炉，再加上堆积如山的存货、布料和纱线，谁都可以想象，这种工厂根本就是一个火药库。长久以来，血汗工厂一直都是常见的火灾现场。

　　一桩惨剧再度提醒了这个事实。2011年是纽约三角衣厂火灾的百年纪念，那场大火夺去了146名年轻女工的生命，并且至今仍然是纽约市发生过的最大的一起工业灾难。那也是纽约血汗工厂工业区终结的开始（虽然不是所有纽约血汗工厂的终结），被认定为劳工运动与改革的催化剂，更是劳工权益运动的起源。纽约三角衣厂的灾难在一座博物馆以及几本书中被纪念着，每到周年时，都会被再次回想起，当初的恐慌、哀痛、烧焦的尸体，以及成堆的焦黑衣裳不断地以新的形式被悼念着。若是这场大火能够为整个时尚界的血汗工厂画上休止符,那么这146条生命便不算白白牺牲。可惜事与愿违。一百年以来,成衣工厂发生大火的次数越来越多,只不过如今这些危险被外包到了一些只会公布受害者人数而非姓名的国家,而且常有的情况是:什么都不公布。

成衣业大火持续肆虐,并且不只局限在亚洲。每次的事后检讨(这绝对是为时已晚的范例)都透露出同样令人沮丧的现实。没有工会支持,也没有信心要求安全保障的年轻女工们,就这样为了完成来自西方厂商的订单,被锁在工厂里。2007年,阿根廷政府关闭了700家位于布宜诺斯艾利斯的被称为"地下工厂"的非法纺织厂。2007年,布宜诺斯艾利斯省的非法贸易额大约为7亿美元,其暗中交易获益来自于邻国玻利维亚的成千上万名非法工人。2006年4月,6名玻利维亚工人在一家非法工坊中被大火吞噬,才使得在据估计高达1600家非法血汗工厂中工作的玻利维亚劳工的处境被摆上台面。

在孟加拉国,成衣工厂大火夺取了那么多条性命,其国内的《每日星报》(*Daily Satr*)将最严重的几起列出,制成一份清晰的名单,标题为"九〇年代以来,成衣业的重大火灾",内容如下:"2006年,吉大港(Chittagong),KTS成衣,62死;1990年,达卡,萨拉喀成衣,32死;1997年,达卡,上海制衣,24死;2000年,达卡,马可毛衣,23死;2004年,诺尔辛迪(Chowdhury),查迪哈瑞针织衫,23死;2005年,纳拉扬甘杰(Narayanganj),珊纺织,23死;1996年,达卡,卢萨卡成衣，22死；1997年，纳拉扬甘杰，扎哈纳拉时装，20死；2000年，达卡，全球纺织，12死。"令人难过的是，这份名单还并非全部。2001年8月8日，密尔坡（Mirpur）的清晨，一名在米可毛衣大楼六层的工人在眼见着从电路板冒出的火焰后，听到了警报声。这栋大楼由好几个部分组成，工人从大楼的各个部分窜出，从楼梯口往下跑，却发现安全出口被锁死。在一阵推挤踩踏中，造成24死，上百人受伤。

在印度的许多成衣工业区中，也可以轻易地整理出类似的名单，我在此只提出其中一例。2007年10月，11名在位于德里往北40里的城市帕尼帕特（Panipat）RR纺织中的工人丧身于因电线短路所引起的大火之中。据报道，他们被困在主纺织间里。当地的工会指控他们的逃生路线被上锁的大门给堵住了。依据自殖民地时代以来即没有变过的法律来看，如此的违规行径，将会被处以大约3美元的罚款：一条成衣工人生命的价格。

为了本书的写作，我特别访问了孟加拉国，并与当地一些记者碰面。我也开始浏览孟加拉国的网络和报纸，从中常常能看到火灾的报道，用悲愤的语气质问着这一切何时才会终止。最近一张我甚至希望从来都没看到的照片伴在其中的一篇报道旁。照片中12名年轻女性躺在一间房里的地板上，她们死于一场位于达卡成衣工厂的大火中。她们看起来就像是一组相互依偎在一起的瓷娃娃。

她们是为快速时尚卖命而死的。大概不会有人仔细记录下她们的牺牲，更不会有人纪念。就算是那些我们听过名字的工人，也不太可能会有一家博物馆凭悼她们早逝的生命，或者是她们为劳工权益所做出的贡献。我们唯一能为她们做的，就是确保在未来悲剧不再重演。

机会成本

"听着，亲爱的，"一名中年男子在周日上午一个讨论血汗工厂议题的节目中对我说，"他们很高兴有工作。"对于这样的观点我可一点都不陌生，我一周至少得听10遍。这种说法的普遍性仅次于经典的"他们现在不过是正经历着他们的工业革命而已"。很多人把廉价的快速时尚视为解救有色人种的贫穷问题的药方。老实说，快速时尚要真是为那些人着想的话，Primark 没得到个"社会正义奖"还真是亏待它了。然而，这个说法缺乏根据。首先，在"我们"与"他们"之间，有着硬生生的分野；其次，将我们奢侈、剥削式的消费习惯包装成帮助落后的发展中国家的工具，似乎是太便利好用了。

成衣工人毕竟也和所有其他的人一样，是有梦想、有抱负的个体。对他们来说，真正的好工作是需要让他们受到训练，并且帮助他们磨炼专业技巧的机会。但现实却事与愿违。不过，再强调一次，全球装配生产线的高压工作环境，几乎不容许一名上进的工人拥有培养自己专业能力的任何资金、时间与训练机会。

事实上，记者阿卡珊·詹恩（Akshai Jain）于2010年在德里古尔岗（Gurgaon）成衣区绕了一圈后发现，成衣产品的制作技巧似乎已经下滑。他的文章围绕着发生在山托许·库玛·卡杉（Santosh Kumar Kaushal）身上一个令人心酸的故事。卡杉20年前从安拉阿巴德到德里，担任裁缝师。一开始他在一间装配制作的小店里工作（共有30人，裁缝师居住、工作都在那里）。由于是以他制作出来的件数计价，因此他能赚取够用的钱，过着还不错的生活。"我们照着自己的进度表工作，"他满怀思念地告诉詹恩，"气氛很友善，新进者从做中学。"但是当詹恩发现卡杉时，他人在纳李沃利喀里（Nali Wali Gali，这个地方有个令人感到悲哀的名字，字面翻译过来叫作"下水道旁的街道"。根据詹恩的形容，这个地区以脏乱出名）。卡杉现在在乌德洋维哈（Udyog Vihar）①的成衣工厂里工作，这名裁缝师沦为一名员工。当时的他近乎绝望，因为他的技能事实上已经变得无用。从前工作的装配制作店早就因着制造商转换为工厂而关门。卡杉形容他自己像是个被严厉控管的生产机器，不再像从前一样独自将一件服饰从布料到制作一手包办。对身为裁缝师的他来说，这是获得专业骄傲的来源。他这样描述一条生产线："一个由30~40名工人组成的团队合做一件服饰，一个人只做折边，另一个人做拉链，第三个人做领子。"以此类推。他也提到了他自己以及其他同事的生活状态：租住在火柴盒般狭小、肮脏的房间，被他们的地主无情地剥削。"4~5名工人挤在一个没有窗户的房间，他们一个月的租金为1000卢比（约145.8元人民币），而他们一个月的

---

① 译注：位于古尔岗区内，在印度德里西南区，是新发展的工业区。

工资,如果幸运的话,约为3600卢比(约525元人民币),但工作时间有时会拉长到每天15个小时。若是他们超时工作了,就以一般的时薪给付。"

若要成为一名裁缝师,学会缝纫出一整件衣服,需要花上一年的工夫来学习。但来到现代装配生产线的新进者,只有两个小时的裁缝课程,教他们如何缝制出比一条直线更好一点的技巧。新进者还要缴300卢比(约44元人民币)的学费,被训练成为一名审查员或成衣检查员,则要价800卢比(约117元人民币)。"教学的过程是严苛的,辛迪奇(老师)在机器间来回踱步,对学生喝斥,有时会用指节敲打他们。'我必须要用棍子来训练他们,'他说,大声到所有的学生都听得到,'如果我在15天内训练好一名学生,可以赚100卢比(约14.5元人民币);如果他们要花上一个月才学会,我就亏了。'"文中的最后写道,山托许·库玛·卡杉在撑了20年后放弃了,他认定这个产业已经荒谬到了一个超过他所能忍受的地步。他告诉詹恩:"古尔岗不是个适合裁缝师的地方。"

雇用上百万名生产线工人,绵延不绝的成衣工厂,绝对不只存在于贫穷的内陆城市中。在全球化的催生之下,世界各国都有所谓的加工出口区(exporting processing zones)。其他的如医疗补给品、玩具及计算机也都在其中生产,而且它们对国际性的成衣工厂来说,是绝佳的范本。占地上千平方米,每年仍不断地在扩大,不用过多久,这些偌大的工厂与工坊所占有的空间就会像佛莱雪基尔斯垃圾掩埋场一样,大到连在纽约以外的地方都依然显眼。这些可说是全球化的基石的区域，主宰了整座城市。国际劳工组织（International Labor Office）至今为止已经监视它们长达20年之久，并将它们定义为："以特别奖励吸引外国投资者的工业区域，进口的原物料经过一定程度的加工之后，再次出口。"这些区域也被称为自由贸易区、经济特区、保税仓库、免税港，以及中美洲的加工出口工厂（maquiladoras）。它们是当代大众流行服饰的有力靠山，也是跨国全球时尚企业与全球最穷困工人之间的联结。

单就为何跨国企业受到这些区域的吸引而设立工厂一事来进行调查，倒也不是真的那么有必要。许多你我皆知的品牌，不断尝到加工出口区的甜头，只要能靠各种税金的减免来创造最大利润，即使是在政治混乱的国家大发利市也无所谓。加工出口区给予跨国公司各种可观的优惠政策。大多数公司只需要负担仅仅15%的公司税，或者是在地主国享有更大的自主权。从匈牙利到孟加拉国，各国都积极地吸引外资，因此跨国时尚公司唯一需要做的事，就是四处比价，寻找优惠最多的出口区。加工出口区无所不在，随着它们即将迎来的20周年纪念，也可以想见为数众多的它们将变得更多、更好，并带来更多的税务奖励。

跨国企业的另一项便利，便是它可以无预警地开张或关门大吉。毕竟，当所有其他发展中国家皆排着长龙以大量的减税及关税优惠吸引跨国企业前来投资时，还有什么值得后者特别留恋哪一个国家或城市的吗？由于国际自由贸易与租税协议的变幻莫测，所有的国际同盟都许诺拥有廉价劳工的国家能在欧美等经济体中取得暂时的市场。当然啦,这些保障也往往不可靠,可能被他国取而代之。但是这没关系啊:工厂可以被草草搭起,低廉的工人不需要合约保障,一旦关税率上涨,整个工厂可以随时喊停。快速时尚刚好也不需要持久,这也是为什么快速时尚与今日的全球经济可说是配合得天衣无缝的原因。

举例来说,李维斯牛仔裤(Levi's)于2008年7月关闭了位于马尼拉的工厂,造成257人失业。"我们仔细想过了所有其他的选择,包括成本管控,以及优先改善这家工厂的效率以及产能。"当做出此一决定时,李维斯牛仔裤菲律宾地区经理雷蒙·马堤利诺(Ramon Martelino)于2008年3月接受产业杂志 Clothesource 访问时,气定神闲地这么说。他接着稍感愧疚地说:"很不幸,这些方法仍然抵不过外包的超低成本。"

要是你可以挑选你前往设厂的国家,为什么不挑选既廉价又有技巧的劳动力,把他们一起带去呢?2007年,孟加拉国有83.2万名工人赴海外的成衣工厂工作。这也提醒我们:大多数的成衣工人都是移民。在这些人当中,有800人被位于马来西亚的中介雇给共四家纺织工厂。短短几周后,便有34人宣称受不了可怕的折磨及虐待,逃回孟加拉国。虐待项目包括忍受马来西亚移民警察的电击。根据他们的证词,他们在马来西亚一个月的收入为60美元,其中有一定的比例被中介抽成,住所也非常简陋。其中一名工人告诉记者,他在孟加拉国时已经付了超过3000美元给一名中介,中介向他保证在未来每个月可以得到400美元,住宿还免费。最终,他落得在吉隆坡机场的停车场露宿的下场。

《纽约时报》一份大规模的调查揭发了许多孟加拉国工人"被供货"到约旦。赖与美国签订了协议之赐，约旦的制造业如雨后春笋般蓬勃发展，为世界上最大的一些时尚零售商制造低廉的成衣。对孟加拉国国民来说（去约旦的工人以男性居多），要赴约旦工作，必须支付1000~3000美元，然后被带到一个靠近安曼省、名为"巅峰成衣工厂"的地方。说那里"暗无天日、惨不忍睹"一点也不为过。工人抵达时护照便遭到扣留，他们被迫从早上8点工作至次日凌晨1点或2点，一周工作7天。有些"访问工人"被安排在10~12人一间的宿舍，其他人就得利用换班的空当在地板上睡觉。若是有人反抗，就会遭到经理一阵毒打。到了下午4点，在生产车间工作的约旦本国人即可返家。很明显地，移民劳工受到更加残忍、粗暴的对待。

"这是我见过最令人鼻酸的环境了，"飞到约旦对"巅峰"及其他成衣工厂进行调查的美国国家劳工委员会（US National Labor Committee）的理事查理·柯纳翰（Charles Kernaghan）如此说，"有人不停歇地工作48小时，有的工人的护照直接被收走。他们也没有身份证能让他们外出到街上走动，若是他们在外被拦了下来，只有两种结果：要么是被关起来，要么就是被遣返。所以他们无处可逃，而且往往是处于非自愿劳役的状态。"

"非自愿劳役"（involuntary servitude），在我听来像极了奴隶制度。

家庭工人

有一天当我在找衣服时，从衣柜中随意挑出了一件我甚至不记得什么时候买的衣服：这是一件有着精密刺绣图腾的黑色上衣。我突然想到，我根本就不知道是谁做了这件衣服、这件衣服从何而来、是在什么样的情况下制作完成的。这是一件不到20英镑的便宜衣服，不过我怀疑它是不是手工制作的，如果是的话，不该卖得更贵一些吗？当我把这件衣服拿到光下一照，可以看到从双肩往下缀着的黑色珠子并不是死板地排列着，而是透出一种微妙的光泽。这需要多么细致的缝入工艺，才能够赋予织品这样的效果？！哪种机器才能做到这种程度？难道这些所有装饰都是手工缝制上的？如果是，是谁的双手？

"这是手工制的吧，不是吗？"我发现我常常向服装店员、朋友和同事提出这个问题。你怎么知道这些装饰是机器做的还是手工制作的？的确是有能够贴上亮片及其他装饰物的机器，能仿制出手工的效果。不过对一家成衣工厂来说，要购得这样的机器，需要投入一笔可观的资金。你问一问自己：你买进的服饰，有可能是通过如此大手笔投资设备生产出来的吗？若这件服饰是来自快速时尚品牌，尤其是价格低廉的，那这种机会相当渺茫。根据行业估计，20%~60%的服装产品（尤其是小孩和女性的衣服）是出自家庭作坊的非正式工人之手，他们最常做的就是缝上珠饰、刺绣以及一般的装饰工作。在对品牌毫无头绪的情况下,一般来说我们只能臆想。

我的那件上衣极可能就是手工缝制的,这使我联想到许多默默无闻的家庭工人正在地球上某些最穷的地方工作着。事实上,对这些为数上百万,与全家人生活在贫民窟的一个房间里,埋首伏案缝、绣出全球各地衣柜里的宝贝的工人来说,无所谓有没有被看见。他们每个月负责缝纫出好几千件衣服、缝上珠饰以及刺绣工作,而这些衣服成了我们血拼的商品。他们尽可能地以最快的速度作业,并充分利用有日照的时间,因为到了夜晚便需要使用油灯。其中有些人有旧的缝纫机可用,并且偶尔会有电可用,只不过他们必须要自行承担用电的成本。当谈到权利及报酬时,他们毫无谈判的筹码。这类家庭工人所代表的,是不被看见、不被关照,并且处于全球快速时尚产业中最底层的一群人。他们的生活仅足糊口,霸道无情的中间人付给他们的是一些在服装产业中最低的工资价码(而这真的需要有所改变)。这证明了严重的剥削不光存在于血汗工厂中。印度自雇妇女协会(All India Federation of Self-Employed Women's Association)为这些时尚经济中最底层的工人争取权益。"付给家庭工人的工资,低到就连离最低工资都差得很远,"该协会中的少数男性面孔、组织者杉杰·库马(Sanjay Kumar)向我解释道,"这是有多层中介所造成的直接后果。"

奇怪的是,不常与超级名模打交道的我,居然是由英国模特儿艾琳·奥康纳(Erin O'Connor)提醒我关于家庭工人的议题的。2010年,她从印度参与一个印度自雇妇女协会主办的活动回来后,我采访了她。她此行的目的是寻找真相，并且宣传许多根本不为人所知的家庭工人的处境。她亲赴工人家中，看见他们在哪里工作、如何工作，然后自己也试着做几件看看。不可否认，后面的这个动作是为了让非政府组织拍照用的（我还记得那张克里斯·马丁[①]在墨西哥参加一个由乐施会主办的活动所拍摄的下田拉犁的照片。此活动的目的是反映贸易关税在当地产生的问题），不过这着实使她对于工人们的技巧感到敬佩不已。"我从前买起东西来可毫不眨眼，而且我对于这些衣着的来源往往毫不在意，"她说，"问题是，当你看到一件服饰，不论是Monsoon满戴珠宝的笔，还是一件有刺绣的Gap上衣，你几乎不会相信这是出自一双充满老茧的手，且耗费许多时间，每件服饰都可以说是订制的，因为他们的制作方式（粉笔记号就是他们的草图）就像裁缝师一样。看到这些服饰时，我们不太会意识到是由这些女性用她们的双手以及她们的传统技艺做出来的。不是吗？"

没错，的确是不会意识到这点。当我审视着我的衣柜，轻掸着衣架时，抬头盯着一个包包或一只鞋子看时，我想着，这还真是得费好大的一番工夫才能让我们在选购时完全忽略制作这些衣服的人与他们的技艺。品牌营销、标签以及流行潮流皆倾向于抹杀这些人的贡献与存在。我们宁可相信身上的衣服是在一个完全机械化的工业之下被生产出来的。

---

① 译注：酷玩乐团主唱。

稚嫩而孱弱的小手

看过了那些默默无闻的家庭代工之后,接着我们要谈的是被许多人认为是在无法无天的供应链当中最难接受、也是许多公司最避之唯恐不及的议题:童工。很多人想到血汗工厂时,自然会联想起童工。这主要是源于工业革命时,在兰开郡(Lancashire)及约克郡(Yorkshire)的棉花厂中,可怜的孩童卖命工作时留下的历史画面。

在我17岁时,有一次和一个朋友一起到印度北部旅行。当时招待我们的主人认为带我们去参观一家小型地毯工厂或许是个好点子,我想他们也希望我们买一些吧。但我唯一记得的是:那是我第一次见到童工。一个小男孩撑起一台织布机,当时他的脚还够不着踏板,但他已经在歪歪斜斜地左右来回编织着地毯了。听说小男孩才8岁,不过他看起来比实际年龄小。他的眼睛显然看不见。目睹这个场景,我的朋友忍不住哭了,然后我们被轰出来,甚至连个目击证人都当不成。我们想要把那孩子救出来(现在回头看这种行为真的很蠢),还与地毯工厂老板当面对质,不过老板连看都不看我们一眼,当然最终我们什么也改变不了。20世纪90年代早期时,这在印度不是什么特殊的例子,当时童工议题还没有变得像后来那么敏感。我只能说当时的那个画面始终萦绕在我心头,永难忘怀。

在整个成衣产业中,童工是最具争议性的话题。怎么能不是呢?对孩子的悲怜是强大的道德力量。那些孩子都是从世界各地偏远地

为什么你该花更多的钱，
买更少的衣服？   To Die for :
Is Fashion Wearing out the World?

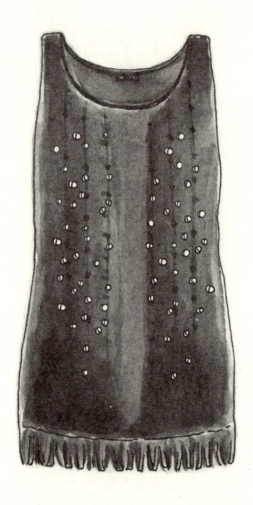

价格：35 英镑

派对上衣。如果你不嫌麻烦的话，
就小心地清洗那些亮片。
不然就在圣诞节穿一次之后，直接捐到旧衣回收箱里。

是谁让我闪闪发亮？

　　你大概会以为这些小圆亮片是用机器缝上的吧。错。用机器太容易弄皱或是弄散它们了，它们既精致又珍贵（嗯，好吧，珍贵的部分是在中国的一家工厂压制出来的塑料片）。不过，当全球有3000万名女性可以在家做这份工作，而且要求的工资比工厂工人还低时，谁还需要用机器呢？当衣服的基本接线缝好后，便离厂到一名中间商的手中，发包出去将亮片缝上。在此之前，工厂经理已经通过电话讲着荒诞的价钱："要接就接，不接拉倒。"中间人一如既往地，非接不可。他必须要在4天内，将这些折磨人的亮片缝到1.5万件衣服上。好在他认识一些从印度北方邦（Uttar Pradesh）移民来的女性，她们是熟悉金丝绣（Zari）的快手工人，做一些缝亮片的工作对她们来说不是问题（对中间商而言）。更重要的是，她们非常需要这份工作，这意味着他可以给她们低到一件上衣只付15卢比（约1.8元人民币）的价格，可能还更低。于是，他将100件上衣以及一盒亮片带到工人法丽达位于恶名昭彰的德里贫民窟的家中。她与三个分别为2岁、4岁及12岁的孩子挤在一个房间里。房子里看起来好像没有男人住着的迹象，这点让中间商挺高兴的，因为到时候不会因为支付的款项起争执。另外，有一名12岁的孩子也是个加分，因为可以照顾小的，让妈妈好好工作。不过，居住的条件并不理想，孩子还有炊具全都挤在一个房间里，而且闷热无比。中间商对法丽达喝斥着，说她是条脏猪，并且要她最好将这些汗衫保持干净的状态。他警告她，如果有一件坏了或脏了，公司会非常生气并且不会付钱给她，也就是说，她将一毛钱也拿不到。而且她最好要以前所未有的速度工作，因为公司现在就要货。这是一家大名鼎鼎的公司，因此不会容忍有瑕疵的作品（他并未提到公司的名字，而这名不识字的女性也不会了解这是一个全球知名的品牌）。为强调他是认真的，中间商恶狠狠地举起拳头，"不要太多亮片，也不要太少，就像样品上的数目一样！"她极少进行眼神交会，不发一语。当他认为讲完时，便踱步离去，他还有好几百个家庭工人要见。而法丽达马上就开始工作，她清出一个空间，用包上衣的塑料袋在地上划出一块区域，并告诉孩子们要离这远一点。她打开装着亮片的盒子，闪烁如镀银，她弓着背坐着，用大针将亮片缝到布料上。当日光退去，她眯起双眼，试着辨识出该把亮片放在哪里。这些事可得花上好几个小时。她叫女儿拿盏灯以及带着一双能帮忙的小手过来。

老实商标™

区中生活不下去的父母那里买来的，他们的手指又小又灵活，又易于恫吓威胁。好管理又耐用的他们，在过去20年内已成为巴基斯坦锡亚尔科特（Sialcot）如雨后春笋般冒出的新兴体育服饰工厂中的主要支柱。不过，世界知名大厂在这个问题上也更加谨慎，它们施加了许多压力要求改变这种现象，使童工的数量逐渐减少。的确，在处理童工问题上，大品牌们的反应非常敏锐。若是被劳工权益团体找到证明某个品牌使用童工的证据的话，新闻很快就会被全世界贪婪的媒体报得铺天盖地（这倒不见得是为了关怀弱势群体。不可否认的是：一个品牌的毁灭可相当具有新闻性）。接着，这些报道就会像是一个点燃消费者怒火的导火线。没有一则关于道德性议题的报道比得上受虐的童工那么能激起人们的共鸣。

尽管成衣业也希望尽快解决童工问题，但冰冻三尺非一日之寒。1997～2007年的10年间，印度获得了"世界童工之都"的臭名：估计童工贡献了印度国民生产总值的20%。事实上，我们无从得知某个家庭是否一定要让孩子在下课后到工厂上班才能养活一家人，不过我们还不用讨论到这点。我不需要知道印度孩子究竟是如何缝制出类似我衣柜里那件缀满珠饰的衣服。当工人的母亲有可能无法如期交货，那孩子自然得帮忙加入生产。5岁的孩子将针用得如此熟稔，很明显这绝对不是偶尔为之的事。不过，在印度当地，人们还没空为此难过感伤。监工可能是一名邻居，也可能是朋友（虽然我见过的那名十分严苛），不过他不会允许一个偷懒的孩子害他丢掉一份外包合约。好几百名村民的生计，就系在一群5岁大的孩子身上。为了分担家务，他们傍晚盘腿在昏暗的光线中坐上四五个小时，如同过去剧场中流行的一句老话："秀开演了就必须演下去"，这批订单必须要交出去。

2007年12月，记者丹·麦克道格尔（Dan McDougall）与德国的西德国家广播公司（WDR）合作，揭露10岁左右的孩子在新德里后街工作的可怕处境。丹遇到了10岁的阿米托许（Amitosh），他和其他40个男孩一样，被一名开了30个小时的车到他的村庄比哈尔（Bihar）拜访的人卖进了成衣工厂。他所生活的那间破旧不堪的工厂，可说是十八层地狱。长廊上流着从厕所溢出的污水、三餐不足以果腹、阿米托许和其他的男孩被迫夜以继日地工作。在英国任何一条大众流行服饰街上都可以找到他们用细小的针缝过的衣料。吉帆（Jivaj）是一名来自西孟加拉邦的男孩，看起来大约12岁，他一边啜泣一边低声说："上周，我们花了4天，从天刚破晓一直工作到隔天大约凌晨1点钟，我好累而且好像病了……但要是我们当中任何一个人哭，就会被橡皮管抽打。有些男孩嘴里还被塞进油腻的布料作为惩罚。"

当男孩们最终将标签缝上这些不起眼的衣服时，我们才知道它们最终的目的：Gap。当Gap意识到这个问题时，根据麦克道格尔的说法，"Gap坦承不讳，表示正设法解决它，并承诺将严格重新检验印度承包商的工作实况。"这家公司的政策以及"严密的"社会审查制度于2004年展开，其中包括这样的规定：若是发现承包商使用童工，承包商必须立即停止雇用，并且必须供给孩子上学的机会以及一份工资。

2008年，Primark对三家位于印度蒂鲁普（Tirupur，别名为"T恤之城"）的工厂表示"大感失望"。三家工厂将两万件衣服的刺绣工作外包给幼童制作，这违反了Primark的"不容侵犯的道德标准"（这则报道又是被麦克道格尔给揭发出来的，但这次是通过英国国家广播电台的《全景》节目播出的）。Primark迅速对关于三家蒂鲁普工厂的指控做出回应，在节目即将播出并刊登在《观察家报》（Observer）之前，撤销了三家工厂的订单。然而，Primark在一年前才加入英国贸易杂志《零售周刊》（Retail Week）的"良心出品"活动，签署了"要改善与有问题的工厂的合作，而不是遗弃它们"的承诺。Primark费了九牛二虎之力澄清：这起使用童工的不幸事件，与它们产品的低廉价格毫无因果关系。不过整个成衣业以及配件产业可不这么想。不少这一行里的老手认为，大量使用童工是压低成本的主要手段之一。例如，有20年为知名品牌开发鞋子原料经验的劳伦斯·华伦（Lawrence Warren）就深信："以特别低价出售衣服的零售商必然大量雇用中间商，也因此与供货商的接触就比较少。"而且，他表示，这么做会使童工的使用更加普遍，也更不容易被察觉。

以上所述并非指控全球化的大公司刻意向外寻求童工。事实上，它们也很小心地要避免使用童工，有些甚至努力地尝试要根除这个乱象。我们可以确定，它们绝对也不想惹上一身腥。但是经济周期的循环、流行品位及订单量，这些都是影响快速时尚的不确定因素。

有时它们是不可预测的,有时则可以。以蒂鲁普为例,根据调查,光是这个地区就占了全印度成衣产量的 40%。自 1985 年以来,成衣产业在此已增长了 22 倍之多,数字惊人。你不得不好奇,如此吸引人的原因之一,是不是就是因为便宜?然后你必须要问,为什么可以这么便宜?在《全景》揭露 Primark 后,当地政府以及纺织出口协会接着对此事进行反驳,并且做出澄清,其中包括一份表示印度蒂鲁普绝对没有使用童工的声明。就在此时,印度记者马哈帆(N. Madhavan)亲自到了成衣工业区一探究竟。他采访到许多孩子,其中很多就正在为国际时尚产业马不停蹄地工作着。

政府、制造商及零售商都信誓旦旦地表示要完全摆脱童工,但要落实却是难上加难,特别是当这个产业永远想要以更低的价格创造更大的产量时。当成本上升而采购员还不断地压低离岸价时,情况就更严重了。这意味着,一个已经在临界点上的产业还会持续受到更多的压力,更多的订单会被供货商向下转包,甚至更多的压力会从欧洲总部施加出来。任何关于终结童工的宣言,可能都言之过早。

诈领救济金的高级时装

我想象着你也和我一样,现在还习惯于每隔一阵子就出现一个揭露时尚产业的丑闻。无论产业如何进步,在不为人知的台面下还是隐藏着各种卑劣、见不得光的行径。

2009 年 1 月,再次轮到 Primark 坐上被告席。丹·麦克道格尔,这位许多素行不良的时尚品牌的眼中钉,再次扮演了"揭弊英雄"。紧接在蒂鲁普案例后,Primark 又再度被抓包,这回是和使用非法移民的承包商合作,只付比最低工资的一半多一点的工资给他们。工人们被发现身处在又冷又狭窄的环境中,一天工作 12 小时,一周工作 7 天。我仍保有当时丹提供给我上面注有这些品项细节的金博尔标签①:"汽油色②羊毛衫 80646"以及"黑色无袖魅力羊毛衫 81742",等我到 Primark 店里去找它们时,这些惹事的服饰要不是卖完了,再不然就是从商场中给移除了。零售商(Primark)再次表示它们对某家供货商"失望透顶"。一名发言人补充道:"我们极度地关切这些不利于我们供货商(TNS 针织)以及针对 TNS 未经授权的承包商(时尚浪潮,Fashion Waves)的严重指控。"并且誓言要展开内部调查。而 TNS 针织否认这项指控。不幸的是(对Primark 来说),这种事后诸葛的自检行为,似乎还是在几千里外远的达卡闹市区,或是南印度可以演得比较好,而不是当它位于距离曼彻斯特旗舰店仅一步之遥的地方。

来自巴基斯坦、阿富汗及印度的成衣工人为 Primark 的廉价时尚辛苦劳动的所得,是每小时 3 英镑。既然这些工人是领现金的,他们当中有些人同时还领着失业救济金,小报戏称这批衣物为"诈领救济金的高级时装"。看来似乎在工业革命发生近两百年以后,英国的血汗工厂依然尚未走入历史。

---

① 译注:Kimball Tag,广泛用在衣服零售生意中,在纸牌标签中,既有可供人读懂品项细节的信息,也有供计算机阅读的条形码。

② 译注:Petrol-coloured 指的是一种带有蓝色的绿。

阳奉阴违的
稽查机制

Tea, Sympathy and Auditing

5名穿着短袖的男子环绕在我身旁，一台电风扇在头顶上啪啦啪啦作响。摆在我面前的似乎是一本园艺练习本，但它被用来当作临时访客签到簿。我抓着笔急切地想写出些中立的东西，这些东西可不能被看出来我对刚刚被领着参观工厂时的感受，而是掺有水分的失真。我现在只想尽快地平安离开这里，别为我与我的同伴惹来大麻烦。我向本地的达卡同伴承诺不会造次，他才带我们来这里。

我的脑中一片空白。"写点你的体验嘛，还有你有多享受这趟参观我们设备的旅程，"位于达卡杉提纳加（Shantinagar）的"新纪元成衣厂"（Epoch Garment Factory）总经理在一旁提议说，"说说我们给了你一趟多么好的导览。""嗯……"我说，并且假装在考虑这项提议，心里其实在想着，这真的要看你怎么定义"好"了。新纪元成衣厂的很多主管，除了在翻包检查我们是否携带偷拍设备时有些粗暴之外，其余时间都相当随和。我们的造访是未经事先安排的，而且显然他们正忙着为一笔超大的订单赶工，因此人人神经紧绷。这可是一个难得的机会。

我人在孟加拉国，越来越多的英国人穿的衣物也来自这个国度。2006年，孟加拉国成衣工业卖出的衣服，估计占了所有卖到欧洲、美国、日本服装中的近8%。不过，这趟旅程，我不是代表官方来这里评估成衣贸易，而是受一个非政府组织的邀请，来观摩他们的气候变迁计划的。孟加拉国的地理位置非常不安全，每当印度北方最大的一条河上涨时，便会加速汇集到孟加拉国边界，每年的洪水使得成千上万的人无家可归。低海拔的区域在未来还得继续面对水平面上升所带来的威胁。另外，我也参与一个旨在促进妇女福利、消除家暴的全国性计划——60%的孟加拉国女性每天在自己的家中受到暴力迫害。其他的非政府组织工作人员告诉我，在上一次的洪灾后，由于许多家畜遭灭顶，南方的女性被用来进行犁田的工作。才抵达孟加拉国没多久，我就有机会接触到当地的成衣产业了。我刚到达卡没几个小时，就和一群首次组织团体对抗家暴及胁迫的女性们碰面，其中有好几位成衣工人。当然了，孟加拉国80%的成衣工人都是女性。

在她们换班间的珍贵空当，我与她们在深夜的市中心碰面。由于这些女性在工作时无法畅所欲言，也几乎没有我们西方人所谓的休息时间，因此我们得利用她们上班以外的时间进行采访、调查，收集关于工资和工作环境等问题的资料。于是，我很快就明白我在非政府组织工作的朋友所感受到的那份愧疚感。我在孟加拉国学到的第一课，就是应该非常感激这些牺牲任何一点时间提供关于其工作状况第一手数据的工人们。这是个很大的牺牲，也可以看出多数的工人有多么渴望我们能够了解服装产业的真相，在这场争取平等待遇的战争中，助她们一臂之力。

我知道只有亲自到一间位于达卡的成衣工厂中，才能学到我的第二课。我希望这是一个尽可能真实的体验，而不是看到一个为了应对西方访客，尤其是那些代表西方零售商成群结队进来在表格里打勾勾的稽查员组织而准备好的场面。不过，我知道这样的概率非常低。在我离开英国的几天前，有个联络人致电给我："你大概不会有机会进到一家成衣工厂参观。"一名达卡当地的重要非政府组织干部,为成衣工人争取权益的抗争者,又再一次由于他的"活动"而入狱。这在许多负责剪裁、制作与修剪(CMT)的生产国家中是常见的。2010 年,3 名为成衣工人争取权益的工会成员在柬埔寨遭到灭口。

无论如何,整整 4 天,我真的留意到在达卡及周边有成千上万台运转中的机器,操作它们的是近 400 万的女工,她们之中有许多人都非常年轻,她们使孟加拉国成了成衣工业的超级强国。这个早晨,就如同平日一样,她们又埋首桌前至少 10 小时,制造着低质量的快速时尚产品。多数产品的终点站是英国。然而,就在我们差不多要离开孟加拉国时,好运降临。一名在邀请我参访的非政府组织中工作的年轻女性艾洛拉,认识一位可以带我们参观一个被她形容为"一家好工厂"的地方。我很自然地预期不会见到什么有采访价值的事物。除了宣传全球化的优点、提醒注意通风与工厂安全的标语旗帜之外,剩下的恐怕就是满脸笑容的工作人员,他们大概全都还一边工作一边吹着口哨吧。

于是我们坐进小巴士,缓慢地(达卡交通堵塞得令人痛不欲生)出发前往市中心。映入眼帘的景象让我吓了一跳,因为我以为在附近看到的会是崭新、明亮的生产设备。此刻我才恍然大悟,此行看到的将不是一个那种能让来自不同国家的稽查员一觉好眠、外表光鲜整洁的现代化工厂,而是一个真实的场景。当巴士终于停下时,我意识到,这根本不是一家被设计来生产衣服的工厂。

04 阳奉阴违的稽查机制

严格来说，那其实像是一间办公大楼。成千上万类似的临时衣服工厂，就这样星罗棋布地散落在这座城市中。表面上看来，达卡的经济正急速增长，房地产价格已达顶端，而成衣出口的需求仍然强劲，因此任何想得到的地方都盖起了工厂。如果找不到地点，几周内就能搭出新的厂房来，或是在现有的大楼中加上新的隔板。这也解释了为何会发生那场可怕的灾难。2002年，"光谱"（Spectrum）的老板在达卡外围一点的沼泽地建起了他的工厂，在总高四层的工厂顶上，再加盖五层新的楼板。劳工运动分子李思白·许洛特（Liesbeth Sluiter）在她的书《清白的衣服》（Clean Clothes）中描述了这场悲剧："2005年4月11日凌晨1点，照理来说她们应该都要躺在家里的床上了，因为理论上她们的轮班已经在前一天的傍晚6点结束。不过，完成订单的急迫性凌驾在一切之上。这场意外造成64名工人死亡，超过70人受伤，其中一些在之后无法治愈。她们当时手上在做的是印地纺集团旗下品牌Zara的儿童款红色高领毛衣，以及德国Bluhm时尚集团订购的紫色条纹女性上衣。"

与我同行的还有两名来自英国的朋友、两名非政府组织的主办人以及一名致力于当地服装工厂中工资及工作环境议题的当地共产党女性政治家。我们能进到任何一个在孟加拉国专事出口成衣贸易的工厂，是非常幸运的事。多亏了这位当地的政治人物，为我们打开了今天眼前的这扇门。

总经理与我们会合，他的助理在我们的随身行李中搜查是否带有相机，接着他领我们走上一条狭窄的楼梯，到达缝制部门。里面大约有 250 名女性，大多是年轻人，穿着鲜亮的纱丽（saris）蜷曲在机器前，手中不断缝制着深色的牛仔布。穿着黄色背心的男主管正监视着她们，看来是每 50~60 位女性就配有一名男主管。我用"监视"一词，是因为我非常讶异男性主管在身体上贴得有多近——他们的脖子得往下弯，才能看见从机器上落下来的一针一线。怪异的是，这让我想起了玩无板篮球（netball），在游戏中你不能拿球碰到对手，但只要你的脚与他保持一米远，你就可以伸长你的脖子，一直到你拿下他的位子。我不能想象一直在这样的压力下工作是什么样的感受。

接待我们的主人们相当大方。"你可以问任何人、任何问题！"工厂楼层经理挥着手指着一大片生产线区域对我如此说。然而，从这些女孩脸上惊恐的表情，以及她们紧凑的工作节奏还有机器的数量上来看，我实在不适合在这个时候问太多。我选了一名戴着亮黄色围巾的可怜女孩，她立刻吓得手足无措并停下手边的机器。"你几岁？""我 19 岁。"她回答道。"你是怎么找到在这里的工作的？""有份工作很好。""你每周在这里的工资多少？""有份工作很好。"很明显，在这样的情况下，我不会得到任何不被官方允许的答案。我的一名朋友也很惊讶。"这里每个人都挨得好近，"她问，"她们什么时候能休息呢？""我让你们看看剪裁室，"工厂经理说，"很不错的地方哦。"

我注意到在通往剪裁室路上的楼梯间有几百个标有"家乐福"字样的箱子，这家欧洲的多国企业是仅次于沃尔玛的全球第二大零售商，在全世界有着惊人的 1.25 万家店。箱子沿着装配楼层的边缘堆起，盖住了火灾指示以及标示安全门方向的黄色牌子。不过，在牌子后面的楼梯间，有更多的箱子完全挡住了通道，它们看起来像是在等着被取走，准备被送至各店的样子。反正，安全门也不是常会用到。"这些箱子挡住楼梯间啦。"我说，一边指着那些大刺刺放在那儿的东西，"我是说逃生通道！失火怎么办！？"我的声音变得愈来愈尖锐。从前面一章提到的各项火灾来看，我可不是没来由地激动。工厂经理对于我的质问无动于衷，一边大肆夸口一边往楼下走。他声如洪钟地说："我来让你看看剪裁室。"我没打算停止追问，但出乎意料的是，那名捍卫工人权益的共产党领袖对我挤出了一个暗示我"停下那些胡闹"的笑容。"今天不会有火灾。"她说。她的笑容终止了这一切。

接待我们的主人给予剪裁室的高度赞美并不是在吹牛。一个宽敞、通风良好的空间，有着计算机化、高分辨率的剪裁机器，还真的是比缝制间好太多了。我也留意到，这里无一例外的皆是男性员工。后来我才知道，在成衣产业中，女性大多数从事初级的缝制工作，这也是为何（如果光从人数上来看的话）这会被当作一个"女性的产业"。但涉及更复杂的技巧时，像是剪裁，就得由男性来完成了。可以预见的是，一旦工厂里或是整个产业的科技升级时，女性将被男性取代。

最后我们到了工厂经理的办公室，吃点茶和小饼干。在此我们又再一次被告知，可以问所有想知道的事。于是我又开始穷追猛打那些挡住火灾逃生口的箱子。"大订单,"他说,"超大订单!"是,没错,我说,不过这50万件男、女、小孩牛仔裤的订单正堵在逃生口前面。他承认:"这不是一家完美的工厂,这只是家乙级的工厂。""是谁打上乙级的?"我问。"它就是被标着乙级。"他说。然后我们继续在这个问题上纠缠了30分钟。"乙"级,我终于慢慢地倾向于相信这是个孟加拉国的管理标准,用来表示这家工厂不是完美的。然后突然间经理出现了大转变,他的语调变得激动并指责地说:"当你们(在西方)才付那么一点钱的时候,我要怎么经营一家完善的工厂?我根本不可能没有缺点啊!"我只能同意我在这里看到的确实称不上完美。最后我在访客簿上用有点颤抖的手写着:"一趟非常有趣的访问。发人省思。"

我的这趟参访并没有真的挖掘到什么血汗工厂的真面目。然而,我却亲眼看到,来自欧洲时尚产业的巨额订单,原来都是在这些公然违反任何一个自重的欧洲企业都会坚持制订的工作标准的条件下,被制造出来的。我们都相信,这些违规行为应该早就被发展中国家的稽查单位给揪出来。毕竟家乐福集团在7年内送出了2067名社会稽查员到孟加拉国,并且与当地的非政府组织"女工权益促进会"(Karmojibi Nari)合作。

稽查单位理应向我们保证,在前一章发生的那些可怕事件已经走入历史。没错,稽查单位受雇于西方时尚零售商及制造商去访查各地工厂,确认它们的火灾逃生指示清楚且功能正常、没有雇用童工、工人有集社自由、当他们在进行一些有潜在伤害健康的作业

04 阳奉阴违的稽查机制

时——例如,为牛仔裤进行喷砂处理——有穿戴安全配备。当你浏览市面上任何一家主要时尚品牌的网站时,你都会看到行为准则(Code of Conduct)或是社会责任(Social Responsibility)的相关说明。有些零售商和制造商仅凭口头许诺就希望我们信以为真(我可做不到),而多数的企业会雇用稽查人员来为他们做审查,而且他们也很乐意将检查成果公开在网络上,甚至是在店面里,以作为招徕顾客的噱头。

以上的做法让英国零售商协会(British Retail Consortium,英国零售业的同业公会,相当于零售店家的最高权威,并且监督着所有包括时尚在内的消费商品)得以在网页上针对"关于零售业的迷思"——该文提到英国零售商应该为酗酒负起更大的责任——这个议题宣称:时尚大厂完全没有与违法犯纪的工厂进行合作。我认为以下的反驳立场相当严正:

> 社会大众一直误以为英国零售商从剥削劳工、不负责任经营的血汗工厂中获益。这么做既不道德,也不务实。位于发展中国家的工厂标准,往往比那些在欧洲和美国的来得严格。为了达到英国零售商所要求的量、质,以及交货限制,它们必须……任何无法符合这个标准的工厂,就无法达到英国零售商协会会员及其客户的要求。零售商们与道德贸易联盟合作,以确保能长期坚守着如此高的标准。我们的供货商受到系统性的监督。一旦它们未能通过稽查,合约就会终止,生意便会落到

其他厂商的手中。

一般来说，我们宁愿相信供货商的所作所为都受到关注与监督。连我也没那个闲工夫，疑神疑鬼地去检查每一个标签说明和网站啊。我们希望可以安心地采购，我也很乐意相信英国零售商协会的保证。不过，这与现实之间有着巨大的落差。也许稽查确实执行了，行为准则也发到了每一个主管与员工的手上，然而，这却不表示它们发挥了实质性的作用。距离血汗工厂首次被披露的时间也有20余年了；尽管稽查大军的成立，以及数不清的调查报告陆续出炉，仍然有大量的衣服是在我们前一章提到的那种恶劣的工作环境下制造的。有批评家指出，稽查员唯一能教导我们的事，就是如何能掩过稽查员的耳目。

反血汗工厂抗争史

当代首宗揭露血汗工人的重大报道，发生在20世纪90年代早期。当时《华盛顿邮报》对李维斯牛仔裤——这个在当时甚至至今仍然是地球上最受爱戴及欢迎的品牌之一——进行了调查，并发现它利用中国监狱里的罪犯劳工来制造牛仔裤。那些裤子的成本为每条几分钱，但李维斯以上百倍的价格销售给全球崇尚名牌的时髦的消费者，而这在后来的全球化时代成了时尚业界的标准做法。

当时很少人料到这则报道居然会掀起轩然大波。也许某个生产线的员工会认为他们发明了一个天才的生产模式,许多民众却惊吓不已。这篇报道触及了新兴反全球化运动的敏感神经。与此同时,国际非政府组织也加入战局,开始着手调查超级品牌在远东童工血汗工厂的问题,牛仔裤从此被赋予了一种异样的眼光。在接下来的18个月内,耐克(Nike)、Gap、锐步(Reebok)皆被曝光违反了基本人权,更遑论劳工法了。主流的时尚品牌一个接着一个被指出在供应链上有问题,不是违法就是剥削劳工。20年过去了,情况似乎没有改善多少。仅2008年,国际反血汗工厂联盟"不流汗"(Sweatfree)就将6个主要的服饰品牌列入"血汗工厂无耻名人堂"(Sweatshop Hall of Shame)中:美国鹰(American Eagle)、家乐福、迪士尼、GUESS、泳装品牌Speedo和Tommy Hilfiger。其中有些品牌还是累犯。

  调查式报道持续不断地做出指控,有时也与当地的社会运动抗争进行结合。每曝光一部偷拍的影片或证词,就又揭露了国际时尚链中见不得人的一面。其中尤其造成大震撼的是在1995年,由查理·克纳汉(Charles Kernaghan,一位美国非政府组织成员,因他锲而不舍地搜集成衣贸易中劳工受虐的证据,后来被称为"血汗侦探")和他的同事们,乔装成去谈生意的主管,进入一家位于自由贸易区内为知名美国品牌进行生产的中美洲公司。一名15岁的工人告诉他们,她定期遭到殴打、被迫在监工的面前吞下避孕药,显然强制避孕是例行公事。之后,一名14岁的工人带着调查员到工厂外的一处垃圾场,镜头聚焦拉近一看,眼见上百个透明空塑料袋,都是用来装给全体员工吃的避孕药的。

挖掘出这样的报道可是大功一件。"我们在执行任务的期间牺牲了几位同志。他们有的遭到谋杀，还有其他人被锁在后备箱，被威胁要对他们的家人不利。"2008 年全球反童工运动（Global March against Child Labour）新德里分会的布丸·里布（Bhuwan Ribhu）与另一个牵涉某英国大众流行品牌巨头的血汗工厂丑闻对质时如此说："这里面牵涉的利益太大，而生命就在这利欲熏心且不择手段的环境中遭到践踏。记住，毕竟，在背后驱使这一切的金钱，正是直接来自西方消费者的口袋中。"然而，面对这些灾难的却只有这些抗争者。他们得为这些受虐的劳工们做出的指控寻找证据。然而，在他们的调查中，就连最微小的瑕疵都免不了引起跨国品牌予以法律诉讼。在这般小虾米对抗大鲸鱼的情况下，伸张正义难如登天，抗争者们可说是背水一战，而有的调查者甚至是赌上了性命。我知道许多人都被雇来解决血汗工厂问题的暴徒殴打过。如果他们被发现带有照相机，人身安全可说是更加堪忧。

当揭秘者能提供录像画面或零售商违反法规的商品清单时，立即就能引发全球观众的广大回响。报纸头条、名家专栏以及电视评论，处处反映着大家的愤怒与不齿。从 2000 年往前推的前 10 年，遍布各地的抗争者与非政府组织如火如荼地发出控诉，然而，却总是听到这些公司以同样的借口回复：由于它们将生产工作外包给了海外代工厂，所以若是一些无耻的发展中国家工厂不遵照公司的规范，它们也是受害者。这些国际大品牌辩称：很不幸地，它们也无能为力；尽管它们也想针对问题要求改善，但鞭长莫及。

在很大程度上，这句"不是我管得了的"正是引发为期约10年的反血汗工厂抗争的导火线。清白衣服运动（Clean Clothes Campaign）、反血汗（No Sweat）、标签背后的无名劳工（Labour Behind the Label）等其他团体可没那么容易让跨国大厂推卸责任。全球上百万的消费者对这些时尚品牌的虚伪愤慨不已。大家无法接受，它们一方面通过正面形象赚进大把的钞票，另一方面，在实际的生产过程中却与奉行的理想大相径庭。诸如Just do it（做就对了）这样的标语高举着自由的价值观，然而，有时候这些超级品牌根本就是伪善，甚至是彻头彻尾的恶魔。行动艺术家兴奋地发现，Levi一字的字母顺序只要调动一下，就成了"恶魔"（evil），很快地，这些字眼就成了街头涂鸦的好素材。

许多进步的消费者受不了这些品牌的表里不一，其中的代表人物是美国的社会运动分子马克·卡士齐（Marc Kasky）。他实在无法忍受耐克竟然可以把血汗工厂的指控撇得一干二净。以下是耐克在1997年时刊登的全版报纸广告：

> 为耐克服务的工人皆受到使之免于身体虐待以及性侵害的保护，也依据当地相关的法律与规定安排工作时数与工资。一般他们的薪水都是当地最低工资的两倍之多。他们领得到一份"足以维持生活的工资"、免费的餐点，以及健康保险。他们的工作环境也符合当地的法律以及健康与安全法规的要求。

卡士齐以刊登错误广告为罪由控告耐克，这个案子在直到2003年被美国最高法院驳回以前，已经在中间被踢皮球了好几年，最后双方于庭外和解。事实上，我们将会看到，耐克和Gap一样，都成了最透明化的品牌之一，只是都已经付出了惨痛的代价。

同时，一场全球反血汗工厂的抗争如野火般蔓延，势不可当。有战略眼光的抗争者不会只针对个案抗议，他们很快便了解到，超级品牌最看重的是它们的形象。这些品牌在意的不只是鞋子的样式，还有广告文宣的遣词用字，也非常珍视自己公司的名声。而且，它们的自信与傲慢往往也是装腔作势。无论它们如何口沫横飞地夸耀它们的产品，自诩能实现消费者的梦想，实际上它们最终的关怀还是为股东赚取利润，并维持其在全球市场中的股价地位。不过，调查媒体与抗议团体两者组成了锲而不舍的揭弊联盟，不眠不休地追查强制劳工、过低工资以及虐待工人的新闻。在这些光芒四射的品牌背后，诉不尽的是穷苦工人的血泪。这时候，股东与投资人开始感到不妙了。反血汗工厂运动找到了全球化的致命伤：知名品牌最不能失去的，就是它们的名声。

猫与老鼠的斗智

在本书的最后，我会回来继续谈反血汗工厂的抗争，以及我们可以从这些早期抗争者的身上学到什么，但基本上，那个时代最著名的方式就是不断地联合抵制。好比说，如果你不喜欢某个品牌的所作所为,朋友就会鼓励你发动对它的抵制。不只是倡导抵制它的产品,还要写信抗议、游说你的朋友、在校园举办活动、发起静坐示威,等等。在20世纪90年代末,数量惊人的消费者对涉嫌剥削劳工的品牌进行了抵制。

不过,抵制运动有一个副作用,这点常被知名品牌所利用:就算只是扬言要发起抵制,还没有付诸实行,很多公司就会干脆逃之夭夭。尽管大品牌矢口否认,但它们实际上对供应链还是有一定的控制力的。然而,每当再次被曝出血汗工厂的丑闻,就会有某执行长出面表示他们对合作厂商感到失望,并宣布它们即将取消与违法犯纪的工厂或国家的合作关系。这场超大型的猫抓老鼠游戏不断地在世界上几个最穷的国家之间轮流上演,资本雄厚的大公司舍弃"坏"工厂而去,另寻新欢(通常是找到另一家条件不相上下的工厂)。而这对当地经济常有毁灭性的打击。

最终,时尚大厂妥协了。经过多年的否认与推托,一份2003年揭发Gap在印度涉嫌使用童工的报告,逼迫这家公司发布了一则前所未见的声明:"我们的全球供应链的确出了问题,我们会努力设法挽救。"虽然这则声明之后的确接着包括蜜西·艾莉特(Missy Elliot)、麦当娜、莎拉·洁西卡·帕克(Sarah Jessica Parker)和乔许·史东(Josh Stone)在内等巨星拍摄的广告,不过这次这个品牌总算不再只是靠公关语言来粉饰太平了。大品牌与零售商之间的新关键词叫作"透明化"。瞒天过海、搪塞敷衍等伎俩已经成了过去式,现在流行的是品牌与供货商彼此相互妥协,寻求平衡,同时开诚布公地与消费者及媒体沟通，告诉后者它们正在尽最大的努力。

时尚大厂们急于向大众表示它们已经痛改前非。然而，在几万公里以外找到守法守规矩却又便宜、迅速的合作厂商，也是艰巨的挑战。为此，它们展开了大规模的稽查工作。

自 2003 年开始，稽查成了一门大生意。也就是说，血汗工厂的存在竟然催生出一个监视它们的产业。稽查工作有千百种，坦白说，身为一名消费者要知道实际的生产经过，的确是很困难的。有些稽查公司提供的是独立、完整的审核，有的只是让各成衣工厂先做自我内部评估之后，再提供确认。每个时尚大厂无不宣称自己配有庞大的稽查大队：耐克在 2009 年时夸耀有 80 名员工负责查核企业社会责任（Corporate Social Responsibility）；2001 年时，Gap 则有 115 名督察员监督 4000 家工厂。大公司都很乐意告诉你它们有多少稽查人员，而数字往往都很庞大。每年沃尔玛会进行 1.6 万次社会稽查，查核范围包括整个供应链。家乐福在 2007 年时共查核了 609 家工厂。若是某工厂被发现出现缺失或是未达标准，下次就会被查得更严格。被乐购评鉴为"高危险"的地点，从 2008 年的 87% 增加到 2010 年的 94.7%。

这些稽查人员从过去的反血汗工厂运动那边借用了他们的语言与零容忍（zero-tolerance）的态度。尽管它们听起来大同小异，实际上却大大不同。这些稽查单位在本质上是一个商业组织，它们与它们的客户一样，需要为股东创造最大的利益。

大多数的零售商，以及它们雇来拓展海外业务的中介，都把自身的业务当作私人事业,而且内部信息都是商业机密。"我们确实不太知道拿零售商如何是好,特别是在它的供应链的末端,"一名负责起草有关时尚供应链的法案的联络人如此承认,"因为它们对此没有兴趣进行讨论。"如此之多的会议被取消,同时又有如此之多的协调办法。尽管所有要对时尚产业中的人权问题进行的监督都是自愿的,但没有人可以逼违规的品牌上谈判桌。

由于各稽查公司提供的服务项目不一,其标准与实务皆有不同。有些稽查员的训练时间是几周,有些是几小时,而有些,注意喽,是什么训练都没有。相似的情况是,滥权以及违规的情况也各异。基本上稽查员要眼观六路、耳听八方,要将健康及安全的因素纳入考虑。如前所述,成衣工厂最常见的缺失包括:火灾风险、有毒气体飘散(譬如,喷砂牛仔裤会产生有毒微粒物质)却没有佩戴面罩或护目镜、童工、没有工资给予的证明及记录、暴力威胁,以及缺乏基础卫生设备,等等。列出检查选项列表容易,要实际进行查核却难得多了。

许多稽查工作靠的都是与工人的访谈,但受访者很可能都不太希望被访问到。在一篇难得坦白的报道《一名血汗工厂稽查员的告白》中,曾担任稽查员的美国人法兰克(T. A. Frank)犹记自己走进一家供货商的厂房,然后看见一个牌上写着:"今天不努力工作,明天努力找工作"。他坦承,这句话固然可以说是一种激励,但他也不禁怀疑,对这些员工来说,在这样的环境下他们能有想说什么就说什么的自由吗?他们可能把问题反映给稽查员吗?

于是，稽查访谈往往必须迂回进行，而且应该在隐秘的环境中进行，而不是像我在达卡新纪元遇到的，旁边还有人走来走去监视，好像是舞台秀一样。不过，就算是在隐秘空间中进行，稽查员会听到什么，还是完全得看翻译员怎么说；而且既然访谈是在工作时间中进行的，通常一定会有一名经理贴身紧盯着稽查员及受访者。"我不知道。"这一向是受访者在回答诸如员工一周需要工作多少小时，或是否有参加工会的自由（劳工权益规范的要点之一）等问题时常出现的答案。受访者都是经过训练的，为了访问准备过的（而不是随机选出来的）。他们也担心会因为说错什么而丢掉饭碗。

过去，时尚大厂们最爱用的借口是，他们都把生产工作外包出去了（所谓的"不是我的事"策略），但现在他们采用了一个更微妙的策略。他们会说："供货给我们的工厂完全在独立稽查员的监控之下。但在本案中，稽查员没发现到问题的所在。"稽查员们则辩称说，他们也被蒙在鼓里。而这往往是真的。某些工厂老板为了骗过稽查员可以说是各显神通，无所不用其极：有迹象显示，在许多出口区内，会有一整区是为了一名稽查员的到来而搭造出来的，就是为了要营造出一个完美的假象。当然，在那里会有着标示得再清楚不过的火灾逃生口、足够的厕所、清楚的休息时间表，以及笑容满面的经理。它们是成衣业的样品屋，其目的就是要让西方人感到：在快速时尚的泡沫中，一切都很美好，鱼与熊掌可以兼得。我在某处读到一则逸闻，有一名稽查员对于在员工洗手间内使用的"高级"卫生纸，感到"格外"印象深刻。我说"格外"，是因为等到

04 阳奉阴违的稽查机制

下一次无预警稽查的时候,那卷高级卫生纸居然不见了。的确,事实上,就连那间厕所本身都是用来展示的,根本连水管都没接上。还有许许多多其他稽查员目睹的怪象,像是推开一扇被箱子挡住的门以后,竟发现被藏在顶层的怀孕员工,或是发现躲在一间装满麻袋房间里的童工。

不过就算没有这些瞒天过海的诡计,稽查员还是会漏查一些事,而有时候你不得不推论说他们是故意的。稽查员的时间有限、权力不足,这意味着若是对方不提供工资给付记录,他们也无可奈何。一名前稽查员曾转述他粗心大意的同事的故事:他会匆匆地略过明显的严重违规,直接朝着医疗急救箱走去,然后在评鉴表中记下少了"眼药水"这一项。然后他对那间工厂提出的唯一建议就是,必须尽快补充眼药水。后来这个人的外号就成了"眼药水"。另外一个人则是靠着差不多先生的本性,每天可以完成5家工厂的查访。这不但没有使人对他的检查结果真实性起疑,他反倒还成了所属稽查公司的大红人。毕竟时间就是金钱,在稽查业可是有好多钱在等着。

当虐待劳工及违规的行为被纠察到时,大多数都会被私下隐瞒,成为在稽查员与客户之间的秘密。毕竟,稽查单位都是这些跨国大企业花钱聘来的。

基于几个明显的理由,要说服曾在稽查产业中工作过的专业人员开金口谈谈他们过往的经历,是非常困难的。然而,也有不少前稽查员及采购员也想一吐为快,并为改善这个产业尽点心力。一名在中国有过丰富工作经验的英国籍采购兼稽查员曾告诉我,有家大型工厂已经被列在"高风险"的名单上长达两年,不过订单还是一直有。"他们是最便宜的供货商,而且总是准时交货。我有好几次举报它为问题工厂。不过老实说,虽然我们提出了报告,但并没有努力去改变。若是没有其他人揭发,灾难爆发是迟早的事。不过我想若是这家工厂被其他媒体曝光了,我猜这家公司顶多会出来说,我们又被代工厂欺骗了,但是我们内部已经列举它为问题工厂了。然而那又怎样呢?它们还是一起合作生产。"这说明时尚大厂都知道问题的症结所在,但是在实际改善上却为德不卒(关心与同情是要花钱的)。大品牌只希望这些事不会被发现,若是被曝出来了,还有一大票公关专家随待在侧,准备替它们擦脂抹粉。被爆料之后再进行修补,还是比事前的管理来得划算。

只有少数几家工厂因为被评鉴为危险工厂而被取消订单。这个体制病了,甚至可以说,是腐烂了。稽查工作本来就充满了各种荒谬。想当然耳,工人才不会在受访时承认他们超时工作。一般来说,全世界的成衣工人都是以件计价,这就衍生出一个悲哀的矛盾:一位"正派"工厂中的工人,最后可能比一位在完全无视于超时规定的"坏"工厂中工作的工人少赚了许多。在这种情况下,根据法律,工人及工厂都该被付给更多。因为对每一名工人来说,每多一小时伏首在机器前卖力工作,就愈不利于她的健康、孩子的教养,而且她的权利遭到了剥削。此外,有不少位于乡下的工厂,条件或许大体上来说还算不错,但却不会有机会被大供货商稽查员评为优等,因为它们算不上是时尚大厂所认定的现代化工厂：没有通风设备，医药箱中也没有眼药水。

也许你会以为我为了自圆其说，所以刻意挑最极端的例子讲。不过，事实上我有太多可供讲述的案例，由于稽查工作的不到位，类似的闹剧实在太多了。一个更好的制度——稽查更严格，并能立即导正改善——会确保公司在下第一笔订单之前，就先进行评估（这动作也被称为预先检查），而不是在当它被确认为是全世界最便宜的公司后，再进行审核。另外，稽查内容要包括无预警突检，雇用经过训练、知道自己职责所在的稽查员，一个能为工人保密的匿名系统，在这个系统里，工人可以申诉虐待行为，并提供公司所雇用的每家工厂的名称及地址等信息。在本书的后面，我会更仔细地讨论几家时尚大厂如何对供应链进行改革。其中有几家改革力度相当大。

此外，我们必须知道，现有的稽查标准相当低。一次有意义的稽查应该能够拿出进行预检的证明，并公开与之长期合作的制造商名单。这些应该是最低的标准。

最后，如同在时尚产业中有潮流一样，在稽查产业中同样也有。当前最流行的做法是，以网络摄影机向消费者提出供货商没有使用童工或殴打工人的证明。不过，这些证据能有多可靠呢？这些镜头的角度都经过巧妙的安排，而且它们也不能显示这些工人是否被赋予进行集体谈判的权利，或者得到一份起码的基本工资。它们解答了一些问题，却遗留下了更多待解之谜。

为什么你该花更多的钱，
买更少的衣服？

To Die for :
Is Fashion Wearing out the World?

采购辛酸谁人知？

是时候来谈谈采购（buyer）了。若是没有他们，时尚大厂的帝国无法建立，因为要让设计部门天马行空的创意能够准时交货，且预算控制得当，就是得靠采购的执行力。他们的工作也许不会比生产线的工人悲惨，但日子也不好过。时尚媒体对采购工作都有如梦似幻的描述，但现实往往不是那么一回事。以下有一个例子：

身为一位资深的时尚采购员，你将环游全球各个角落，与一流的创意人才共事。你将直接负责向全球服装制造商下订单，协调横跨数个时区的工作。

然而，在真实人生中，现实总是平淡得多。"搜寻资源"在今日是一项非常复杂、在财务上非常重要的工程。在一个全球化的自由市场里，既要能掌握衣服的数量、攀升的布料价格，还要通过计算机程序来精确估算购买价格，这都需要极为细腻的手腕和技巧。采购的工作就是在工厂老板与大零售商之间进行折中、寻求合作的可能，尽量压低价格，提升产品的竞争力。"那真是一场噩梦。"一名在这一行摸爬滚打多年的独立采购私下向我透露，前提是我不使用她的本名。"毫无原则可言，完全就是价格至上。没错，的确是有道德规范，还有一些准则和规定。但是当你不断地被逼以更快的速度完成更大量的订单时,几乎不可能顾到这些,鱼与熊掌不可兼得。"

由国际服装贸易专家戴维·彼恩包姆(David Birnbaum)所著的关于成衣制造该如何开源与节流的经典,亦为产业中最具有影响力的指南之一,会取名为《赢得服装大战之彼恩包姆全球指南》(*Birnbaum's Global Guide to Winning the Great Garment War*)可不是巧合。而采购就是那场战争中的将军。我要再次强调,时尚产业不只是"谁在这季设计了最佳服饰就赢得了胜利"这样的君子之争,而是下流且肮脏的,是一场品牌、零售商、全球资源搜寻代理商和工厂之间的无情厮杀。如同彼恩包姆所说:"有些采购,尤其是那些专门满足低端大众市场的,会不断地压低直接成本……而无论如何,下游的工厂就是得想出应对之道,才能生存下去。"听起来真是一场孽缘。

我发现往往愿意与我进行谈话的采购,一般都是已经再也受不了而离开那个职场的那个角色,因为他们都感觉到自己处在时尚供应链中最底层。大多数人若是有选择,也不希望耍心机手段。不幸的是,采购通常都太担心或是迷恋于压低价格(管理学不断告诉他们,这就是他们的职责所在),以至于他们从来就没有机会改弦更张。一位担任知名牛仔裤品牌的前采购,现在在一家大型慈善机构工作,她很讶异于从前的自己是多么的无知。"当有人给我看一件牛仔裤时,我甚至从来没想过去问任何关于来源的事。现在对我来说这很难以置信。不过当时我只看了水洗的部分,然后问这颜色是否正确,接着就说,'再便宜20%。'"在花了许多时间为贸易政策进行努力并且影响了发展中国家的棉花生产商后,现在的她对于时尚产业有了非常不一样的观点。

露易丝(不是她的真名)的故事是我一再听到的。她从前是一名采购兼稽查员,常常环游世界各地,寻找新商机。虽然供货商在她到达的几周前就已经提醒了,但她说:"不过,我还是有可能看到我不该看到的。很显然,那样的设备不足以完成我们即将要交托的订单,然后你明知工厂老板为了要完成这笔订单,一定就得外包到某些我不曾稽查过的违法代工厂,但是我们有压力啊!有谁会要一个出不了货的采购呢?"

露易丝触及了另一个残酷的现实,也提供了一条能解释为何会有那么多强制超时、非法承包发生的线索:确保大订单能如期交货,是采购的责任。在今日对一家跨国零售商来说,向位于孟加拉国或柬埔寨的工厂下一个50万件衣服的订单,是家常便饭。渐渐地,订单的数量开始被百万件所取代。我的两名在主流时尚产业中位居要津、在这行有多年经验的熟人,当他们进入一间孟加拉国工厂,看到他们正在为一家大众流行品牌制作500万件"都会"短裤时,也差点没吓晕倒。一张制作500万件同样衣物的订单!够吓人吧。我的朋友判断,那间工厂光是要完成1/10的量就已经很吃力了,那么其他九成的衣物要在哪里进行剪裁、缝制、压制、标上标签以及装箱呢?不幸地,答案很可能就是得要在好几个设备、环境不达标的地方了。许多大订单最终的生产地点,都是在稽查员检查不到的外包商身上。但采购员如何判断工厂是否真的能消化订单？至少还是应该有些参考依据吧？工厂老板会告诉采购他的工厂的产能到哪里，不过当然有可能会灌水吹牛一番。在这个竞争激烈的产业中，人人都想要有一份订单。采购员借由亲自访查来了解生产线的规模，并以此决定订单的大小。

就算采购做到了这点，整个制度还是有可能像一间弱不禁风的纸牌屋一样，应声倒塌。"在这个行业里，估算一件衣服需要花多少时间完成，一直就是最核心的争议焦点。这个问题也直接牵涉工资与工时这两个纠结在一起的问题，还有就是产能、效率与获利的问题，"道格·米勒如此说，"有些工厂能达到80%的效率，但有些在柬埔寨的工厂连30%都达不到。"也就是说，尽管这些工人没有犯错（他们操作的机器或剪裁用的纸样机可能很慢），但这却会使他们得花几乎三倍的时间，才能完成订单。

现在，让我们再回到米勒在诺森比亚大学为一年级新生设置的仿真生产线。他相信，如果要为成衣工人争取到一份合理的工资与待遇，我们就必须理解工人们实际的工作速度，以及预估时间与实际完成一件衣服所需要的时间之间的差距（每一动作都根据"标准分钟价值"［Standard Minute Value］来计算）。他的小白鼠学生们能够完成的件数，连一名真正成衣工人被预期达到的1/10都不到。

然而，尽管虚拟与真实世界的生产数量之间的差异没有如此巨大，对上百万名真正在全球装配在线的成衣工人来说，要达到预定生产目标仍然不容易。这些标准都是以一间完美的虚拟工厂为基准来设定的,其中每分每秒都用"标准分钟价值"来计算。这些虚拟的目标却被用来规范在现实中相当简陋残破的工厂中工作的工人的生产速度(我甚至还没有考虑那些工厂中的缝纫机及针头的质量,不过显然不可能太好)。就连最干练、最精明的采购,也必须根据这些偏差的数据进行估算。米勒得到一个消息说,很遗憾,根本没有多少人会在一开始就做比较合情合理的估算:"许多公司在讨价还价时,用的是过去的数据……举例来说,从前做出这件衬衫的成本是 2 美元,现在就给我 1.9 美元。在谈判的过程中,很少人表现得科学、客观。只要外部的稽查员不用当地的法律来要求资方给付最低工资,保证 90% 的公司根本就不会在意在那间工厂里的劳工薪资应该是多少。"

还别忘了加上其他的压力。例如,那些位于窗明几净的欧洲办公室内、只在意时尚名流的衣着品位的设计团队,或许突然醒悟:高腰九分裤上最重要的亮点就是在口袋上加上黄铜纽扣作为装饰,此时他们才不管这笔订单是否已经完工,于是就传真给供货商,要求加上纽扣。于是,第一线工人必须打开一万件已经封装的衣服再缝上纽扣,而且还要依约定的日期交货。在这个体制里没有谈条件的空间。时尚大厂就是要得到它们要的。而所有的风险,都由那些最弱势、最没有资源的人来承受。

换句话说,成衣工人一开始就是注定要输的,并且也没有稽查员会注意到这点。你可以有着全世界最灵巧的手指、最娴熟的技艺,但若是你处在一间基于许多原因,只能提供 30% 效能的工厂,仍然要花上比预期时多两倍的时间才能完成时尚大厂希望你能完成的生产量。于是，超时工作成为一种必然，无论你喜不喜欢。强迫工作、往往无给资的超时工作，是在成衣贸易中最具争议性的议题。在工作天中，通常是从10小时延长至14~15小时。在夜间，他们将工人锁在工厂内以完成订单，并以威胁恐吓的方式，甚至暴力相加，来使工人感觉到他们除了留下以外，别无选择。

一份针对班加罗尔（Bangalore）2000名为大型西方零售商生产衬衫、睡衣、T恤及长裤的最大供货商的工人进行的调查发现，对资方管理部门来说，与其使用当地工人，还不如使用"来自乡下的新移民"，至于原因，"资方自己的心里最清楚"。这符合我们在前一章看到的大量移民到成衣工厂工作的现象，不用什么高深的学问就能猜测，这类工人更听话，也不像久居在此的劳工可能已经发展出自己的劳工组织。他们会为了达到生产标准，拼死拼活地工作。21岁的成品打包工人纳盖许告诉研究员们："每个月里，我必须有4天在白天工作后通宵地赶工。每天工作到凌晨两点半。"若是有员工拒绝在周日上工，就会遭到一项怪异的惩罚，那就是他或她会被迫在周一时到外面罚站1小时，迫使他或她在之后需要花更多的工作时间把做不完的工作补回来。若是有采购委任稽查员进行调查，气氛又不一样了。"当采购参观工厂时，向稽查员们透露工厂的问题的工人，会被开除、遣送回家，"30岁的裁缝葛芙玛透露说，"在工厂里展示着一块写着'质量是我们的第一宗旨'的牌子，并且还写着离开以及工作的时间，不过这块牌子只有在采购来访时才会挂上。"另外,安全设备如面罩和手套,也只有在采购来访时才会提供给工人使用。

在没有说出涉入工厂的情况下,研究员们向沃尔玛反映他们的发现,然后问这家零售业巨头要采取什么行动以改善这样的问题,但沃尔玛拒绝提供信息。于是,研究员们拒绝告知工厂名称或提供任何详细的数据,因为他们担心若是沃尔玛知道了,可能会与这家明显未遵守工作环境规范的供货商解约并撤资。然而,这家工厂还是在2009年6月倒闭了,工人们在无预警的情况下失业了。

你可以下一个结论,那就是如果一个体制已经崩坏成这样了,无论有多少稽查或填多少表格,都无济于事。没有一台网络摄影机能显示出一名采购是如何靠着不切实际的计算,来推估一家工厂真正的生产效率。不幸的是,我们总试图削足适履,把一套单一模式强加在一个有着各式产品与工作环境的产业之上。在开始撰写本章时,我向一些零售商询问更多关于他们是如何以那么低的价钱销售的秘诀。若是他们不提付给工人的低廉工资,通常也不会提那种敷衍了事的稽查。我想我不可能是唯一一个对此感到良心不安的人吧。

05

奢华，
太奢华

In the Lap of Luxury

污浊、漂着恶臭、夹杂大量垃圾的洪水在冲破堤防之后，涌进新奥尔良。一向过着安逸生活的市民们，不再能像从前一样看电视、做菜、和孩子嬉戏，而是纷纷爬上屋顶，拼命地向直升机挥着手。不幸的是，这些直升机是来拍摄新闻画面的，而非进行救援的。卡特琳娜飓风的画面传到了全世界，也让我们感觉到自己的渺小。这场劫难余留下来的是上千名无家可归、得不到国家的援助，又目睹气候变迁可能招致的强大破坏力的人们。最终你不妨问问自己：若换作是我处在那样的环境中，会怎么做？

　　当美国政府的紧急应变措施在飓风攻击过后好几天终于要启动时，所有的关心一下全落在了那些一夜之间成了难民的居民身上。当中最穷、最弱势的人们，能够得到由联邦紧急应变局（Federal Emergency Management Agency）发放的价值2000美元的急用救助卡，供他们购买必需品。卡内附带一些条件：此卡不可用来买酒精类饮品、香烟或枪炮。然而在这些禁止购买的物品中，并不包括"奢侈时尚商品"在内。

　　不到几小时，至少有两张卡已经出现在佐治亚州亚特兰大的路易·威登（Louis Vuitton）店内了。此举令销售小姐大为震惊。由于有关当局急于炫耀自己终于做了些有利于灾民的好事，电视上不断报道这项政策，于是路易·威登的柜台小姐自然也知道这些卡的来历。3名因为这场天灾沦为灾民的女性，居然远道而来，询问店内收不收这种急难救助卡。然后当中的两人各花了800美元在手提包上（销售小姐虽感到震惊，但还是刷卡了）。

媒体骂翻了这些拿着救助卡去买包包、大发飓风财的小姐们。《纽约每日新闻》(New York Daily News)甚至称她们为"利欲熏心的食尸鬼"。甚至,还有关于其他受灾户用该卡来买名牌牛仔裤和鞋子的传言。这些信息表达得很清楚:美国社会并不同意他们以如此不负责的方式来使用这些救难专用的现金卡。这些卡的本意是供人购买维生必需品,而不是用来购买奢侈品的。

你可以和媒体一样,将这些"卡特琳娜包包女"视为一种我们对于名牌奢侈品病态的上瘾病征。不管有钱没钱、有没有信用卡,我们每天都会被一堆告诉我们该如何花钱的建议疲劳轰炸。比如,来自同侪间的压力。一座美国西部城市经历了有史以来最严重的自然灾难之一,才不过几天的时间,其中的两名受害者就已经用了她们的急难救助金购买了上面刻有品牌字样的皮质"必买包"。

然而,针对这些女人的批评还有另外一种不同的观点。这种说法认为,通过这些奢侈品,她们可以获得安全感。若是你失去了一切——譬如因为天灾而无家可归——面对这种在物质方面与日俱增的不安全感,你很可能会需要一些确定可以保值的东西来穿在身上,或套在脖子上。正如同我们常说的,奢侈品是耐得住经济衰退的。那么,它有何理由撑不过一场天灾呢?

价位混搭术

从古到今,位于市场金字塔顶端的奢侈品都是在某些闻名遐迩的工坊及工作室中被呕心沥血地打造出来的。手工师傅及女裁缝皆备受尊崇（高级订制服也被解释为"高级缝纫"或"高级女装裁缝"）。一场香奈儿在巴黎的别致的、被珍珠与亮片包围的服装秀中，述尽了时尚的风华与荣宠。由卡尔·拉格斐（Karl Lagerfeld）领军（他戴着墨镜，留着白色马尾，上次看到他跃上版面，是他与H&M的合作），甚至停下片刻来向"这些巧手们"（les petites mains）致敬，是这些具有高超技巧的女裁缝师及绣工成就了高级订制服。"整个系列中最后一位模特儿史蒂夫妮·罗兰（Stephane Rolland）身上穿的新娘礼服，是由十名绣工花上两周的时间，缝上2.6万颗透明塑料玻璃完成的。"时尚作家莱丝里·司科特（Lesley Scott）写道，"她们要花上好几年的训练，并且往往对于某家时尚品牌相当忠诚。我们可以见到这些女人在后台用针和线为一件礼服缝补上最后几针，或者是带着一种颇为骄傲的眼神，看着秀台上鱼贯登场的模特儿及着装员。"相比之下，那些时尚大厂却得遮遮掩掩地避讳它们雇用女工手工缝制与装饰衣服这件事。在奢侈品中，手工工人是备受赞扬的；但对时尚大厂来说，她们却是个不便提及的真相。这看似位于流行链两端的环节，却组成了一个难以想象的同盟关系。这两者之间的关联是什么呢？

　　两者之间的关联就是时尚界中的"高低价混搭"策略。英国的"时尚雷达"大约在2005年时侦测到此一现象，数名英国时尚作家及编辑开始对此现象进行报道。戴德瑞·费娜德（Deidre Fernand）在《星期日泰晤士报》（Sunday Times）中形容这是"将奢侈与低价服饰进行混搭的艺术。"时尚老手"不需要再担心了,她建议道,因为"再也不需要觉得购买便宜货有什么好丢人的了"。莎拉·摩芙尔(Sarah Mower)一开始便热情拥抱此潮流,她在《标准晚报》(*Evening Standard*)中写道:"你从来就不可能会想到,你会在几家不起眼的店里搜寻,最后冲进超市的服饰区,20 分钟后,只花不到 22 英镑,就买进 5 件绚丽的时尚服饰,还带着一种肾上腺素分泌的兴奋感。""我是第一个撰写关于此一潮流的,"她回想起 2007 年的时尚潮流,"我称此举为'高低价混搭'(cheapskating):将几件名牌精品,搭配上一大堆超级便宜的快速时尚产品。"

很快,这个术语便几乎传遍英国,从时尚杂志到时髦网站,每一家和潮流有关的刊物。对喜爱报道快速时尚,但又需要靠着精品集团的广告预算撑下去的时尚媒体来说,这是个完美的组合。这个潮流曾经有过两边都讨好的良机。

对消费者来说,一种新的消费模式诞生了。我们可以先在廉价服饰连锁店、超级市场里买到车载斗量的折扣商品,然后利用"省"下来的钱去光顾精品店。我们在购买上走得很极端,一下子买最低价的,有时却又买进最高级的。

"必买包"的暴政

有好长一段时间,没有什么奢侈品比"必买包"更能成为高低价混搭策略的主要对象了。这些出自各家被吹捧上天的名牌及奢侈品,越来越大件的花押字皮包,激起了一种对奢侈品的全新疯狂崇拜,而且,这些皮包通常是大量生产的。一开始是由一个名为柏金的包包起头。根据时尚界的传闻,这个包包的出现起源于巴黎马具制造商爱马仕(Hermès)执行长,亦是家族第五代的公司领导者尚路易·仲马(Jean-Louis Dumas),与塞吉·甘斯柏(Serge Gainsbourg)的缪斯女神珍·柏金(Jane Birkin)在飞机上的一次偶遇。传说是这样的,仲马留意到柏金背着一个破旧的草编包,柏金解释是因为她找不到一个能装下她所有东西的像样的手提包,于是仲马便设计出了一个灰色鳄鱼皮包,这就是"包"在他身上的解决办法:柏金包就这样诞生了。然而,这个在奢侈市场中的解决办法可不会便宜:柏金包从一开始的 4200 英镑,涨到一个灰色的鳄鱼皮原款柏金包要价 1.1 万英镑。据说维多莉亚·贝克汉姆(Victoria Beckham)收集了 100 个,加起来总价约 150 万英镑。

根据《把柏金带回家:我热烈追逐世界上最梦幻手提包的生活》(*Bringing Home the Birkin: My Life in Hot Pursuit of the World's Most Coveted Handbag*)作者麦克·托内罗(Michael Tonello)所述,柏金包的追随者认为买这包真是物超所值。对她们来说,柏金包不只是一个用来装东西的包包(虽然这是当时为珍·柏金设计的初衷),而是一个象征身份地位的武器。"一个女人带着一个柏金包进到电梯,"托内罗说,"我亲眼见过这一幕,其他所有的女人看到这个包包后便想着,这女人一定是一位名流。她是谁呢?这个包是个不得了的神器啊!"为了确定柏金包是不是真的得等 9 个月,托内罗遍访世界各地，最后确认即使是美国的顶尖名流来买，一样也必须等待。他帮欧普拉买了一个，并且得出一个结论：漫长的9个月的等候期，就跟这精工细作的包包本身一样，都是爱马仕刻意营造出来的。

混搭时代

对名流来说，花1.1万英镑在一个手提包上也许只是家常便饭，但对你我这等小人物来说，就只有眼巴巴流口水的份了。不过记住，"高低价混搭"战术的秘诀就是，如果你从头到脚都是便宜货，你就能把省下的钱一股脑儿地挥霍在一件能够显出身份、地位的奢侈品上。2007年，当我为英国国家广播公司（BBC）制作一部短片时，发现这股趋势竟已变成主流。多位足科医师以及脊椎神经科医师指出，女性由于穿着超高高跟鞋加上背着巨大的托特包（tote bags），已经危及脚部及背部的健康（一个空包的平均重量就高达5斤。从背部专家的观点来看，这对身体相当有害）。我当时的工作是拦住女性路人，然后说服她们让我测量她们的手提包重量，而我也事先在曼彻斯特的艾尔戴中心准备好了一张临时搭起的桌子和一组测量器。通常，要让忙碌的人们停下脚步接受"电视的街头调查"是件不那么容易的事。不过，在这次的测试中，我不需要说服任何人。一群漂亮的年轻女性很快地便围绕着购物中心排起队来，然后一个接着一个将她们的手提包提供给我进行测量，并发表意见。先别提重量了(虽然它们真的很重),真正令我感到讶异的是"必买包"在测试时出现的次数。我一次又一次地问:"这是真的吗?""当然是真的啦!"她们会如此回应。在短短一个小时内,两个马克·雅各布斯、一个路易·威登、一个香奈儿经过我的手中,都是最新一季的货,都是购自几百米以外、位于曼彻斯特的 Harvey Nichols 精品店中。

不过,对于一名还在付学费的学生来说,怎么能付得起一个1000英镑左右的提包呢?"信用卡啊。"主修国际发展专业的二年级学生嘉玛如此说,"我去年也是这样。""值得吗?""哦,当然,如果你没带个像样的包,会觉得不属于那个圈子。说真的,我在衣服方面真的很容易满足,包包是唯一会让我出高价购买的东西,其他全身上下都来自 Primark。"

满天的繁星……

这些女孩已经在她们的包包上做了点"投资"。我纳闷她们的投资是否能够回本。因为就如同快速时尚已经改变了主流的购物模式一样,在天平另一端的奢侈品也经历着类似的质变。在一个重视速度与价格的世界中,一件能表现出师傅精湛手艺的奢侈商品,不再是成为热卖商品的必要条件。毕竟,认清现实吧,"必买包"与高级订制服并不处在同一个范畴中。受到配件吸引的新顾客,不会过度关心其来源及历史。除了爱马仕比较特别,近年为中国市场打造一个在中国制作的特别品牌外,大多数的奢侈品牌和时尚中的主流做法一样,开始将部分产品的制作部分移转至海外,只在意大利和法国留下基本的生产线,好让它们在宣称产品是"欧洲制造"时还能理直气壮些。这个产业开始着重效率,并且为了使从设计、生产到零售的每一个步骤都更精简化,投入了大量的资源。然而能使得这些往往由家族经营的小型奢侈品牌做到如此地步的关键,在于有一个富裕的老爹。换句话说,这些奢侈品牌被巨型控股集团给买了下来。

酩悦·轩尼诗—路易·威登集团(Louis Vuitton Moët Hennessy,简称LVMH集团)是世界上最大的奢侈品集团,其旗下约有60家各自经营知名品牌的子公司,其中克里斯汀·迪奥(Christian Dior)是该集团中最重要的控股公司。与之匹敌的还有其他的奢侈品巨头,如现属法国春天百货零售集团(PPR)的古驰(Gucci),以及历峰集团(Richemont)。想当然耳,这些集团想要看到自己的投资获益,并且还要快速地回收。对于把艺术水平看得比赚钱更重要的老派奢侈品传统来说,它们的野心是难以想象的。新奢侈品集团不避讳采取大量生产,并期待靠着低价的副牌的成长来讨股东们的欢心。于是,每个"伟大"设计师都相继推出一个副牌:Giorgio Armani、Donna Karen、Versace和Prada,各自分别衍生出了Emporio Armani、DKNY、Versus和Miu Miu。这些副牌名称在设计时,就是准备要搭上其高端母牌的顺风车,而且确实频频传出热卖捷报。这些副牌的利润没有走奢侈路线的母牌来得高,但是它们赢在量大上。

时尚作家黛娜·托马斯（Dana Thomas）在她的书《豪奢》（*Deluxe*）中，描述了奢侈帝国总部并道出它们的心态。今日的"新奢华"与旧世界时所谓的奢侈品已经非常不同：

企业大亨与金融家看到商机，他们从年老的创办者或能力不足的继承人手中巧取豪夺，将家族事业转变成品牌企业，统一所有的事物：店面、制服、产品，甚至是开会时的咖啡杯。然后，他们将目光移到新的客户群：中间市场、广大的平民……精品公司的主管解释这个想法是要让精品"民主化"、让精品"人人可得"。一切听起来如此崇高。见鬼了！它是彻头彻尾的资本主义。目标一清二楚：赚钱，赚更多更多的钱。

奢侈品牌杜嘉班纳（Dolce & Gaabban）的掌门人斯蒂芬诺·嘉班纳（Stefano Gabbana）延续托马斯的观察说："我们想变得便宜点，让每一个人都消费得起时尚。"在这个表面上看来渴望人人平等，希望每个男人、女人、小孩都拥有个鳄鱼皮夹的愿望中，这个产业致力于开发长久以来被认为是"入门款"的商品，譬如皮夹、皮带、手提包和鞋子，借此鼓励消费大众踏进购买奢侈品的门槛。没多久，"入门款"就变成了摇钱树。

"必买包"退散,象征地位的鞋来了

2008年1月,珍娜(Janet Street-Porter)曾说:"我认为花上大把钞票在手提包上是令人作呕的。你怎么能在一个手提包上花费一笔能喂饱一个非洲家庭一整年的钱呢?你一定是得了神经病。"我不得不为她喝彩。不过,到了2009年时,讨厌必买包的人似乎可以松口气了,因为苏西·梅肯丝(Suzy Menkes)在《纽约时报》上宣布:"占据镁光灯焦点10多年的必买包,终于要退潮了。"以梅肯丝身为世界级时尚写手的地位来说,这个宣告被认为是专为"必买包"而写的讣文。

在某种程度上来说,这不只是上述"高低价混搭"风潮的寿终正寝,还关乎整个省小钱花大钱的消费形态的转变。有些英国顶尖的时尚作家也已经公开认错。"要做到一直经过这些廉价商店却不手痒真的很难,不过我下定决心要忍住了,"莎拉·摩芙尔在《每日邮报》中如此写道,"设计得好看、颜色也好看,它们在这些方面真的做得很好。中产阶级(我见过就连设计师也在试穿)疯狂血拼,已成了一个社会现象。但这却扭曲了我们对于时尚价格,以及对整个市场的观感。最终,我们迷失了方向。你只要上慈善团体'欲望战争'(War of Want)的网站,看一看他们对孟加拉国等国的时尚血汗工厂的调查报告,你就不能忽视这点。"

不过这股疯狂结束了吗?嗯,并没有,奢侈品集团没有放弃的打算。到头来，其实改变的只是"必买"这个形容词后面接着的名词，换成了另一个古老的必需品——鞋子。"鞋子将偷走所有的注意力，"梅肯丝警告说，"在巨大抢眼的舞台上，你会看到精雕细琢的鞋跟、饰以鞋带及各种各样从羽毛到珠串的装饰品。"她说得并不夸张。这种象征身份和地位的鞋子，可说是走红于女明星格温尼丝·帕特洛多次在红地毯上穿的那双纪梵希（Givenchy）施虐女王靴。之后跟着出现的是极端的罗马鞋、菲拉格慕（Ferragamo）的鸟笼高跟鞋、圣罗兰（Yves Saint Laurent）的铆钉粗高跟加上疯狂链带鞋，各大时尚品牌一家接着一家，推出大胆、饰有金属皮带、具有舞台感、配有铆钉和珠宝的高跟鞋。当罗马武士斯巴达克斯（Spartacus）遇上闪亮的珠光宝气，竟然也能激发出时尚的火花，当中传递出的信息是：高跟鞋要越高越好，越多流苏或金属皮条越好。至于那些不走此路线的人，还有以红鞋底闻名的卢博汀（Louboutin）的裸色高跟鞋可以选择。这类鞋穿起来，几乎是在各式各样争奇斗艳的漏趾靴狂潮中的一股清流。

2010年9月，塞尔弗里奇鞋店（Selfridge's）的开幕，正式宣告高级鞋款成为大众崇拜的对象的时代来临了。这座位于伦敦的鞋子新皇宫，占地3250平方米，打败了纽约萨克斯第五大道（Saks Fifth Avenue）以及巴黎的老佛爷百货（Galeries Lafayette），成为全世界最大的女鞋部门，展示着4000双鞋子（及5.5万双的储货）。许多评论员都注意到，这间新鞋店所占的空间比泰德现代美术馆（Tate Modern）的涡轮大厅（Turbine Hall）还大。在此提到美术馆还真是有原因的,这个由当红建筑师杰米·弗伯特(Jamie Fobert)设计的空间,不只是要用来展示实穿的鞋子,还要使这里共150家品牌的产品被提升到收藏品般的地位。鞋子打着背光、放置在方形柱台上,以如同雕像及珍藏古物的姿态被展示着,正像是"必买包"也曾经享受过的特别待遇一样。"想象你在一间艺廊,"塞尔弗里奇配件部门总监塞巴斯提安·曼尼斯(Sebastian Manes)在网络上说着,"一走进大门,就会看到一道接着一道的入口,末端的一座巨大窗户,让日光宣泄在这偌大的空间里。你的旅程将从前端开始,一路伴随着大众流行中顶尖的鞋子,然后慢慢地穿过不同的展厅,一直走到最后的高级设计师展厅,两侧有着香奈儿和卢博汀,一瞥这美妙的伊甸园,塞尔弗里奇的新空中花园,鞋子的天堂!"

在经济衰退得最严重的时候开设这间华丽的"伊甸园",可能不是明智之举。不过,奢华品牌集团及分析师们对于我们愿意继续花大钱一事都乐观其成。贝恩策略顾问公司(Bain & Company)消费产品部门的负责人托瑞·弗雷姆(Tory Frame)对《每日电讯报》(*Daily Telegraph*)表示:"在过去几年间,鞋子在奢华品中的表现一枝独秀,超越了包包。"甚至,根据一份英国敏特市场调查公司(Mintel)于2008年做的报告,英国人已经渐渐失去了对廉价鞋子的喜爱与渴望。这反映在自2008~2013年间,每年这类鞋子的销售量下滑7%。

弗雷姆在《电讯报》中观察道:"当女性在衣柜里找着要穿什么衣服时,或是当她们选择购买一件Zara的裙装,而不是古驰时,一双气势非凡的鞋子对她们的整体造型能够大大加分。"他补充说:

"女人用买鞋来提振她们的精神。"高低价混搭术并没有退潮,而且还相当活跃呢!

同时,这也透露出"必买包已死"的这项说法言过其实。2010年初夏,Mulberry的销售成绩提升了35%。为什么?因为一款为英国电视主持人艾莉克莎·钟(Alexa Chung)设计的名为"艾莉克莎"的包包大卖,尽管一周能够生产500个,艾莉克莎包依旧供不应求,等候名单还在不断增长中。

至此,我可以肯定地说,鞋子与包包的热潮形成了一个循环。除非突然出现能够抢走风头的奢华披巾或头巾,才可能会打乱这个循环,否则就是这两只金鸡母彼此交替换班。多数分析家现在都有这样一个共识:由奢侈品集团主办的一年两次揭开流行趋势的走秀,如今真的只是个用来打广告的营销活动而已。别被花枝招展的模特儿、五光十色的镁光灯、媒体的大版面报道给耍了,它们不过就是精心布置的橱窗。如同《泰晤士报》的时尚编辑莉萨·阿姆斯特朗(Lisa Armstrong)所述:"大家都心知肚明,在过去15年间,时尚产业是靠着配件撑下去的。"事实上,这个老生常谈看来是一年比一年更真切:以法国春天百货零售集团中的古驰来说,配件就占了其营业额的九成。奢侈品不再关乎衣服,真正的主角是配件。

金玉其外……

当奢侈品集团汲汲于将原先天价的商品"平民化"的同时,它们是否能确保对供货商的质量管理呢？当然有些少量的商品还是维持着从前的独特性，像是Tod's的粉红色鳄鱼包包仍然每年只生产19个，并且依旧以传统的手艺在工坊及工作室中精工细作。不过，奢侈品的供应链受到时尚大厂的波及，外包代工的现象越来越普遍。为了压低工资，产品中的主要部分都已经移至东欧及亚洲制造。也有些在西欧制造的例子，不过即使在欧洲生产也无法担保其生产过程符合社会责任标准，或其劳工都能乐在其中。位于托斯卡纳（Tuscan）的纺织小镇普拉托（Prato），就有一批为数2.5万名、多数来自中国的廉价工人。根据一部意大利电视纪录片《奢华的奴隶》（*Schiavi de Lusso*）的报道，他们得在不忍卒睹的工作环境中拼命工作。同时，一份英国小报的调查发现，这些工人的所得连意大利法定最低工资的一半都不到。

  我们得承认，到目前为止，还没有太多研究能显示奢侈品的环境足迹[①]有多少（在稍后我们会更深入地谈这点），以及它们的劳工权益记录之良窳。不过光是从现有的少数报道就可以看出，这些记录还真不光彩。2007年，世界野生动物基金会（WWF）一份名为《深入奢华的背后》（*Deeper Luxury*）的报告，试图以环保作为标准，为主要的奢侈品牌进行评分。它给了LVMH集团一个"C"级分，还算安全过关。然而，Tod's因为回答不出几个基本问题，被评了"F"，这就很难看了。2007年3月，LVMH集团由于供应链出了问题，被

---

① 编注：environmental footprint，即个人或群体对环境影响的范围。

评鉴企业是否符合环境及社会规范的"富时社会责任指数"(FTSE 4Good index)逐出评鉴名单之外(它在浪子回头后,于2009年3月23日再度回到"富时社会责任指数"名单)。欧洲工会及劳工权益团体发现,奢侈品牌依旧倾向于家长式的管理风格,工人受制于一个权威领袖,组织工会则是大忌。这导致成千上万的工人在发生权益受损时不受保护,且缺乏谈判的筹码。

在黛娜·托马斯探索新奢侈产业的旅程接近尾声时,她总结说:奢侈品其实已经"失去了它的光环"。这对任何一个下过重本"投资"在"必买包"上的人来说,都是一个坏消息。奢侈品集团注水稀释标准,还以流行的方式营销产品的做法,恐怕已经使其商品黯然失色。这个产业似乎来到了一个十字路口:坚持高级订制服的精雕细琢,还是走大量生产的市场导向路线呢?然而,真正困惑的,其实是我们自己。

衣柜里的暴发户

我的牛仔裤们为此主题提供了典型的例子。在前面已经提过,我对牛仔裤是有些癖好的,有三条单价超过120英镑,其中有一条超过200英镑。它们是我的"奢侈"牛仔裤。从历史来看,牛仔裤的社会地位可谓戏剧性的鱼跃龙门。大家都知道,最早的牛仔裤非常廉价,只是用来便宜卖给牛仔及金矿工人。这些苦力会一直穿到都磨破了才换。当我穿着高价牛仔裤时,我设想我是穿着一件顶级货,不过事实上我并不知道这件丹宁到底有多"高级"。我不知道做成这条裤子的棉花是从哪个国家来的、拉链是在哪个国家被缝上的,或者牛仔裤上的几道"胡须"(指愈来愈多被用在牛仔裤上的刷白或加深纹路)是如何以及是被谁加上去的。

这几条飞上枝头当凤凰的牛仔裤,就保证会比我其他几条卑微的牛仔裤在衣柜里活得久吗?大概不能,因为我的奢侈牛仔裤的流行味更重,因此更有时效性。并且说老实话,我已经厌倦了包得紧紧的裤管,以及在口袋边缝上的那些闪亮亮的缀饰了。奢侈的标价买不到我的半点安心。我不确定自己买到了什么。

事实上,究竟哪些裤子可以因为品牌与几颗镶在屁股上的莱茵石就以天价贩卖,哪些得被打入冷宫贱卖,并没有一定的规律或理由。这也就是为何我衣柜中的服饰价格好像总是随机决定的。我可以像电视上的机智问答游戏一样,随便拿出一件衣服,然后台下围成一圈的观众可以决定这件衣服的价格应该比前一件来得高还是低。所以,一条牛仔裤可以贵到和一季的电费一样高,克什米尔羊毛衣的价格也可以和一张电影票一样低。

衣柜经济学

对我来说,真正的问题在于:"高低价混搭"策略的逻辑根本就不通。同样的,"平民化"的奢侈品根本没有达到它所宣称的价值。如此两极化的购买习惯,根本就是"大规模衣柜穿帮"的病征。这里说的可不是指珍妮·杰克逊（Janet Jackson）在超级杯走光的那种穿帮，而是就"衣柜经济学"来说的穿帮。我们可以借此来好好谈谈如何花钱。因为若是要真正穿得有型有款，你就必须懂得控制预算。

在后面的内容中，我会更清楚地提到什么才是"完美衣柜"的必要条件，以及其可行性。当我在思考这个问题时，我上网搜索看看是否已经有人在落实了。果然，我看到许多时尚网站及博客皆宣称已经找到秘诀，而我也仔细浏览了无数做出此类宣告的文章。可是在此刻，我对任何呼吁要有件"完美白衬衫"以及必备小黑裙的建议已经没有兴趣。我偶然看到了一篇别出心裁地讲"完美衣柜"的文章，这篇文章出自一本澳大利亚的缝纫杂志，是杂志总编辑琳·库克（Lynn Cook）写给那些仍然会自己缝衣物但却觉得无衣可穿的读者们的，因为她们这样也只是在浪费原料、线材，还有她们的时间。她研拟出了10条守则，以判断哪些衣物是一个具体而微的小衣柜真正需要的。她称此为"有计划缝纫"（Sewing With a Plan，简称SWAP）。这个计划在有一定年纪又有精湛缝纫技巧的女士们之间，变得相当热门。

我有一个针线篮，不过我的缝纫技巧却上不了台面。然而我从"有计划缝纫"中汲取灵感，获得了这样一个概念，并将它改名为"有计划血拼"（Shopping With a Plan，简称还是SWAP）。编列预算或许很无聊，不过有计划血拼的精髓就在于一个可行的预算。而这点提醒了我，这正是我们需要的。我们现今少有人在买衣服时有任何预算和规划,这解释了为什么我们的衣柜会不断有衣服进进出出。我们买,但不考虑。上一次在你购买一件新衣服之前有先估算这件衣服可能的寿命,是在什么时候?分析一下我们的消费模式是很有趣的。2008 年,我们花在衣服和鞋子的金额到了最低点,平均每周 21.6 英镑,占整周总预算的 4.6%。这里值得再重申一次,我们已经能用更少的钱买进更多的衣服。我们只需用衣服预算中的 17% 的钱,就足以从廉价零售商买来占我们衣柜中 40% 的衣服。

我接下来要说的事,在当前这个荷包紧缩的时代似乎可能有点不合常理,不过我要提出的问题是:我们买衣服的预算够多吗?以及,我们的钱是否花在对的地方呢?如果你是中等收入的人,我会告诉你,这两个问题的答案都是"不"。我甚至会大胆地说,如果可能,你应该在预算上加码,试着花上差不多整周收入的 6%,以确保拥有一个能让你穿得体面又耐久的衣柜。所以,就一个 30~39 岁、年平均总收入为 22047 英镑(仍明显落后男性)的女性来说,若是支出 6% 在衣服上,那么一年就有 1323 英镑(税前)的购衣预算。如果你每周都得买衣服,那就意味着每周你只有 20 多英镑可以花。

但假设你能将购物的频率减到一个月一次的话,就差不多有 100 英镑可以花用。或是试着这样想:多数人都说自己有 80% 的时间,只穿着那 20% 的衣服。也就是说,这些以每周为单位买进的流行款式并没有物尽其用。这么说吧,你对于一个星期要买两件衣服的习惯上了瘾，若是你可以从一堆衣服中选出20%你真的非常、非常想要，然后很可能会一直穿的衣服的话，你就可以从一年买进104件衣服，减少到一年买21件。这样的话，你一整年之中每一笔买衣服的预算大约平均可以多60英镑，足够为你提供更多额外的选择，并使你成为一名更具有影响力的消费者。

当然，在人生中也可能有其他的责任得担，像是房贷、账单，还有学校制服，所以，一年有1323英镑用来买衣服，这真是夸张的高。毕竟不是每个人都有份全职工作，也不是都能赚进这样的收入。我并不是建议你非得提高买衣服的预算比例，但我会要你仔细地检视目前的消费模式，尤其若是你过去一直是便宜货的老主顾的话。回头检视看看真的划算吗？有多少是出于冲动与贪小便宜的钱花下去之后，最终就这样躺在衣柜里根本不再穿、甚至被扔掉或草草捐给慈善机构了呢？有多少是因为并不是真的那么合身或适合而最终被冷落在一旁呢？

是时候让我们来重新检讨衣柜的应有价值了。在我看来，冲动买进快速时尚衣物的行为，恰恰与此背道而驰。我希望你能审慎地善用辛苦赚来的每一分钱，而不是把钱盲目地丢进时尚大厂精心布局的"买了就丢"的陷阱中。

花更多的钱买高级一点的时尚产品,究竟会对你有哪些好处？比方说，一条在百货公司标价在45~65英镑的裙子，就能够保证比一条在廉价零售商中卖不到10英镑的裙子来得更干净或者是与更具责任感的供货商合作吗？这是一个很好的问题，并且答案并不总是肯定的。就像我们在稍后会看到更多的细节,供应链是如此复杂,而大厂外包给小厂的模式如此繁杂,实在是难凭价格就挂上保证。但是当你往时尚食物链的上游一点消费、进入中间市场领域之后,的确就能带来一些改变。

首先,多一点预算,且经过更加仔细的考虑,可以提供给你更多的选择。你将会有更多的钱可以花在那些你认为有心努力改善时尚产业中的既有缺点的品牌上。这些牌子会包括一些流行大厂,但也有将环保及社会正义排在第一,兼顾流行风潮、剪裁及色彩于一身的独立零售商及品牌(我在后面内容会提到这些零售商们可能是谁,以及如何辨别好坏)。

稍微提高一些预算的第二项好处就是,你会被归类到一个不同的人口统计数据中,有助于打破消费者唯一感兴趣的就是低价这样的迷思。只要谈到时尚大厂,零售商们要的就是销售额。零售商会抗议说,若是消费者真的担心这些商品在制造过程中产生的危害,他们的衣柜中为什么有40%的衣服来自我们呢?问问你自己:你真的准备要不计后果地继续支持着更低价的衣服吗?当你有足够的能力到别处去购物,却仍将钱花在廉价时尚零售商时,你每花一块钱,就是对时尚供应链中一种特定的生产模式投上一票。这真的是你想要支持的吗?

难以承受之美

时尚产业的巨大生态足迹

Fashion's Footprint

穿白袍的人①还没出来把我带走,不过2010年秋天,的确出现了一个穿着白袍的人来检查我的衣柜。菲尔·帕特森(Phil Patterson)是一名在纺织业中经验丰富的色彩化学家。我们曾在不同的绿色纺织及永续时尚会议上碰面。为了让产业与消费者理解服装对环境的冲击,我也曾撰文介绍他所发展的生态评量标准系统(EcoMetric system)。自从规划这个标准后,他便以看遍人们的衣柜出名,尤其是那些试图揭露其中隐藏了什么玄机的记者。不过到目前为止,我从未献出我自己的衣柜,我怕死了,老实说,我担心因为我拥有的衣服数量会被认定为一个过度消费、不负责任的时尚消费者,另外,万一对衣服材质几乎没有概念这件事被揭发,也会让我觉得有点丢脸。

不过我可不是异类。尽管英国的纺织业历史悠久,但我们多半人对于各种纤维知之甚微。经营一个现代的衣柜,意味着大肆搜刮,同时定期释出所有不要的、过气的、过季的衣物。在购买的过程中,有多少时间去思考一件衣服是什么做的?我们对一件衣服做出反应的时间变得愈来愈短。在一路抢进到柜台付账的过程中,说真的,谁有时间去思考这到底是一件聚酯纤维、人造丝(Viscose)、棉、混棉还是真羊毛的呢?谁真的知道,又有谁会在乎呢?

这些知识一度深植人心。对消费者而言,能通过观察及手感了解衣服的材质非常重要。他们知道是因为在乎,他们在乎是因为他

---

① 译注:暗指医师,尤其是精神科医师。

们为了不同的理由购买，比如保暖、耐用或长久性。特定的纤维，如棉，高支高密度代表质量。务实而节俭的人（从前这样的人比现在多多了）在意特定材质如何洗涤及修补。在快速时尚兴起前，消费者在购买衣物时总是小心翼翼，以免将辛苦赚来的钱花在不牢靠的衣服上。知道一些关于纤维的常识，可说是聪明消费的基本功。制造商必须将主要的纤维成分标在标签上，并且注明清洗方式，这曾经是消费者的基本权益。当然，那些信息现在还是标在那里；标签所提供的少数信息，包括这件服饰的材质，但讽刺的是，我们明明可以对这些信息更留意、更关心，实际上却不在乎。事实上，我们甚至很少对标签瞄上一眼。有一天，基于好奇，我决定实际测试一般人对衣物材质的了解是否越来越薄弱。我在一家购物中心外拦下了 30 个人，作为小小的实验样本，然后问他们一个或许有点出人意外，但看来似乎相对容易的问题：“你现在身穿的衣服是由什么材质制成的？”"这你可考倒我了，"一名 50 多岁的妇人说，"棉吧，我猜。"猜得不错，毕竟有一半我们所购买的衣服是用棉做的。后来我们从藏在她长版针织开襟衫下的标签上发现，这其实是压克力纤维制成的。只有一个人确定她身上的衬衫是什么做成的。"绝对是棉。"她说。的确如此。

让我自己和纤维重新搭上线出乎意料地容易（也比想象中更好玩），多亏了菲尔・帕特森那台从玩具反斗城买来的超小显微镜。通过镜头，我可以看到真正的纤维。均匀、闪亮的是高质量棉，断裂、卷曲边缘的是合成纤维。我端详着丹宁、人造丝、尼龙和天丝棉。

这是一个直观的方式，认识到每一件衣服都是代表着染整、加工修整、捻纱等整套流程的最后成品。在小小显微镜的灯光下，天然纤维展现平滑完美的编织纹，合成纤维则呈现磨损不自然的边缘。

要是真有那么容易分辨哪些是"好"和"坏"的布料就好了。我想象了一下逛街时用显微镜检查着衣服，大概会直接被店家轰出来吧。不过，光看这些漂亮且错综复杂的编织纹，仍不足以告诉我哪些纤维该被颂扬和采用，哪些又该敬谢不敏。要计算时尚足迹是件复杂的工作，尤其是我们消费着比从前更多的纤维及服装。以英国来说，每名男性、女性、小孩，甚至还有宠物（连我的狗都有两件有暗扣和魔术贴的外套）每年消费多达约55公斤的织品。这个世界从来就没有像现在这样渴求能做成布料的纤维。纺织产品在过去30年间翻倍成长，意味着更多原本可用来生产粮食的可耕地改为种植棉花，也消耗更多人造纤维所需的化石燃料。1977年，人类使用了3100万吨的纤维以供应所需，像是T恤和寝具。不用说，这已经是相当惊人的数量。不过到了2007年，这个数字增加到近8000万吨，也就是800亿公斤。这是地球为了持续供给我们窗帘、休闲夹克和紧身牛仔裤所需（主要是后面两项，成衣仍是纺织业生产的大宗）每年无论如何都得要制造出来的量。

偏偏时尚产业最在行的，就是存心忽视它为脆弱的地球所带来的负担。为了生产800亿公斤的布料，需要耗费10074亿度电，这样的发电量需要烧掉1.32亿吨的煤炭，以及耗用差不多6万亿~9万亿升的水。纱线是不会凭空生出来的，就像衣物不会自动成形一样。全世界有成千上万间的纺织厂产能满负荷地运转，其中很多是每天 24 小时、全年无休。全球时尚的碳足迹总数简直难以想象。以水为例，一个大型的服装品牌一年就要用掉相当于 4.3 万座奥运标准游泳池的水量。是每一年喔！纺织产业是全世界最大的用水户之一，用掉全人类每年可用水量（共计 1400 亿立方米）的 3.2%。

若再将数百万吨的煤炭、受农药、染整及布料加工所污染的土地及水道，以及为了畜养牛、羊而无法种植其他农作物的土地等都记到账上，时尚的生态足迹看起来有点像是某种焦土战术了[①]。而且我们还要再加上所有衣服配件的生产：数以百万计的标签、松紧带、拉链、无数的金属扣或塑料扣。还有那些酸性染料槽、烘干布料的巨型灯泡耗用的电力，及为了在皮革或丹宁布料上洗出流行效果所需的数百万吨的抛光剂。

研究指出，我们每消费 1 公斤的时装，就要为 0.6 公斤的石油产出、60 公斤的水，以及 1 公斤的废弃物负间接责任。以我们年均 55 公斤消费量换算，就是 33 公斤的石油、3300 公斤的水以及 55 公斤的废弃物。

为了开始评估我自己衣柜里的生态足迹，我需要使用菲尔·帕特森这个一网打尽的系统。要知道，并不存在生态上毫无瑕疵的布料，我们的目的只是找出没那么坏的。帕特森根据纤维原料，制程中水、电及不可再生资源（石油为主）的耗用量，以及污染量，

---

① 编注：本句据原文直译。作者想表达的是：时间所到之处，土地和当地生态皆遭到破坏。

设计了一套称为生态评量标准的在线计算器为你衣柜里的衣服评分（你也可以亲自尝试计算：http://www.colour-connections.com/EcoMetrics）。当我一件一件把衣服从衣柜拿出堆在椅子上时，帕特森便依当中所含主要纤维类型开始登录，如棉质衬衫或聚酯纤维长裤（注意：一旦开始以这种方式将衣物分门别类，就算那些你最珍爱、最时尚的服装，也突然只剩下报纸副刊会看到的"保暖内里休闲长裤"之类的描述。当你层层拨开营销包装的迷雾和幻境时，这些服饰的时尚魔力也快速消失）。每件服饰加总起来的整体冲击将以"环境损害单位"（Environmental Damage Units）来表示。衣柜中加总的环境损害单位愈高，你的时尚足迹就愈高。基本上，你可以把环境损害单位想作是卡路里数，计算衣柜的总值，就像透露真实的腰围。这可真是吓人。

当我打开衣柜的门时，帕特森说："这还不是我见过最糟的。"即使这只是出于礼貌，我还是松了一口气。只不过还有一个小问题，楼下还有一个爆满的特大洗衣篮。呃，就先当作没这回事吧。

时尚与石油不可告人的秘密

不需要通过显微镜，只要仔细看一看标签，就能得到不少信息。我原以为是天然丝质的睡衣，结果是百分之百的聚酯纤维；我以为是羊毛制的条纹套头毛衣，结果是48%的人造丝、18%的聚氨酯纤维、2%的弹性纤维以及32%的棉。标签上还建议我要"开心洗"，这样的要求让我不确定到底该信以为真照办，还是隐约地感受到压力呢？！另一件针织衫（我又以为应该是羊毛的），结果是77%的人造丝及23%的聚酯纤维。蕾丝大多数是尼龙制品（加上一些人造丝）；牛仔裤为了达到弹性效果，多半由棉花与一些聚酯纤维，或以尼龙作为基底的布料混纺制成。所有的内里布看来都是由聚酯纤维制成；似乎所有东西都添进了一些人造纤维在里面：醋酸纤维、聚氨酯纤维、弹性纤维、嫘萦，以上都与主角——棉或是聚酯纤维——混纺着。排在这两者之后，最受欢迎的要数人造丝了。不同的纤维合成为连身裤袜、运动紧身裤、宽松运动裤、上衣、睡衣和内衣等各种形式的变化。我拿出一件红色连身礼服，之前一直以为是纯丝的（多天真啊），结果显示这是由76%的醋酸纤维、21%的聚氨酯纤维和3%的弹性纤维制成的。这可不是当我在几个重要夜晚穿着它时心里以为的那般华丽质地，更不是当我为此付了150英镑所设想的材质。

  不过若因为发现心爱的衣服是由合成纤维制成就觉得上当，未免有些荒谬。因为这正是时尚运作的方式啊：人造纤维是时尚中的大事，而且老实说，我们也正享受着将它们穿去舞会时所带来的提升、弹性及塑形效果。人造纤维又可分为纤维素纤维（cellulosic）（即再生纤维），如人造丝、嫘萦，或者是制造出我那件高档裙装的醋酸纤维，这些材质由植物再制而成（主要来自木浆或是棉花）；及另一种合成纤维，如尼龙和聚酯纤维，则完全由化学原料在实验室中人工合成。

1990～2005年，对合成纤维的需求量几乎翻倍，要描述它有多么庞大，实在一点都不为过。2006年，合成纤维占整体纤维需求量的58%。它们的价格在过去25年间也如自由落体般的下降。如今，价格便宜到和棉相差无几。这也解释了为何在英国的服装中，棉制品占了一半，而超过30%的服装采用人造纤维。事实上，如果能在我衣柜中找到哪件不是由棉或是人造纤维，或是由两者混纺制成的服装，才是奇事呢。

为了挽救我衣服过多的形象（我已经供出洗衣篮那堆衣服了），看来得将那些生态纤维（eco fibres）制成的衣服秀出来，如大麻纤维、有机棉，以及亚麻纤维。虽然帕特森欣赏"可持久的环保织品"，但走天然路线可不一定能获得奖励，或降低我的"环境损害单位"，有时甚至恰好相反。这也不是完全出乎意料了。20世纪90年代初期，一家以制作良心服饰闻名的户外运动用品商Pantagonia，针对几项不同布料的生命周期进行分析，结果出乎意料。传统被视为"天然"纤维的棉花竟比合成材料，如尼龙及聚酯纤维，对环境冲击更大。他们透露，生产一件纯棉T恤平均耗掉500升的水，涉及40克的农药污染，及加工过程使用的致癌化学物。

一份剑桥大学的研究报告曾比较纯棉T恤与人造丝衬衫，并分别提出各自的"能源档案"。人造丝是一种有趣的材质，它是最早被引介给英国大众并迅速普及的人造材质。它的原始纤维来自木浆，偶尔被误以为具有生态环保的特性。然而，相当程度来说是错看了。因为这些植物原料在经过许多加工及化学处理后，很快被转化，接着溶于氢氧化钠溶剂中制成黏液,并挤压于凝固液中抽丝,其液体聚合物需要硫酸才能进行"再生"。总之,纤维抽取需要许多能源。研究发现,人造丝衬衫耗用的能源中(包括使用期间及最后废弃销毁),65%集中在纤维的制成上。不过奇怪的是,尽管有上述复杂的流程,但棉花所需耗用的能源却不相上下,甚至还需大量农药,以至于:(一)我在稍后要花上第六章一整章来讨论它;(二)人造丝依然占上风。科学家估计出制作一件人造丝衬衫,要花上11兆焦耳的能量;一件棉质T恤,则需要24兆焦耳。情况还不只是在制造出纤维上,我们也需要考虑到在消费者拥有这项产品后如何维护它。再一次,我们发现衬衫在清洗过程中所需要的能源远远少于T恤:衬衫是7兆焦耳,而T恤需要65兆焦耳。

同样地,聚酯纤维也常被环保人士(或甚至那些浅绿环保人士)视为"魔鬼的产物"。主因是这种材质在掩埋场中得花200年以上才能被降解。然而,就其本身而言,或许还有一些超越"天然"纤维的优点。在实验室合成出来的聚酯纤维,采用原液染色法,因此在形成纱线时便已经染上颜色,免去了在之后还需要再进行染色的步骤。听起来可能微不足道,但这几乎排除了所有潜在的有害化学物及效率不彰的染色过程。基于这样的原因,我的黑色有机棉上衣在"生态评量标准系统"中得到了28分环境损害单位(若是非有机的棉质上衣,会得到34分),但一件聚酯纤维的上衣却只被评为19分。可见天然的不一定更好。

然而,我也不打算为此就将我整个衣柜都换成克林普纶纤维(聚酯纤维的一种）。人造丝或许是一种"再生资源"，不过制造过程却会产生污染空气、水、土壤的有毒物质。人造丝的主要成分之一是己二酸，则会导致氧化亚氮的排放（一种会引起温室效应的有害气体）。聚酯纤维当然是石化产品，远离碳氢化合物（石油）制品，本来就是环保生活的宗旨之一，这也是一种很好的直觉。但从食品到时尚，已经愈来愈难买到与石油萃取及精炼出来的东西无关的产品了。

当我从卧房的其中一个抽屉拿出一件聚酯纤维制的拉链夹克时，我几乎可以感觉到它的油光满面。根据《东西与它的秘密》(*Stuff and its Secrets*)一书的作者约翰·莱恩（John C. Ryan）和亚伦·杜宁（Alan Durning）所说，最初，世界上某处的黑色、浓稠的石油被运送到炼油厂后，经过高温分馏产生较小的分子，再到另一间化学厂，利用重金属如醋酸镉催化制造出聚合物。加工过程及使用的化学原料繁复，为了生产我手中的这件夹克，将造成它重量 1/4 的空气污染物。生产聚酯纤维的过程中，会产生大量的二氧化硫、碳氢化合物、一氧化碳及重金属物质，伤害我们的呼吸系统，造成肺部及心血管疾病，并且破坏免疫系统，而这些气体就这样被释放到大气层中。

我要说的是，即使聚酯纤维及其他的人造纤维可以通过冰冷的生命周期分析，以证明其有较低的能源耗损，但它们的制程仍污染严重。在选出两种材质进行比较的制式化生命循环分析中，还难分轩轾，但基于仍依循着 20 世纪 70 年代对石油习惯的消费量（说到在过去对石油的使用上,若是我们不提更现实的政治一面,光是从环境方面来说,现在所承受的压力就比过去大得多,况且,过去也拥有比现在更充足的石油量),它们的加工过程,其污染性仍是极高的,并会造成有毒化学物的累积。如同作家兼永续时尚学者凯特·弗莱策(Kate Fletcher)所述:"对纤维的评估和比较也被用来……为公司产品进行辩护,常用来将对环境产生冲击的焦点转移到其他的纤维质上(通常是转到棉花上)。"她指出,合成纤维巨子杜邦公司(DuPont)于20世纪90年代发行了一个类似纤维排名表的东西,目的在于将各种纤维的整个生命循环纳入考虑中。"结论是:聚丙烯是首选,对环境的污染最轻;其次为尼龙;第三名由羊毛、聚酯纤维和亚克力并列;第六名是棉;人造丝对环境造成的负担最重。"看来你似乎可以信任自己的原则(但不是指你的偏好喔)。我对于在几千里外某不知名工厂正制造二噁英[①]毒害当地空气,或使得当地居民吸入氮气以及二氧化硫等一无所知,但对自己协助制造了这些致命的不定时炸弹深感不快。

[①] 编注:二噁英是一种毒性化合物,有"世纪之毒"之称,在自然界中很难降解消除。二噁英除了具有致癌毒性外,还具有生殖毒性和遗传毒性,影响的是几代人的健康。大气环境中的二噁英大部分来源于工业垃圾焚烧。含铅汽油、煤、防腐处理过的木材及石油产品,特别是医疗废弃物在燃烧温度低于300℃~400℃时容易产生二噁英。

外包到可怕的恶魔加工厂

尽管英国拥有悠久的纺织传统，民众对于纤维如何成为时装已不复熟悉。纺织厂多半已成为废墟，但也有许多已经被重整为购物中心或是博物馆，重获新生。在我小的时候，曾和姐姐在阿克莱特棉纺厂（Arkwright mill）改建的文物中心外那片漂亮的游乐场上玩耍。烟囱冒出的滚滚浓烟和织布机嘈杂的"喀喀"声都已渐渐逝去。

我们以为，时装已进入高科技领域，所有布料经过神奇无污染的过程就能制造出来。但这可能给了我们一种错误的安全感。事实上，要制成纤维，不论将毛茸茸的白色棉荚壳制成布料，或洗去羊毛上的油脂，仍和从前一样需要大量的劳动力及充满污染的重工业，只不过现在都已转移到几千里之外了。百年来，制造纺织品的核心制程（及一些化学原料）并未真正改变多少。想象一下，你从1900年兰开郡棉纺厂请一位女工到亚洲某一个纺织加工厂，几乎可以马上上工（或许还可以讽刺地加上一句，她的工资以及工作环境也与现在差不了多少）。

当我参观一间位于西非的轧棉厂时，就仿佛走进时光隧道。原棉从田间摘取后，直接送到轧棉厂进行加工，这是棉花在最后成为衣服的漫长以及高耗能流程的第一步。这间轧棉厂位于马里，是非洲仅次于埃及的第二大棉纤维生产国。偌大的厂棚内摆放着大批巨型、"喀喀"作响、彼此间似乎看不出有什么关联的老旧设备，环绕着几大捆加工完成、准备出口的棉卷。由于机械运转声实在太大，我无法在轧棉厂中发问。因此，除了看懂第一台机器明显的是在将茎梗、叶子与棉荚分开以外，其他详细的加工过程对我来说，依旧是个谜。唯一确定的是，那儿有着漫天的尘埃，纤维、粉尘齐飞可能引发一种呼吸道疾病——棉肺症。光束照进偌大的厂棚中，映出云状的尘埃，但我没看到几个人戴口罩。

那些看来可爱、胖乎乎的棉荚，必须经过梳整、精炼、缠绕、经纱，以及压吸处理（为了让纤维在编织时柔顺，填入淀粉及浆料），在送至加工厂前，进行拉幅、平织或编织，形成上浆的布料（即所谓的坯布）。之后需要进行煮布（在非常高温的碱性溶剂中沸煮），以去除杂质，并进行漂白；为了给予布料亮度与韧度，要进行丝光处理，此步骤也能够使布料在之后顺利染色。接着进行印花或是染色，最后再上一次浆。要达到防水效果的话，则要用上化学剂乙酸铝，或是混合凝胶以及散色蜡。

这类加工的步骤常见于各种纤维处理的过程中。在羊毛业中，刚剪下的羊毛（未脱脂羊毛）中的杂质必须用化学剂以及热的清洁剂洗去。猜猜当中究竟含有多少杂质：每公斤未脱脂羊毛中，只剩下不到一半的洗净羊毛能使用（杂质的部分就算浪费了）。接下来羊毛需要经过"缩绒"加工（将原先蓬松的羊毛处理成结实的毛织物），过程中需要使用肥皂、苏打及化学药剂。下一步是进行碳化。使用高温强酸，将羊毛中的植物杂质破坏成为松散微粒，再利用除尘器抖落去除。

我们或许怀念工厂促进就业，或成为区域特殊景观风貌，但从许多方面来说，我们更乐于逐渐从它们所造成的环境污染中复原。脱下怀旧眼镜，我们会看到，巨大砖造建筑物将化学物质直接排入河流或空气中，是司空见惯的事。随着发达国家人民的环保意识逐渐增强，相关的立法也试着跟上脚步，例如，美国在1972年通过《联邦水污染防治法》。英国依然生产着专业梭织布和提花织布等，只不过生产设备受到了严格控管。废水需要经过处理——移除污染物后才能排放，烟囱需装置空气滤清器，且完全禁用上百种化学物质。几个世纪以来，人类肆无忌惮地污染水源——我们生命的泉源，现在终于努力要将它清理干净了。这是严苛的科学工作，需要整合物理、化学、生物等各种手段，加上谨慎的管控（有些物质就是无法去除，特别是其毒性），将污染程度降到最低。这需要设备、仪器、科技以及昂贵的专家团队，也需要官方行政监管。在今日主流的时尚产业中，谁有这个时间或金钱做到这一切呢？

不用猜也知道接下来会发生什么事了吧。当先进国家的防治污染法案保护了当地居民与资源，一向追求效率与成本的时尚产业随即转移阵地，搬迁到政府无力监管也缺乏法规限制的国家。环保执法机关鞭长莫及，无法及于那些为跨国公司代工的厂商。因此，这些工厂老板可能选择不遵守跨国客户交代下来的行为准则。毕竟在发展中国家，90%的工厂废水是未经任何处理而直接排放到河川及溪流中的。

一位欧洲时尚产业中的朋友最近秀了一些参访印度工厂的照

片给我看，更让这些疑虑得到证实。这家工厂经手染整的服装，在英国闹市区上可轻易寻获，你我都可能买过几件。看着那些照片，难以想象有任何一家重视商誉的时尚品牌会愿意和如此残破的作业环境有丝毫牵连。对这座搭在城市里的棚屋来说，称它为"染坊"未免夸大，它的四周被发臭的泥塘及水坑环绕，化学废水全部积留在那里。工厂内的景象更是惊悚。从照片中可见到一桶桶未加盖的化学剂。工人们用几条布料、纸板，甚至徒手将这些隐含毒性的化学剂倒进染缸中。大多数采用此种设备的零售商都订有严格的作业规范，工人需佩戴口罩及手套，并有封闭循环（closed-loop）染整系统将污染减到最低。尽管理想与现实之间往往存在分歧，在这里却大得无以复加。根据友人所述，仅在两三年前，英国旗舰店们对染整厂的要求还很严格，买家可以从一份大约有着两百家的名单中找到最满意的合作对象。但在一切以价格挂帅后，这份名单变得没有什么意义。如今，布料会被送到报价最低的染整厂。规范？休想！

想象你是工厂老板，收到来自跨国企业的订单，上面注明着特定的日期、颜色、设计以及数量，并附带应遵守的环境要素控制等事项。从商业角度而言，不照规矩远比乖乖听话更吸引人。自1999年以来，中国纺织业产出快速翻倍，表面看来，对善变的消费者来说是好事一桩：衣服更便宜、换得也更快。当价格直落，我们确实没有为这些多余的产出付出更多的价格，那么这些代价由谁来承担？环保人士表示，为此付出代价的是中国的水域，以及那些赖以为生的当地民众。在中国13亿人口中，每4人中就有

1位每天饮用受污染的水源。环境分析员米勒·麦克库纳（Miller-McCune）指出，染整厂排放的废水约只有10%被回收（控制在封闭循环中，并移除所有的合成化学物质）。处理这些废水每吨需花费13美分①以上，难怪回收处理比例如此之低。

冒着浓烟的大烟囱曾经是工业革命的象征。在发展中国家，或许已经被更细小的管子或排气孔取代，但排放量却并未减少。空气污染对人类健康造成严重的影响。空气是气体的混合：78%的氮气、21%的氧气、0.94%的稀有气体、0.03%的二氧化碳，以及0.03%的其他气体和杂质等。然而，来自纤维工厂的悬浮物与工业废气将这正常的空气成分完全改变。对生活在距离成衣工厂方圆10里的居民而言，清净的空气只是奢望。那些黑心工厂还在，只不过是转移了阵地。

当然啦，我的衣柜也是共犯之一。我没有受到天然纱线那泥泞般颜色的吸引，也没有接受环保人士明智的建议。和你一样，我的衣服全都经过处理、加工、染整。事实上，若没有那么多有毒的加工工序，你的服装不论外观与功能都会大打折扣。除了一些吓人的"生态"布料外，一块布料在尚未修整以前，是哪儿也不能去的，遑论进到洗衣机甚或是暴露在空气中。否则，化学剂在几分钟内便

---

① 编注：按现行汇率计，13美分相当于约0.8元人民币。也就是说，处理废水的成本不低于每吨0.8元。2015年，中国国家发改委、财政部、住建部联合下发《关于制定和调整污水处理收费标准等有关问题的通知》，规定城市污水处理收费标准不低于每吨0.95元；县、镇的标准不低于0.85元/吨。

会挥发，湿淋淋的染剂也会滴得整个人行道都是。所有的布料都必须经过定型，并且修整加工。涂布的材质包括润滑油、塑化剂、漆料、防水涂层（通常是油性）化学剂、合成蜡，溶剂也需大量使用。涂布后的布料须经过大型烘箱及烘干机进行高温"整治"。想想看耗用的电力，此时衣物的能源负载已达到高峰。而同样高到顶甚至还冲出烟囱外的，是挥发性有机化合物。许多纺织厂附近都有一股明显的气味，正是挥发性有机化合物的味道。它们的直径只有人类头发的1%，很容易就被吸入且一路直达肺脏，引起呼吸道疾病，甚至某些挥发性有机化合物还具有致癌性。在美国及欧洲，环保机关测量工厂排放浓度，一旦挥发性有机化合物比例过高便强制停工。但在发展中国家，谁负责监控这些纺织工厂，确保它们拥有合格的过滤设备呢？

在中国，河流随着潮流而变色

生产衣物有坏方法，也有不那么坏的方法。例如"专业的"染整厂处理1公斤的棉花需使用60升的水，相对而言，效能不彰的工厂则需耗用800升水。到目前为止，你已经愈来愈熟悉我反复阐述的时尚产业缺乏的关键一环，因为我们从标签上能得到的信息实在太少。外行人难以得知他所购买的服饰，是出自好（高效能）的染整厂，还是坏的。因此，菲尔·帕特森只能以自己的经验为基础取折中，设计生态评量标准系统的数据量表。就像他说的："要从这个产业链中的高端获得具体的数字很容易,但从脏乱、污染、低效且不负责的低端得到具体数字几乎不可能。"

对那些生活在"坏"染整厂下游的居民,包括渔民、家庭主妇和孩童们,他们或许不浏览在线 *Vogue* 杂志或留意时装周潮流趋势,但不用靠色彩专家,他们就能得知明年秋冬的流行色彩。因为他们赖以生存的河流,由于上游染整厂无力或不愿处理废水,使整条河跟着潮流变色。这正好发生在中国广东省中部的东莞居民身上。2006年的一个早晨,居民们一踏出家门,便看到赖以维生的茅洲河成了污血一般的深红色。中国民众并不如西方消费者想象得那般被动,他们向当局陈情。根据《华尔街日报》报道指出,政府环保部门稽查员策划了突袭检查,发现污染源是纽约福田实业集团有限公司(Fountain Set Holdings Ltd)旗下的东莞福安纺织印染公司(Fuan Textiles Mill)。调查结果叫人震惊:工厂设置暗管,每天2.2万吨废水未经任何处理,直接排放到河道中。根据检测,排放的废水色度超标达19.5倍。染料中含高浓度有机物质,不只污染水源,部分有机化合物,如为纱线上胶的淀粉浆,会大量分解并危害水中生命。曾经充满了鱼、植物、淡水鳌虾的河道,如今成了污浊的烂泥滩。

可以想见东莞居民的不甘。《华尔街日报》证实,与福安纺织印染公司来往的客户包括:耐克、Gap、锐步、J.C. Penny、Liz Claiborne、Abercrombie & Fitch 以及沃尔玛等公司。他们都表示很震惊。Liz Claiborne 公司发言人表明:"我们绝不愿与任何一家污染水源的公司扯上关系。"这些公司也多半表示,是通过第三方供货商才购买污染厂商的产品。可想而知，它们事前也不会知道水污染问题在该地早已司空见惯。广州市生活的近 250 万人口面临着水源污染造成的健康隐患，整个广东却只有不到 2% 的城镇对废水进行管理。这些客户中，只有耐克试图监控工厂，曾要求福安厂将水样本送至实验室检测，以判断是否符合公司的规范。不过，检测并无法发现问题。对这些工厂来说，要制造假样本太容易了。沃尔玛事发后派了一队稽查员，检查后便取消了所有待决的订单。

尽管靛蓝色是牛仔裤的经典色，它却不该是你洗澡水、饮用水的颜色。但 2009 年，南非与莱索托——失礼但老实说是一个赤贫的国家——边界的加里东河（Caledon），在流经莱国首都时，河水被染成可怕的靛蓝色，当地的孩童开始称加里东河与其支流为"蓝河"。污染与来自台湾的成衣厂有关，这些工厂仅在 2008 年就出口价值 5 亿英镑的牛仔裤、T 恤及其他服饰至英美等地。关于"蓝河"惊人的颜色转变，被发现是条多产的运作路线。更明确的污染源头，是曾为美商 Gap 代工的大厂年兴纺织与中国制衣（Chinese Garment Manufacturers），也是本区主要的单宁布制造商。消息在媒体曝光后，Gap 对年兴纺织排放污水一事表示谴责，并终止双方合约。

监督莱索托的非政府组织环保专家策里索·赵欧（Tseliso Tsoeu）于 2009 年 8 月对英国记者丹·麦克道格尔（Dan McDougall）说："我们的法律明文规定，任何人不得排放任何有毒、有害或化学物质进入水域。何以政府竟容许同胞在受工业废水及染料污染的亮蓝色河水中沐浴？外国人到这里为所欲为。以知名外商的名义，雇用非洲黑人，并赚取大量的利润。而这些西方公司表面上宣传着最高标准的质量，实际上根本搞不清楚这里发生了什么事。"赵欧的绝望令人心酸，但谁能怪他？他所代表的，正是真正为那些标准不断降低的时尚品牌付出代价的一群人。即使可以假定这些公司是无辜的，但是它们现在也该知道，不只有商品，更要为资源以及污染付出代价。

牛仔很烦

几个月前，我一度确信自己找到最环保又有型的牛仔裤，它不只是百分之百纯棉、剪裁合宜、有正确的口袋细节，穿起来尤其显瘦。就连单宁布上的仿旧感也很理想，我的意思是褪色都褪在对的地方。总而言之，是一条跟得上潮流的牛仔裤。不过我的好友时尚设计师欧索拉却忍不住讪笑。她点出使我傻傻变成笑柄的原因：设计细节。在我腿后膝下处有几条皱折，褪色的条纹让单宁布显得陈旧。要造成这些刻痕的唯一的自然方法，是无数次穿脱。令欧索拉不解的是，为什么这种看似是我上了无数次厕所才会出现的旧色痕，会成为时尚。"为什么？"她问，"这也是一种风格吗？"

这是个好问题。这些褪色的条纹被称为猫须纹，通过手工、镭射或起皱机（Crinkle machine）施加在数以百万条计的牛仔裤上而获得。一旦开始留意，几乎到处都看得到：在膝盖后方以及近来流行在骨盆附近。经过欧索拉的暗示，我开始默默留意着那些以时尚为名，加诸在牛仔裤上的细节。一个周日午后，我看着一系列从牛仔服装设备展上拿来的数字光盘。箫声作为配乐，镜头慢慢地围绕在一台上面有两只橡胶脚的起皱机上，一名戴着帽子的工人快速走上前，将一条普通的蓝色牛仔裤套在那双腿上，轻轻拍平口袋并且整理好拉链前的遮布，她仔细地为牛仔裤两边正面打上折，然后起皱机就开始作业，另一名工人拿起一支镭射枪走近，并且将这些猫须纹刻蚀在牛仔裤上。

另一段数分钟牛仔裤做日光浴的影片更是光怪陆离。一对穿着牛仔裤的假脚悬吊在大型的橘色机器上，轮流让好几组加热灯照射，将靛蓝染料烘出消费者喜爱的褪色感。这看似设置在夜店外为瘾君子提供照明的加热灯，显然一点也不节能。为了满足市场需求，为了让我们随时跟得上潮流，任何针对牛仔裤的特殊处理，都得动辄重复数百万次以上。就像立式磨裤机以及为了要呈现出那种有年代感的牛仔风格，牛仔裤需要在装有浮石的转桶内翻来覆去。根据估计，仅美国一地，每年就卖掉4.5亿条牛仔裤。我询问世界上最大的牛仔裤制造商李维斯公司的年度销量，他们礼貌地回复："我们年度生产的确切数量是商业机密。不过一般来说，若是说李维斯牛仔裤遍及全球亿万名消费者也不为过。"

吃果子拜树头

在菲尔·帕特森的最后分析结果中，我的"环境损害单位"完

<u>为什么你该花更多的钱，买更少的衣服？</u>   <u>To Die for :</u>
　　　　　　　　　　　　　　　　　　　　 　　 <u>Is Fashion Wearing out the World?</u>

价格：49 英镑

紧身牛仔裤、流行复古、"猫须纹"。
根据统计，这是你今年最有可能买的七条裤子之一。

我毒在哪里？

  传说不同的牛仔裤水洗方法在20世纪80年代引起全球关注。据说那是一场意外。当堆高机不慎将过锰酸钾撞倒流进浮石桶里，进而破坏一次牛仔裤水洗程序。在时尚产业里，破坏与创新风潮只有一线之隔。这场意外的遗绪，可以在达卡市区（Dhaka）一间通风不良的丹宁水洗厂中得到见证，而这座城市还有上百家同样的工厂。年轻工人以高压喷枪，将取自当地河岸边的细砂喷吹在牛仔布上。尽管被要求要将脸部遮掩，工厂却未提供面罩，所以他们有时会绑上一条棉质的手帕，当作临时的面罩。只要在每一面喷吹过后，就能得到消费者喜爱的陈旧感。不过，硅砂内含有结晶二氧化硅，因而有毒。年轻工人不知道的是，从前这项工序曾在土耳其被采用，直到调查发现145名喷砂工人中有83%患有呼吸道问题，超过一半出现了硅肺病。等到这些喷砂工人发现时，可能已经太迟了。

  缝制这些牛仔裤：只要20分钟
  为他们感到"哀伤"：60分钟
  对孟加拉国工人健康的伤害：没有记录、无法计算

老实商标™

全可以被称为是"时尚超重",仅次于最糟的"时尚痴肥"。如果到那个程度,我可要无地自容了。不过我会努力改善,在本书后面部分会加以讨论。在菲尔·帕特森专程来访,并花费数小时仔细分析衣物的材质,以及染整色、加工、修整等相关工序后,让我留下深刻印象的重点是:首先,生产每一件服饰,都花了许多能源;第二,你我的服装都亏欠我们的生物圈太多。没有时尚是不会留下足迹的。

时尚品牌们愈来愈喜欢表现出一副环境守护者的形象,和一些野生动物保护机构进行什么合作,并且"回馈些什么"。通常这个"回馈"都不会太直接,多半通过销售特别的产品,然后将收入的一定比例捐给野生动物保护机构:黄麻购物袋上印着野生花朵;用有机棉制成的T恤,上面告诉大家不要破坏雨林。我们生活在一个越来越多企业被迫为撷取的资源以及造成的污染负责任的时代。我并不是说一旦这么做就没事了:尽管试图阻止非法砍伐森林,欧洲仍然是全世界最大的硬木进口区。不过大体而言,无论你的公司生产卫生纸或是庭院露台,你都应该为你所消耗的资源负责,多种些树或是投资永续供应链之类的。我们需要加快脚步,直到有一天,时尚品牌不再只是生产限量的环保托特包[1],而是在为纤维添上流行色彩的染整厂的同时,有义务种植芦苇床(reed bed)以洁净水域,或以绿肥覆盖补充棉田流失的地力,这才是真正可能对生物圈有意义的回馈。

---

[1] 编注:tote,托特包,一种容量很大的包。

棉之害

"植物界里的猪"
与其道德争议

Picking at
Cotton

平凡的T恤是生活中不可或缺的必备品。它自成一格，既成了一种经典（像马龙·白兰度在《欲望号街车》中那样耍帅），同时又是讲究穿搭者的梦魇（好比那种佛罗里达观光客会穿的松垮衣衫，再加上一个霹雳腰包）。在我的衣柜中有好多款T恤：贴身或窄版T恤，有着20世纪80年代复古造型大圆领和裹肩短袖的，上面印有无数品牌名称的，或是慈善活动赠送的，应有尽有。20世纪90年代时，平凡的T恤多了一个变化多端的小妹：螺纹背心，它同样可以当作贴身衣物并提供多层次的搭配。所有这些以T恤为灵感的衍生物，现在似乎都被塞到衣柜深处。在梳妆台的抽屉里同时还有塞爆的内衣、睡衣及短袜，以至于我们只能用蛮力拉开这些抽屉。这一堆衣物有一个共通点，那就是：它们都是棉制品。这些随处可见的服饰，来自俯拾即是的"天然"纤维。

有段时间，合成纤维较占上风，威胁着要将棉花挤出我们的衣柜。若我们回想20世纪70年代，我保证德绒（dralon）喇叭裤的画面会闪瞎你的眼睛。那时，我们并不常利用棉花：在那个年代，全球棉花的消耗量萎靡，大约是每人3.15公斤。但2007年，棉花明显地扭转了颓势，工业化国家每人一年平均消耗14.2公斤的棉花，这是前所未有的。发生了什么事？嗯，如同前章所提，我们还是爱合成纤维，依然大量消耗着它们。不过，快速时尚在此时发动，而棉花在快速时尚的故事中不可或缺。

全世界的人类似乎都有棉花癖。1960年，地球作物总产量约为1000万吨；到了2010年，仅棉花产量就达到2500万吨，与此同时，

07 棉之害

也迎来了前所未有的低价。看看对棉花严重上瘾的美国。在 2005 年，每人一年要消耗掉 17 公斤棉花。一个推广棉花的组织进行了一项调查，要人们在棉花以及合成纤维间二选一，结果在英国，75% 的消费者选了棉花。

不难看出为何棉花成了消费者衣柜中让人上瘾的猫草。它既便宜，量又多，还很好打理（事实上，我的熨斗好像一直都设定在"棉花"那一格上，可见我是多么常穿它）——这的确是设计师和消费者想要的，不像一些难以处理的天然纤维，例如亚麻。大概自从人类首次知道如何将像兔宝宝尾巴般毛茸茸、白色的棉花圆荚变成更实用之物以来，棉花就一直受到社会大众的好评。棉制品的激增也不可避免地引发了一场消费主义大潮。《一件 T 恤的全球经济之旅》的作者，经济学家皮翠拉·瑞沃莉（Pietra Rivoli）借着一件简单的棉质衣物，穿越讳莫如深的国际贸易史，发现 19 世纪的学者爱德华·贝恩斯（Edward Baines）早已深信不疑地写出：棉花的出现与消费阶层的诞生有着密不可分的关系。

> 棉制品价格愈来愈低，此事为多数人带来的好处难以估计……普罗大众如今也可以穿得整齐，甚至穿得华丽，就像上一时代里的中上阶层一样。这种 19 世纪的全国式觉醒，或许将展现出得以媲美 18 世纪时上流社会沙龙衣饰的精美华丽。

我保证不用花很长时间就能抓住棉花问题的核心。在我办公室的软木皮板上钉了两个棉荚,一个来自一名视改革棉花产业为终身职业的抗争人士;另一个是我 2008 年到马里参加一个棉花公平贸易计划时遇见的棉农给的。我无法明确地解释,为何它们会被钉在那里,只能说它们提醒着我:从一棵植物长出毛茸茸的棉荚开始,经过烦琐的加工手续才成为如此平凡的东西,这其实是一件多么神奇的事。

然而,对那些世世代代的棉花生产者来说,就没有那么多神奇的时刻了。一份公平贸易基金会的报告指出:"1834 年,美国成为世界上最大的棉花出口国——自此以后稳居冠军宝座——其仰赖的,就是派到田间工作的黑奴。"这也提醒着我们今日的非洲棉农与此之间的深远联结。这是个令人伤心的事实。在工业革命时,即使蔗糖及烟草贸易都已经停止使用奴隶工人时,棉业还是有办法照用不误。

脑袋清醒的经济学家们也开始对棉花深深地着迷。和瑞沃莉一样精彩地剖析今日国际棉花产业的法国经济学家艾瑞克·欧森纳(Erik Orsenna)便指出,棉花贸易是探索全球化的富饶"温床":

> 棉花是植物界中的猪:它所有的一切都可利用。因此它从上到下都被取走……因此也被人类用来制衣……这也是为什么有许多人那么在乎棉花:各大洲成千上万的男女老少。这也是为什么,好多年来我想要进行这一趟旅程。在冥冥之中有个声音告诉我:跟随着棉花的路径,从种植开始,一直到采用生物

化学的纺织产业，沿着库佳拉（马里）、大唐（中国）、途经陆巴克（美国得州）、库亚巴（巴西马托格罗索州）、亚历山大港、塔什干和沃洛涅河流域（法国孚日省），我将更了解地球。

就算没有身体力行这一趟如史诗般的壮游，你还是可以分析这头"植物界中的猪"（以及像欧森纳所暗示的全球化的黑暗面）。就算瞥一眼普通的衣柜，你也应该观察到更多写着"以30度水温清洗"的标签以外的信息。光是做到这点，就足以使得整个棉花业的发展脱离当前令人捏把冷汗的速度。因为往往"100%纯棉"事实上根本不是那么一回事。

今日的产棉大军人数，从卖种子的人、棉农（约3000万人）、摘棉工、农药小贩、轧棉工人、纺纱工、织工、批发店员到大量的中间商及贸易商，就有3亿之多，数量相当惊人。当中99%都在发展中国家工作，几乎处于获益链（financial reward chain）的最底层。产出的这些棉花中，80%~90%最终用在服饰上。虽然产棉国超过90个，但掌控整个产业的国家主要有6个，占全球供应的85%，分别为中国、印度、美国、巴基斯坦、巴西以及乌兹别克斯坦。它们就是有办法产出比其他84个生产国更便宜、更多的棉花，并且产棉过程可以完全不合公平规范。

高枕无忧的美国棉农

当下，如果我是那赫赫3亿棉花大军之一的话，我绝对想要成为美国棉花带17个州中的农夫，尤其是加州。因为当地前1%接受农业补助津贴的人都在种棉花。2009年，这1%的农人就可得到5700万美元的补助款，棉农依然是农业补助的大宗。更确切地说，我会希望加入接受最多国家补助的SJR农场。2009年，此地棉农获得2069453美元的政府津贴，这可是一笔惊人的数字。美国在地的环境工作团体在一份报告中指出，相较于这些棉农，种植其他作物的农夫所获得的津贴可说是寥寥无几。

这些获得补助的棉花农场皆高度机械化，有许多崭新的牵引机以及围着白栅栏的农舍。尽管国际棉市、投资者及商人的想法变幻莫测，这些农场主人却可以高枕无忧（想当然耳，他们睡的床单也是棉花等级最高的）。这也是为什么"白色黄金"依旧是个再合适棉花不过的绰号了。多亏了补助，棉农可是好赚得很，就像瑞沃莉在书中所述："2002年的农业补助对棉花好过头。" 2004年政府对美国棉农的补助保证每磅至少有72.24美分的价格，而当时的其他产地棉花市价只有每磅38美分。

然而，仿佛这些补助对美国棉农还不够有利似的，他们还享有一个组织严密的贸易团体"美国国家棉花协会"（National Cotton Council of America），为他们提供"指导"。可以想见，在游说议员通过法案时，棉花不会是个次要议题。美国棉业是一个相当大的雇主，因此亦是重要大选的重要筹码。少有参议员，甚或总统会质疑是否应常态性补助大量公款在棉花行业上。不仅如此，这个在美国本土称为国家棉花协会，在国外则称为国际棉花协会（Cotton Council International）的棉花推广机构，持续推行市场营销活动，以维持美国"白色黄金"的龙头宝座地位。其为棉花产业拍摄的宣传片，有着迪士尼般的特质：脸颊红润的农夫们，加上一旁巨大、崭新的牵引机，你几乎能感受到棉布料的生气勃勃，并且是纯然美式的。它甚至还有自己的主题曲：《我们生活中的布料》，在这首由里欧娜·李维斯（Leona Lewis）演唱的主题曲MV中，她穿着从家居服到清新的衬衫、西装外套、布满珠饰的连身礼服等各种时装。棉花真是多才多艺、无所不能！

若当不了美国棉农，你也许会盼望当个欧洲棉农吧，因为他们也拿得到补助。就怪我可悲的无知吧，我一直以来都没有意识到欧洲也产棉，但产量不多，仅占世界的2%。尽管如此，在西班牙还是有大约1万名农夫接受补助，在希腊则有大约9万名。

穷途末路的非洲四国

当然啦，光靠在欧洲接受补助的10万名农人生产的棉花，很难满足我们的需求。长久以来，欧洲棉花产业便仰赖非洲提供便宜且现成的资源。19世纪50年代以后，拜大规模罢工之赐，印度的棉花价格直线攀升。"欧洲强权们急欲供给本地蓬勃发展的时尚产业所需,于是便转向非洲的殖民地,进行另一种廉价的索求。"于是,大量非洲国家的 GDP 便仰赖棉花出口,其中最主要的四个国家是贝宁、布基纳法索、乍得和马里。它们也是世界上最穷的几个国家。它们十分仰赖棉花(例如在布基纳法索有 85% 的人口种植棉花),在业界又称为"棉花四国"(Cotton 4)。这几个国家生产世界上最便宜的棉花:布基纳法索的棉花生产成本只有美国的 1/3。既然世界对棉花的需求似乎永无止境,棉花四国应该可以大捞一笔才是。

然而并没有。在贝宁、布基纳法索、乍得和马里的棉农依然三餐不得温饱。美国及欧洲的补助津贴残忍地在这四国面前关上了希望之门。最近一份英国公平贸易协会发布的《棉花大国完美接缝报告》(*The Great Cotton Stitch Up*,这标题取得真贴切)指出,自从在多哈举办国际贸易谈判 9 年以来,已发布了无数声明,支持帮助发展中国家以贸易的方式脱离贫穷。美国、欧盟、中国与印度已花费 400 亿美元在本国棉农身上。但其中超过一半的经费直接进了美国农人的口袋里。在一项奇怪的协议中,巴西棉农被裁定,由于受到美国棉业发展的影响未受到平等的待遇,于是,巴西成了可以收到赔偿津贴的国家。这表示,巴西棉农也可以收到一笔类似的补助津贴。

如果纳税人愿意拿钱一直补助发达国家的棉农,那么,谁都看得出这将导致农夫以低于成本的价格出售棉花(事实上,这个由贸易关税、协议、诉讼、反诉讼所形成的复杂系统使得要算出棉花真

07 棉之害

正的成本变得非常困难)。"根据估计,光是免除棉花补助,就可以为撒哈拉以南的非洲棉农增加30%的收入。"2010年9月,英国内阁商务大臣祈维信(Vince Cable)如此表示。当富有的美国棉花生产者获得他们崭新的牵引机补助时,发展中国家的棉农却持续陷在贫穷的深渊中。

市场中充斥着补助来的大捆棉花。2000年,世界棉花价格跌至自1994年以来的1/3。近期的棉花减产导致价格一度上涨,但就算将这阵涨幅计算在内,棉花也已跌至1995年价格的1/2不到。

对棉花四国的许多地区来说,棉花价格的崩盘简直就是一场灾难。2007年,当我坐在马里一处名为吉第安(Djidain)村落的一棵大树下时,才全然了解到,它已将代代相传的棉农逼得活不下去了;它改变了成千上万人口的生活,并且改写了许多小镇村落的历史。吉第安棉花生产合作社主席塔瑞纳·凯塔(Terena Keita)恳求我们一行人中代表英国最大超级市场的参访者"买更多棉花,下更多更多的订单"。他恳求这些人购买的,是吉第安获得公平贸易标章的棉花,而这座村庄正试着从2002～2003年棉价大崩盘之中再次振作起来。这场大崩盘留下的证据历历在目。在过去10年间,棉花的产量以及价格皆匆匆记录在凯塔那本上面印着足球明星蒂埃里·亨利(Thierry Henry)照片的笔记本里。他们拼死拼活地工作,只为了喂饱村子里的人。在记录中,显然缺少20多岁以及30出头的男性。凯塔告诉我们,由于这里的食物实在太少,他自己的7个儿子已经全都离开这个地区了。"他们现在在哪里呢?"我问。"我不确定，"他答道，"其中一个去了西班牙，不过很难说他是不是抵达了。真的很难说。"

扭曲棉花四国市场的，还不只是补助津贴。似乎全球的棉花生产巨子皆愿意不惜任何代价，只为将其产品以最低的价格推向国际市场，这当中就包括国家强制使用童工来捡棉花。

乌兹别克斯坦的奴役农场

欢迎来到遍地长满"白色黄金"的乌兹别克斯坦，这里甚至还有纪念棉花丰收的歌曲。1929年，纪录片导演吉加·维尔托夫[①]（Dziga Vertov）拍摄了一部有些诡异的 B 级片电影。于其中我们可以看到，人们用双手摘下毛茸茸的棉花，搭配一首音调上扬的民谣作为背景音乐，为的是赞扬棉花产业的崇高美好，以及勤快捡拾棉花之美德。副歌不断提到捡拾棉花者，包括孩子，颂扬他们的努力是打败敌人必不可少的力量。

90 个年头过去了，乌兹别克斯坦的棉花采收方式看来并没有什么改变。20 世纪 90 年代早期，这个国家放弃了机械化的棉花采收。政府当局找到了一种更便宜的方式，但他们会说那是一种更传统的方式。因为在即将到来的 9 月，如果你有机会一游棉花栽种的重点

---

① 编注：吉加·维尔托夫是苏联纪录电影的奠基人之一，"电影眼睛派"的创始人，主张"生活即景"。代表作品有：《带摄像机的人》《电影眼睛》《列宁的三支歌》《热情：顿巴斯交响曲》。

区域,看看那些与棉荚一同弯曲着的身影,就会发现这些身影不过就是孩子。引以为傲的乌兹别克斯坦棉花产量,是建立在被强迫劳动的孩子与青年的血泪上。

每年总有一些相关的影像或文字,躲过乌兹别克斯坦领导人伊斯兰·卡里莫夫(Islam Karimov)的耳目,流传到外面的世界。卡里莫夫自1989年以来(两年后乌兹别克斯坦随着苏联解体而宣告独立)便统治着这里(他正式的两任任期是到2007年)。尽管缺乏确切的数据,但是根据环境正义基金会(Environmental Justice Foundation)一份与乌兹别克斯坦人民和记者合作的秘密网络搜集来的证据估计,2009年,被迫到田间工作的乌兹别克斯坦孩童数为100万~200万。

从偷拍的影片中,我们能看到采收的画面。小小的双手抓着白茸茸的棉荚,以机械般的准确度将它们与枝干分离。他们的动作灵活得不可思议,不过每个孩子都必须要达到很高的数量标准。乌兹别克斯坦的官方说法是:这些孩子参与采收,有乐趣又可以赚取零用钱。这可是苦差事。如果你读过约翰·史坦贝克的《愤怒的葡萄》(The Grapes of Wrath),一本揭露人工采收棉花之辛苦残忍的社会批判性小说①,你大概就会知道这些年轻人所忍受的是什么了。他们被要求达到的配额是不容讨价还价的。

---

① 编注:《愤怒的葡萄》以经济大萧条为背景,描述美国中西部农民破产、逃荒的故事。作者所说本书"揭露工人采收棉花之辛苦"应该只是小说的一个情节,不完全概括小说之主旨。

卡里莫夫是西方在反恐战争中强而有力的盟友，同时他也非常富有。这不太让人感到意外：外界早有传闻，乌兹别克斯坦靠天然资源创造的财富直接进入他与心腹们的口袋，而其中很大一部分就是来自棉制品。根据估计，2009年，光是出口到欧洲的贸易商或亚洲工厂的棉花，总值就达10亿美元。

古娜拉（化名）机智直爽，且性格刚毅。现在很难想象她也会被迫采收棉花，但她的青少年时期，却因着11岁那年的秋天毫无选择余地地被逼去捡棉花而蒙上了乌云。"我不是一个懒惰的青少年，"她说，"我的父母曾经有一座农场，所以我也曾经在田里工作过。但是无论如何也不会想在棉田工作。"每年9月，乌兹别克斯坦的学生会被告知带一个背包到学校，然后一个个上公交车，被载进棉田。在接下来的两个月里，他们的生活完全被打乱。这里完全没有盥洗与电力等基本设施。他们住在体育馆以及空荡荡的幼儿园中，每天在日出时醒来，被带到棉田，在那里开始汗流浃背地工作。

1998年，古娜拉16岁，她第一次与家人分离，被带到距离她在城市的家两小时车程的乌鲁诺（Ulugnor）的田间。"我想这对生活来说是何等大的冲击，"她回想说，"在某个程度上你知道这一天迟早会来，因为这也发生在我年长的兄、姐以及父母的身上。但不知为何还是非常难以调适自己。在其他国家，这个年龄的年轻人或许都在为离家上大学做准备，光是如此就足以让父母及家人感伤不已了，更何况知道这些孩子是被带去做非常粗重的劳动，心里就更过不去了。更糟的是，你无法改变任何事。"

一旦到了田间,每名学生都会被配给每天要摘到的棉花量。要是没达到标准,等着你的可能就是体罚或是罚款。"我只达到过一次。"古娜拉说,在她进行第一阶段被迫劳动,在棉田工作的整整54天当中。"在那之后,我没有体力再捡到那么多。想一想棉花有多轻你就知道了!想一想要捡多少棉花才能达到一天6公斤的目标。我们用一块像是大头巾那样的大块布料来装棉荚。在没有亲身做过那样的工作以前,你很难想象这种工作有多辛苦。若是你达到了目标,他们理应要付给你所应得的。但是如果你摘了30~40公斤,只能支付伙食费。随着天数渐增,你会开始感冒、疲惫,采集的棉花也就愈来愈少,因此要达到配额也就变得愈来愈不可能。然后你就会被罚款。"

由于替古娜拉付学费的是她父亲,而不是政府,于是她便想着反正当权者也不能真的对她做什么。"对多数的学生来说,若是他们有什么地方做不好,政府就会扣除他们的补助。如果你抗议或反抗过头,很简单,他们就会把你赶出学校。对他们来说,比较难把自付学费的人赶走。"

对古娜拉和她的其他朋友来说,这54天的生活宛如地狱,即使过了12年,对她来说依旧是一段难以述说的往事。"我想起来最糟糕的事之一,就是必须要到田间如厕的那种羞辱吧。这对女生来说尤其困难,我连到现在都不太想承认。当地的厕所就是在地上挖个洞。以卫生标准来说,我想连1%都称不上。"他们还得付钱给当地人替他们烧几桶热水来洗衣服,而且每餐吃的都一样。"便宜的意大利面，有时候多点蔬菜。我必须强调，这里说的意大利面绝对不是多么精致的那种。"即使如此，古娜拉觉得和男生比起来，女生还算过得轻松："男生住在楼下，我们一直听说他们的管理方式就像军队似的，有时非常非常粗暴。在棉花刚开始采收时，年纪轻的男孩就任由年纪大的摆布，而且丝毫不得反抗。"

古娜拉和其他孩子由一群老师管束，不能与家人联络。这群老师乐于以专制的方式维持秩序。女孩居住的大楼另有几个警察保护。"不过在那里，一直都有一个若是你没有摘取足够棉花，就会被老师点名并且让你丢脸的传统存在，以及各式各样的羞辱和威吓。我并不怪这些老师。我的意思是说，毕竟有哪个工作是监督孩子如何采收棉花的呢？这工作糟透了。这些老师也不断受到来自当局的压力。别忘了，他们也得离开家人两个月，而且住在这样糟糕的环境中。在我决定大学毕业后要做什么时，这是使我不想成为教师的原因。"

这么多离家的孩子，但只有寥寥几位大人的监督，于是性虐待及暴力就在所难免。2009 年，环境正义基金会报道了一名孩子被刺死。"你真的不知道什么事会发生在你身上。"古娜拉说。

在野外田间，这些十几岁的童工从日出到日落，忍受着严峻的气候。9月份当他们刚刚开始当新手时，气温高达 40℃。"你口渴得要命，"古娜拉回想着，"时时刻刻都想喘息喝口水。但是那里没有自来水，我们没办法，只得喝灌溉渠道里的水。这些水很污浊，还可以看到青蛙和蛇，但是你又能怎么办？有一件事我绝对忘不了，"她打了个冷战继续说道，"那就是在田间遭受到蚊子的攻击。

我从没见识过那样的蚊子。"到了棉花季的尾声,古娜拉和朋友们没命似的向四周采收最后一点棉花,并且深知她们不但不可能达到目标,还可能会被辱骂、罚款。此时的乌兹别克斯坦已然冰天雪地,学生们冻到骨子里了。

在古娜拉身为棉奴期间,她的消化系统失调。她和同伴生过各式各样的疾病,尤其是肾脏方面。这是因为采收结束前,他们在又湿又冷的棉田受到的风寒,再加上营养不良、压力大,环境不卫生等恶劣条件。

是那股不想被棉花给打败的信念,支撑古娜拉渡过了这个难关。"我不是个好欺负的学生,从早闹到晚。"她说。1998年,她组织了一场包括她在内的抗议活动。古娜拉受不了每天都被威胁在晚上被送回田里工作,于是联合了一群女生坐在田间直到深夜,迫使监督老师出来恳求她们回到体育馆中。"没错,这改变不了什么。但我们表达了我们的态度。这是我们所能做的。"来年,当巴士又回到田野时,古娜拉豁出去了。她在采收到一半的时候逃走了。"有些青少年质疑所有的事,而我就是其中的一员。现在让我担心的是,我听说现在的这一代在田间受到的压迫更甚于我们当时。我尤其担心那些孩子。压迫变得更残忍。"伊斯兰·卡里莫夫对造反者没什么耐心,一份英国报纸对他写下了"欺诈、任用亲信、严刑拷打,是卡里莫夫统治的特色"的标题。

我从未活在独裁政权中,更遑论被迫在田里做粗活了。我接着问了一个天真的傻问题:"是谁下令让这一切发生的?""喔,这些命令来自政府，"古娜拉肯定地说着，"没有人会怀疑这些命令是从哪发出来的。"她以最近出炉的报告为例。在乌兹别克斯坦没有什么独立棉农这档事。就连投入多少化学肥料都在管控之中。负责农业政策的是首相沙夫卡特·米尔济亚耶夫（Shavkat Mirziyaev）。据报道，他每15天主持一场指导地方政府代表及农民何时该进行播种、除草、施用农药、脱叶剂，以及进行收割的会议。2009年10月，米尔济亚耶夫签署了一份命令，但不久就被泄露出来，当中列有一连串对未达到配额的棉农的恐怖惩罚措施。最后一句总结的话听起来相当刺耳："没有依循合约规定达成配额目标的农场，需赔偿损害。且根据法律，他们的租地将会被收回。"

强迫劳动当然是非法的。联合国国际劳工组织（International Labour Organization）1992年时通过的第29条明文规定："禁止强迫劳工。"2008年，乌兹别克斯坦政府被说服签署两份国际劳工组织分别关于"最低工资"以及"最恶劣形态童工"的公约，然而最终的结论是：国内并不一定要立法。但除了一些美国政府内视乌兹别克斯坦为有用的战略伙伴的政客之外，到底还有谁会相信乌兹别克斯坦政府能自行妥善处理这个问题？

"这不是真的。"在2008年11月举行的一场关于乌兹别克斯坦棉花业的劳工问题的讨论会后，两名娇小的女性缓缓向我走来并对我如此说。她们挡住我去路的方式不是很让人舒服，既没有自我介绍，连声招呼也没打。她们其中之一向前靠近，然后以一种低沉的音量急促地对我说："我们的人民捡拾棉花，是为了我们国家的健康以及财富着想,这是我们的文化。"我被吓了一跳,但仍告诉她们我很难接受,并且拿出童工被强迫征召以及被强迫的程度的证据。过了一会儿我再向四周环视时,她们已经走了,就和她们出现时一样神秘。我推测她们是乌兹别克斯坦大使馆派来的。我问古娜拉有没有碰过任何相信为了国家财富而捡拾棉花是一种传统美德的人。"没有,"她回答我,"虽然有些人被洗脑了,但是,是恐惧迫使大家不得不去捡棉花。"

2010年2月,环境正义基金会公布了一份带着严正标题的报告:《奴役国家:乌兹别克斯坦国营棉田上的强制童工》。当中指出乌兹别克斯坦的棉花业长期以来都是"全世界剥削最严重的企业之一"。在其政府向国际社群保证将停止在棉花产业中使用童工的两年后,2009年秋天的棉花采收季,被逼的童工依旧无处不在。事实上,许多报告指出情况还比往年更严重。接下来印有一页接着一页的证明文件及照片,证实大量孩子被公交车载到棉田一事并非空穴来风。还有报告指称,乌兹别克斯坦总共13个区中有11个区的学童及大学生被送去采摘棉花。

我写信给乌兹别克斯坦记者乌米达(Umida)。她现今住在一座欧洲国家的首都,在那里负责统筹规划禁止棉花奴工的相关活动。过去她曾经被乌兹别克斯坦当局逮捕,并且未经审判就被拘禁。她告诉我:"2009年,我们在棉花采收期间观察一处棉田的情形,并采访了来自4个不同区域的共40名孩子。他们大多说自己并不想要在这里,他们比较想去学校,但是没有选择。政府不只动员孩童,也调度其他与农业无关的人。比如说,我在医院工作的姐妹今年就被强迫去采棉花,尽管事实上她已经是小孩的妈妈了。"乌米达寄给我一封来自乌兹别克斯坦公民运动的公开信,上面清楚地陈述着问题。上面有着所有你可以想到之人权组织的署名,明确要求联合抵制乌兹别克斯坦的棉花。"这是唯一能够说服卡里莫夫政权停止强制使用童工的方法。"她坚持地说。

这些孩子的证词叫人心碎。他们之中许多人的说法表明,古娜拉确实是大难不死。"每年都有孩子在棉田里死亡。"前英国驻乌兹别克斯坦大使克瑞格·莫瑞(Craig Murray)于2010年2月如此表示,同时他也是此政权的强力反对者。令人意外的是,目前似乎缺少国际舆论制止这种恶行。莫瑞接着说:"还没有一个政府援引国际贸易协议中明定的反奴役条例来禁止乌兹别克斯坦的棉花出口。欧盟从来都没讨论过这件事。由于西方各国的这种态度,联合国儿童基金会(Children's Rights & Emergency Relief Organization)对于发生在乌兹别克斯坦的童奴事件,也从未发表过任何声明或采取任何立场。"

在稍后一章,我会评定哪家公司在英国高级时尚中对于棉花产业链中的童工议题曾采取建设性的回应。不过总体而言,国际棉花市场似乎对此装聋作哑。贸易商及中间商若要想继续为亚洲的工厂供货,就必须持续供应便宜的布料,才能达到最高产能。

此外,尽管由于欧洲在过去一直是乌兹别克斯坦棉花的最大消费市场,使得销售管道有迹可循,不过还是有许多方法可以用来"漂白"棉花原料。乌兹别克斯坦多了一个新客户,迪拜棉花中心(Dubai Cotton Center),一个"迪拜政府的聪明创举"。根据其网站所述,对于织品贸易商来说,这是一项"一站通吃的服务"。它的宣传小册读起来,就像是一封写给乌兹别克斯坦棉制品的情书,不仅赞扬其质量与便利性(乌兹别克斯坦棉可以在一年当中的任何时节供货),并且有一列价目表及优惠价:若是你通过迪拜棉花中心购买,就可以在杰贝阿里(Jebel Ali)享有免费的30天仓储服务。而仓储正是供应链中最花钱的一环,若是贸易商解决了这个问题,大概交易也就胜券在握。一张方便的地图标出了在乌兹别克斯坦与迪拜之间往来的棉花之路,接着还有迪拜通往东南亚成衣工厂的热点线路图:中国、孟加拉国和柬埔寨。地图中有许多相关信息,让你对乌兹别克斯坦棉花业产生憧憬。当然,当年乌兹别克斯坦的棉花收成中有40%~45%是由童工摘捡完成之类的信息,不会出现在这里。

棉花原料或许只是整个故事的起头,但它可是快速时尚的推手,冷血无情且贪得无厌。快速时尚不在乎棉花是从何处及如何制造出来的。它只是需要大量原料,一旦货到了便开始进行加工,并缝制成上百万条扎口短裤或丹宁牛仔裤。我真的不知道在我衣柜中有多少是由乌兹别克斯坦千千万万的孩子牺牲他们的学业与童年采集来的棉花做成的衣服。乌兹别克斯坦是世界第六大棉花产地,及世界第三大棉花出口国,于2009年产出了340万吨棉花原料(根据当地政府的资料)。其出口原料既便宜又有着超乎想象的好质量(因为它不是用机械,而是手工采集,据说能产出质量更佳的棉花圆荚)。

你不得不好奇,大家对于使用乌兹别克斯坦棉花的兴致到底有多高昂。2006 年,在环境正义基金会发表了《白色黄金报告》并在国际上掀起一阵讨伐之声之后,紧接着 2007 年的国际棉花产业就决定在——嗯,乌兹别克斯坦举办年度大会。我并未受邀出席,但我只能臆测,童工的相关议题不会被排进议程里。

失败的绿色革命

其他国家也出现对棉花无可救药的依附。印度国旗中有一台纺车——象征着种植及制造棉花是国家认同的根源。然而对甘地来说,纺好的棉纱象征着自由的布料。他借着纺织棉花,以及穿上由手纺制成的印度棉布成品"卡迪"(khadi),来提倡对国家的忠诚。我们可以说,甘地没有跨国快速时尚的想法。

棉花对印度的文化及经济方面的影响力经久不衰。光是说棉布对印度很重要,还太过轻描淡写了。印度的棉田超过 1000 万公顷,居世界之首。当地每年平均生产 3000 万捆棉花(足够制成 360 亿件 T 恤),超过 6000 万名印度人靠着棉花产业链生存。据说棉花存在印度人的基因里。我不确定一个国家是不是真的有什么基因,但我会说上百万的印度农民都希望自己从来没有听说过这个东西。

印度当地的棉花经济曾经蓬勃一时,并且保证农民能拿到远超过政府设定的最低价格。他们靠着"绿色革命"(从内容看起来这个名字取得不大贴切)立下的承诺达到高峰。在 20 世纪 60 年代末期,绿色革命保证这个世界永远都不会再缺乏食物,同时也将这种永不匮乏的承诺,扩展到其他的商品上。提倡者宣称:棉花也可以通过工业化技术使其产量像食物一样提高。而绿色革命的神奇秘方,用在印度棉花上即大量地施加化学农药。曾经有一段时间,绿色革命似乎逐渐美梦成真了。我出生前两年,也就是1972年,一名在凡达伯罕(Vidarbhan)的棉农可以理直气壮地说自己的棉作物是用黄金来计算的。他每卖出100磅棉花(可制133条牛仔裤)就够买进15克黄金,就连小农都买得起牵引机。他们第一次有能力赋予家人温饱以外所需的奢侈,包括计划送孩子去上学、把房子整修好,并且打算靠着农耕度过一生。同时为了供应位于孟买的庞大纺织产业所需,在安得拉邦(Andhra Pradesh)、卡纳塔克邦(Karnataka)、中央邦(Madhya Pradesh)、恰蒂斯加尔邦(Chhattigarh)和马哈拉施特拉邦(Maharashtra)开辟出大片棉田。那块区域后来被称做棉花碗(Cotton Bowl)。棉农们看起来似乎过着梦一般的生活。

但到了1990年,对印度以及其他产棉的发展中国家来说,好日子似乎到了头。2002年,在棉花碗的中心安得拉邦,有82%的务农家庭负债。2005年,一名棉农需要卖到500磅的棉花(足够制成665件牛仔裤)才能换到和从前一样的15克金子。几个月后,得要900磅棉花(可制成1197条牛仔裤)才换得到同等的金子。此后每况愈下。当作家兼记者迪欧娜·布莎(Dionne Bunsha)在古吉拉特邦(Gujarat)访问棉农时,她发现他们已身处绝境。"一条约500克重的牛仔裤,在名店可卖到1500~1700卢比;但我们卖 500 克重的棉花，却仅仅得到 13 卢比。那些加工业者把所有的利润都拿走了，而不是分给我们这些生产原料的人。"一名领袖人物这样抱怨着。一群在马拉奈村落的农民说得更明白，他们脱下脚上的恰巴凉鞋（chappals，一种印度夹脚拖鞋）给布莎看，并且说："我们的恰巴都开口笑了，可以请你把它们寄给纳伦德拉·莫迪（Narendra Modi）（一位古吉拉特邦的政治领袖，现任印度总理）吗？……我们连一双新的恰巴都买不起。"用穿坏的恰巴凉鞋来比喻棉花的价值，比用珍贵的黄金更加贴切。

杀虫还是杀人？

全世界的棉花倚赖农药的程度令人咋舌。虽然全球棉花仅占所有可耕地的 2% 多一点，但施用的农药量却占全球用量的 11%~12%。这个分量相当惊人。每制造一件你身穿的 T 恤，就要用到 1/3 磅的化学药剂。印度尤其如此，因为当地的棉花收益是世界最低的，也可以说，在印度当一名棉农，是在整个时尚链中最不稳定的工作之一。在旁遮普农地的棉田中，每公顷仅产出 180 公斤棉绒。但在巴基斯坦，每公顷的平均产出为 1867 公斤，在中国则是 3878 公斤。就算一切顺利，印度农民也别指望会有丰收。况且以棉作物来说，风险相当大。其中包括寄生虫，尤其是最恶名昭彰的螟蛉，更是泛滥成灾。也难怪印度棉农为求一定程度的温饱，得靠农药驱赶害虫。棉花仅占整个印度可耕土地的 5%，但却占印度所有农药使用量的 55%。

里尔·波尔米欧（Leah Borromeo）于 2010 年拍摄的纪录片《肮脏的白色黄金》（Dirty White Gold）中，显示在印度使用农药的情形有多普遍及泛滥。镜头带我们来到了一间街角商店：和其他在印度上百万的商店一样，店内堆着成山般的小包。这些小包内有可能是巧克力、米或者是面条。但当我们靠近一点，就会看到其实是农药。波尔米欧询问不同牌子，只见它们被一包包地丢在柜台上，小贩似乎对他所提供的货色感到很得意。"你也卖保护用的衣服吗？"波尔米欧问，"像手套、护目镜等等的东西？""没有，只卖农药。"他愉悦地说。

不难理解农药对印度棉农具有的吸引力。棉花从来就不是不需照料的作物，而消费者显然都希望又便宜又多。从开花到结出白茸茸的棉荚需要两个月的时间。在这期间内，棉作物大约有被 1300 种吓人害虫攻击的可能。害虫是造成歉收的主因，螟蛉又是其中最凶猛的一种。农民不可能承受得起作物的损失，因此他们只得愈来愈依赖农药。

而且还不是随便哪一种农药都行，他们使用的是一些对人体及地球有害至极的农药。其中最致命的一种（不只可以消灭害虫）叫作"涕灭威"（Aldicarb），一种强效的，也是毒性最强的神经型杀虫剂。若是接触到人体，会产生包括恶心、下痢、呕吐、心肺衰竭、呼吸困难，甚至导致肺水肿的支气管粘液溢等症状。简单地说，只要一滴涕灭威就足以杀死一个成年人。惊人的是，它一直处于棉花产业使用农药频繁度排名的第二位。在2003年,我们见识到了其惊人的威力。美国在当年施用了近100万公斤涕灭威,造成16州的地下水遭到污染。在环保机构的监督没有美国那样强大的中国,其使用涕灭威的量,据报道约为每公顷12~15公斤——至少是美国的17倍。对于身为消费者的我们来说,或许永远都感觉不到涕灭威的影响,但是靠近棉花产区的土壤及水资源的这些地区居民大概都会感受得到。当欧洲禁止当地喷洒这些骇人的农药时,生产这些农药的跨国化学公司们却在印度和西非的土地上找到了更广阔的市场。这些地方的政府当局睁一只眼闭一只眼,甚至能让当地农夫使用骇人农药一事得到通融,以便对国际观察员有交代。在过去10年内,还有一种被大量使用的农药,那就是在十个最佳产棉者中就有九个使用的"安杀番"(Endosulfan)。根据农药行动网(Pesticide Action Network)的一份报告指出,这是造成西非棉农死亡的主要元凶。国际卫生组织指出,每年被农药毒死的棉农数在2万~4万人。我在马里听到的哀伤故事是这样的:在一些地方村民无法阅读或是理解写在农药瓶上的警告标示,于是就拿空的罐子装水来喝,因而一命呜呼。类似"安杀番",另一个相当受欢迎的农药"第灭宁"(Deltamethrin,81个产棉国中有43国使用),也属神经型毒剂,且全球年销售总额约为4000万美元。

棉农的悲剧

当非政府组织们努力地将危险的农药列为禁药的同时,部分的印度棉花产业似乎正以同样的努力使用着它们。当穷困潦倒的农夫们陷入愈来愈深的债务危机时,他们只能买进农药消灭害虫,然后祈祷丰收,化险为夷。

但他们许多人的希望都落空了。这导致在 2005 年时,印度的棉花碗私底下被谑称为"自杀带"。发生在那里的悲剧多到连记者都来不及报道,仅能刊登遗孀和孩子带着死去的丈夫或父亲饰以花环的照片。迪欧娜·布莎为印度杂志《前线》(*Frontline*)做的报道,特别使用在古吉拉特邦悲痛的妻子坐在过世丈夫身边的照片,提醒大家勿忘此事。有时这些照片会像在 35 岁时了结自己生命的帕胡巴海·达哈达(Pahubhai Dakhada)的一样,饰以小彩灯,一旁的说明写着:"终生负债,生不如死。"每一位与布莎进行访谈的女性在她们的丈夫自杀以后,都得外出自力更生(寡妇是不准出门的)。

在所有印度记者中,又以布莎和杉娜士(P. Sainath)最应该被记上一笔。她们在这些寡妇带着花环的照片还没有成为杂志老梗之前,就竭力揭发这些事件。在一连串的报道中,杰迪·哈迪卡(Jaideep Hardikar)追查出这些被自杀者遗留下来的寡妇的后续人生。他发现死者的遗孀及女儿会被姻亲那边的家庭逐出。一名寡妇卡堤塔·库梅特(Kavita Kudmethe)告诉他:"我的女儿就和我一样,无力抵抗（来自性及肢体上的）暴力侵害。"

　　印度国家犯罪记录局显示的数据更是令人瞠目结舌。在1997～2008年，印度农场的自杀事件有近20万件。在2008年，印度至少有16190名农夫自杀。当然，他们不全都是棉农，不过其中10797件，或说近70%，都发生在棉花碗地带：马哈拉施特拉邦、安得拉邦、卡纳塔克邦、中央邦以及恰蒂斯加尔邦。而这绝对不是巧合。严重的是，许多记录显示，几乎每30分钟就有1名印度农夫自杀，而且是棉农的概率非常高。许多人在农务的重担与绝望的人生之间，做出了一个最终且惨烈的选择：他们喝下当初用来保护自家棉花的农药，结束了自己的生命。

枯海与荒漠

　　为了便宜的棉花，我们究竟牺牲了多少环境与社会成本呢？想当然耳，有些人在对人民及国家进行的这些卑鄙剥削中大发利市，例如那些在孟买及其他大城中的纺织大亨、棉花商，以及在西方靠快速时尚奠定时尚帝国根基的那些名牌大厂。当消费者舒服地享受温暖宜人的棉质睡衣，或自信帅气地穿着熨烫过的棉质衬衫出门时，当然也不至于心怀愧疚。毕竟，平常有谁会想到棉花对环境有什么伤害呢？

　　不过从生态的角度来看，有些关于"白色黄金"的后果绝不能被忽略。数千里以外的地方，种植棉花带来的生态代价是巨大的。

只种植单一农作物的做法需要负起很大责任。尤其棉花是世界上最需要水分的作物之一：出产 1 吨的棉花，需要 700 万~900 万升的水量。讽刺的是，部分棉花产量的增加却惊人地出现在地球上最缺水的地方。

我拥有的每件棉制品都包含一条庞大的"水足迹"。不仅是栽种棉花，还要加上在制造过程中的用水；产品愈复杂，需要的加工步骤就愈精细。比如说，一条经过水磨石处理的牛仔裤就需要使用更多水量。精确地说——或许哪一天世人终究得开始计算——要制成 1 公斤加工的棉织品（够做成一件牛仔裤），就需要用 1.1 万~2 万升的水；要制造一件约 250 克重的衬衫，则需要 2700 升的水量。

事实上，这样的计算在理解棉花对环境的冲击上仍然只触及皮毛。若是真的希望了解更多，就需要将真正的"水足迹"，包括为了减少在种植及加工棉花过程中产生的土壤盐化污染而使用的水量纳入计算中。要进行这些调查，可能得在法庭上相见。光知道用来制作背心上衣的棉花原料是产自哪里都已经够困难的了，更何况是在哪里染色、是否有一个封闭的循环系统来收集废水并将污染减到最低。然而，环境专家根据经验法则推估，单单制造一件 T 恤，就要花上多达 2 万升的水。

不过统计终究只是统计。直到我看到一些不可思议、前所未见的照片后，我才真正明白对棉花施用农药以及过度灌溉可能会造成什么样的后果。

为了找到和你抽屉里的袜子有直接关联的生态灾难，我们必须前往中亚，一个内陆盆地流域（简单说，就是个很大的咸水湖）。它有6.8万平方公里大，大到被称作是一片"海"——咸海（Aral Sea）。它贯穿中亚，是全世界第四大内陆水域，几个世纪以来亦是几百万名哈萨克斯坦人与乌兹别克斯坦人的生命泉源。

现今在地球上找不到几个比乌兹别克斯坦的城镇木伊纳克（Muynoq）更偏僻的地方了。在照片上我们可以看到一个用来欢迎游客的招牌，上面有着湛蓝的湖水、跳动的鱼，并写着："欢迎来到木伊纳克。"显然这里曾经是一个著名的海滨胜地。我说"曾经"，是因为木伊纳克现在是个只剩下一间间空荡荡的商店以及废弃旅店的荒废城镇。

咸海因为面积消减而受到瞩目，不仅只是因为它的潮水消退了。它的水量在过去20年内已经内缩了大约70里。过去可沿着湖边散步的小径，现今只剩下黄白色的沙地。一堆堆的海草，死寂的海岸，除了死寂还是死寂。在一些地方还看得到一小片闪闪发光的干涸的白尘地带。

木伊纳克的命运在数十年前开始出现转变。前苏联政府当时开始对锡尔河以及阿姆河展开改道工程，这两条河原本将活水注入咸海并且让死水导出。不过，这些水要被引到哪里去呢？引出的原因是什么？答案是为了灌溉整个乌兹别克斯坦及哈萨克斯坦广大的棉田。河流的改道截断了咸海的干流，20世纪80年代末，咸海几乎失去了超过原本一半的水量。同时，大量农药被施用在棉田中。结果便是沙漠化——这个环境灾难的最后阶段，令生态专家最担心的事确实发生了。日积月累,咸海内的盐分一年年地增多。这个再也恢复不了的衰落,威胁着这片生态荒漠,它将无法再变回丰饶的土地。一份联合国于2001年的报告估计,乌兹别克斯坦有46%的可耕地已经受到土壤盐化的侵蚀,且自1995年以来又增加了42%的面积。水中的鱼以及其他生物消失了,支撑6万名渔夫生存的鲤鱼、梭鲈和鲟鱼也不见了。如今这片区域里主要的500种鸟类、200种哺乳动物,还有100种鱼类全都消失不见。1995年,咸海的表面积减少了一半,水量少了1/3,深度更是可怕地减少了19米。

咸海死了,被棉花杀死了。一旦一片海死了,周围人口亦会逐渐凋零散落。3500万名曾经在这片咸海边钓鱼、享受悠闲时光的人们,也随着这片海水一同蒸发了。保守估计,大约有500万人的生计因咸海的消失而受到严重波及,还得生活在一个充满残留化学用剂、盐化的干旱尘暴区中。每年有超过100万吨夹带着农药及家用废料在内的含盐尘土微粒飘浮在空气当中。呼吸道感染是造成孩童死亡的主因,结核病(在一些城镇中,高峰期时每10万人中就有400人感染)更是当地的流行病。饮用水中每升的含盐量超过6克,超出世界卫生组织建议安全标准值的4倍。在过去10年内,死亡率增加了15倍,一些地区的平均寿命减少了5~10年。目前在这整个地区的女性平均寿命为62岁、男性为59岁。

一心只想要更多的廉价棉花的商人与时尚品牌,对于咸海的消失完全不理不睬。但他们不可能不知道它的后果——包括由于咸海的下降,过去分隔陆地与曾被苏联用来进行生物武器测试的沃兹罗日杰尼耶岛（Vozrozhdenya Island）之间的水界也逐渐消失。这座岛曾经被炭疽病所污染，也就是说，在那里生产的便宜棉花也会受此感染。

在灾害接连曝光之后，世界贸易组织及联合国等全球性组织纷纷开始推动保育计划，试图拯救咸海，虽然那儿还剩下什么能拯救的仍未可知。有些行动或许有效，一些特定物种也被再次复育。有时可能还会看到零星的报纸头条上写着有些生命再次回到了咸海，意味着在过去留下的海域中还是有生命的。但进展极慢，而且仅限于受管控的小范围内。当地饱受摧残的居民还有可能恢复生机吗？在这一代不太可能发生。当如今的生锈船只曾经停泊的那一片繁忙的内海沦为今日的不毛之地时，一切已经太迟了。天堂一去不复返。

三分钟的棉花热

"棉花是我很喜欢使用的布料。"永续品牌诺基（Noki's House of Sustanability）的设计师诺基（Dr Noki）如此对我说。"但我很难过它带来了那么多的灾难，因为这实在是一种太好、太好用的布料了。我爱死它了。"诺基的义愤是很少见的。因为他不仅承认棉花背后不为人知的代价，还即知即行，回收被丢弃的棉布料，并加以运用在设计中。同时，他对棉花的重视与敬爱也超乎一般。因为对世界上大多数人来说，棉花再平常不过了。它无所不在、便宜，丢了也不会可惜。

这也是为什么当我在伦敦时尚周开始的前几天,看到身旁乘客拿着的免费的伦敦地铁报 Metro 上面的头条登着"棉花成本上涨!"时,被吓得差点昏过去。这条新闻出乎预料地取代了往往会在时尚周前出现的关于纸片模特儿的讨论,以及是否有初出茅庐的设计师大胆设计了不得体的新款式等新闻。一整天下来,我的电话响个不停,热门时段广播节目《英国广播公司早餐》的制作人要我对"棉花现状"进行评论。媒体的焦点变换得又急又快,这几个小时的焦点全落在这头"植物界的猪"的身上。据说棉花价格之所以突然上涨的原因,是由于现在应该是旱季,但巴基斯坦却遭逢水灾,且印度发生了一场暴雨。但身为消费者的我们,真的在乎这对原料生产者所造成的影响吗?为什么会有人在意棉花价格是否创下 15 年新高,或者较去年贵 50% 呢?另一则头条才真的马上引发消费者的一片哀号:"Primark 警告消费者,由于棉花成本上涨,廉价服饰将画下句点。"

我们不难想见全球廉价棉花短缺以及平价 T 恤时代终结会引发的恐慌。这也不是我第一次怀疑零售商们是否会把真相和盘托出。毕竟,若是认为廉价棉花是唯一能让它们用卖三明治的价格卖衣服的原因,未免也太过天真了。一些分析师指出,由于增值税在 2011 年 1 月调高 20%,无论如何物价都会上涨。还有那些往往被遗忘的纺织工人。常为纺织工人争取加薪权益的来自非政府组织行动救援(Action Aid)的多米尼克·伊格莱顿(Dominic Eagleton)表示:"许多年来,主要零售商一直告诉我们,他们希望以涨价的方式来帮助国外劳工——但它们又不希望惹恼国内的消费者。不过这也说明只要公司愿意,他们就能涨价,毕竟这掌握在他们手里。"但遗憾的是,除非我们做些什么,否则棉花价格的上涨,将只会逼迫追求最大利润的零售商更变本加厉地压榨那些可怜的纺织工人。

布料价格议题只能吸引大众3分钟。几天后,时尚媒体的封面及舆论又变回了大家较熟悉的议题:伦敦反对纸片模特儿的立场,维多莉亚·贝克汉姆在纽约禁用纸片模特儿。棉花热退烧,它的价格及股价与其他商品并列。你可以一边在周日大啖可颂,一边监督你的投资,丝毫不必为农民与工人的福祉费心。对身为投资者的你来说,棉花市场的运作就是这样。一件几乎可以确定的事是:国际棉花价格上涨,并不代表上百万辛苦生产棉花的农民就能将他们的辛苦所得卖出更好的价格,进而让家庭脱离负债。要期待在财务上发生什么滴漏效应[①](financial trickle-down),简直比登天还难。

---

① 编注:滴漏效应指在经济发展过程中并不给予贫困阶层、弱势群体特别的优待,而是由优先发展起来的群体或地区通过消费、就业等方面惠及贫困阶层或地区。该词起源于美国作家威尔·罗杰斯。在经济学层面上经常被用来维护富人利益,即富人消费投资,刺激经济发展,最终惠及穷人,如水之向下"滴漏"。然事实并不如此。作者对此也有讽刺的意味。

08 毛之病

顶级纤维的
大众化与地球的
沙漠化

woolly
Thinking

看了上一章后，你可能会想，连咸海都被毁了，服装产业应该有所警惕了吧？！在这个脆弱的生态系统中大量地榨取资源，真的是愚不可及。可是，时尚业得到教训了吗？果不其然，并没有。更火上加油的是，当紧急生态委员会（Emergency Ecology Committees）召开会议，集思广益为求让生命重返咸海、并终止这个区域继续沙漠化时，下一场灾难却已经开始。这次的主角是全球为之疯狂的特殊布料——克什米尔羊毛。

2005年10~11月的流行趋势是"性感秘书风"。这是一种一再循环的流行打扮（2010年曾经出现在电视剧《广告狂人》[Mad Men]当中，这种打扮毫无创新可言（而且还引发性别平等的争议）。但不管怎么样，它确实成了一种新潮流：一条窄裙，圆领或挖领的衬衫，再搭上一件开襟羊毛衫。正方形的眼镜，而随意搭配放在嘴边的百乐牌圆珠笔，则视情况改变。这股潮流顺利地感染大众，尤其是这种两件式的搭配，不仅能传达出贾姬式（Jackie O）①的简洁大方，而且，在突然遇到气温骤降时，舒服的针织衫也能作为御寒的保证。正是这种风格使欧洲针织衫进入了黄金年代，如Pringle，包括格蕾丝·凯莉（Grace Kelly）在内的大牌明星，皆爱穿该品牌的两件式菱形格纹毛衣现身。另外，这股潮流也带起了黄金布料的黄金时期——其他用来形容克什米尔的昵称还包括"纺织黄金"及"天使羊毛"，但"钻石布料"仍然是最通俗的。这些

---

① 编注：Jackie O 是一个女装品牌。

都显示出我们对其柔软度的狂热。一旦有"粉丝"开始谈论克什米尔羊毛,不用多久就会开始听到像是"恋毛癖"的诡异言论。"当你一触摸到这种织线,时间仿佛静止了,手指无法自拔地身陷其中,接着一阵超越一切俗事的完美触感征服了你。一旦摸过顶级的克什米尔羊毛,你将永难忘怀。"以上内容摘自其余评论都很乏味的《编织评论》(Knittersreview)。大家在形容克什米尔羊毛时,一直都是用形容词的最高级。

  我一向都大方承认自己也对克什米尔羊毛情有独钟。它兼具超乎想象的柔软、异国风情,以及实用于一身。这个传奇始自一个客观事实,那就是全世界只有12个不仅够冷、并且有合适地理条件的区域,能够豢养并稳定产出的真正的克什米尔羊群。这几个真正产出克什米尔羊毛的区域,冬天气温会降到零下40℃,羊群们因此会在柔软到不可思议的细致绒毛上,演化出一层浓密且具保护作用的御寒皮毛,而那细致的绒毛便是俗称的克什米尔羊毛。几百年来全球一致公认,顶级的羊群来自蒙古、中国、印度及伊朗的某些山区。克什米尔羊毛不仅产量稀少,能做成的衣物种类和数量也不多。一头美丽诺羊(一种相对较普通的品种)的羊毛可制作大约24件圆领衫,相较之下,克什米尔羊毛需要3~6头羊儿才能做出一件差不多大小的羊毛衫。

  尽管克什米尔羊毛与苏格兰之间有着难舍难分的纠葛,不过首位在1871年设计出现代化克什米尔羊毛工序的,不是苏格兰人,而是来自英格兰约克夏的约瑟夫·道森(Joseph Dawson)。通过最精心规划的贸易路线与合作伙伴,道森直接向有百年经验、知道该如何将毛从羊腹部梳刷下来的蒙古牧羊人,买进仍带有油脂的克什米尔羊毛料子。不过残酷的是,每年只有在羊群春天换毛时才能采收一次。道森的贡献是找到一个机械化的方法,为带有油脂的克什米尔羊进行"脱毛"(de-hairing,形容将克什米尔原料脱去油脂成为纯羊绒纤维的过程)。受到为数不少有经验的苏格兰织工的吸引,或许还加上一笔创业用的第一桶金,总之道森在苏格兰的金罗斯(Kinross)设立了一座纺织厂。

就是在这里,开始进行制成克什米尔羊毛的繁复的二十道加工手续,包括搥打、拉扯,以及经过各样费力的人工处理,最后才能完成。后期,编织器被引进用来制作毛衣的背面及正面,而接上袖口及螺纹的部分,则需要独立进行。上百名有经验的苏格兰织工,耳后塞着织针,战战兢兢地留意是否有差错的地方,准备要好好地修补任何一点点的失误。最终,在进行原毛染色、梳理成毛球后,就将之缝纫组合起来,并在苏格兰当地的水中漂洗,以得到一种与众不同的柔软感。但老实说,最后在苏格兰水中洗涤的步骤,是有那么点营销迷思在其中的——说真的,哪里的水还不都一样。然后,衣服就会被塞进洗衣机"磨"个30分钟,一直磨到有"触感"就对了。虽然不一定要用苏格兰特维厄特河(Teviot River)的水才可以制作,但任何和苏格兰这片土地有关的事物,都能够有助于编造并强化其正统性,不久后就可以在衣服上缝上夸称是"苏格兰制造"的标签了。事实上,对苏格兰生产的克什米尔羊毛来说,真正的关键始终都在于人工手艺。因此,虽然说羊毛衣物的生产得归功于道森发明的工序,但每件衣服之上都融入了上百位熟知此纤维特色的织工的智慧。

克什米尔羊毛破盘价

不过在2005年时,这匹"钻石布料"却突然满街都是。不再只有专卖昂贵针织衫店的老主顾才能买,而是便宜到人人都买得起。那无疑是最诱人的大众流行话题了:如果你找对地点,就可以找到一件打折后像一个水壶一样便宜的克什米尔毛衣。2007年12月,玛莎百货每分钟卖出两件克什米尔毛衣,而全年克什米尔毛料销售额上涨了400%,服装销售额则上升了7.1%。同时,乐购光是圣诞节期间,在英国就卖出了50万件克什米尔针织衫。

时尚媒体维持一贯审慎、冷静、专业的怀疑态度。(才怪,我当然是在说笑。)事实上,媒体为便宜的克什米尔羊毛而疯狂。新的金母鸡来了。人们醉心于克什米尔羊毛已有好几百年的时间,但这一次引发叽叽喳喳议论的,是它的低价以及亲民性。媒体显然将这种奢侈毛料的"大众化"视为超市用来创造业绩的法宝。"他(乐购总裁泰瑞)就是能让这一切看起来是那么容易,"帕蒂恩斯·威特霍夫特(Patience Wheatcroft)在《泰晤士报》商业版中写着,"……超低价的克什米尔毛衣,连同畅销书、DVD、香水、电子商品,全都被堆在手推车里……"消费者还有专家都陷入某种克什米尔羊毛的歇斯底里中，但也不难想象为什么：以前最便宜也要300英镑的昂贵羊毛，突然只要30英镑就能拥有。对欧洲传统奢侈品的编织工、纺纱工人及制造商来说，要守住最后一道防线并不容易：克什米尔羊毛不断以大量、廉价的姿态进攻市场（经证明市场需求果然庞大）。突然间，周围每个人似乎都受到了欲望的驱使，想拥有每一种颜色的克什米尔羊毛针织衫。"我不敢相信它竟如此柔软，这是从超市买来的耶！"这成了大家茶余饭后的话题。

但这些便宜的羊毛是突然从哪里出现的？你大概也猜得到，这可不简单。这一切甚至可以回溯至2001年，由于中国与苏格兰生产成本上的不对等，导致了后者在财富上的巨大损失。4000名受雇于苏格兰克什米尔羊毛工厂的工人要求的工资，是中国同行的36倍。一场不公平的贸易纷争——虽然聚焦在香蕉而不是布料——也在20世纪90年代引起轩然大波。当时世界贸易组织宣称：对于欧洲进口商独惠西印度地区（例如，来自前殖民地）、忽略中美洲制造商而感到愤怒。在越演越烈的争执下，世贸组织似乎以提升对克什米尔羊毛的进口限制（以及贸易保护主义式的各种屏障）来进行报复。也就是说，在2004年之前，外国制造商可以自由地把便宜的克什米尔羊毛倾销到英国市场。也就是从这个时候开始，我们首次瞥见英国零售商在对待克什米尔毛制品时采用了"薄利多销"的手法。

随着《多种纤维协定》（Multi Fibre Arrangement）的废止，另一项贸易协议成了全球争论的主题。2005年时，所有对克什米尔羊

08 毛之病

毛（和其他布料）的贸易藩篱都被消除。这似乎为中国纺织产业带来了他们所需的关键性现金、能源以及承诺。他们早就打造了一个巨大的纺织产业：2007 年，大朗镇（号称"中国羊毛衫名镇"）一年居然能生产出 12 亿件针织衫。渐渐地，这些工厂也都变得高科技及计算机化，能够纺织出更细致的布料。不久后，2 万名工人大军操作这些进口机器，全年无休地纺织着白色的克什米尔毛料。多数在英国超市及大众流行店中跳楼大甩卖的克什米尔羊毛针织衫，可能都得感谢鄂尔多斯（Erdos）这家大型的克什米尔羊毛制造商。它来自中国的内蒙古，公司的宗旨是："温暖全世界"。克什米尔羊毛因而成了中国的一棵摇钱树：在 2010 年 3~9 月这半年间，"钻石毛料"的出口估计为中国赚进约 9 亿美元。即使全球经济都在走下坡路，它依旧较上一年有所增长。

如果克什米尔羊毛是一种产量丰富的天然资源，那么这一切可能都还顺理成章。但它不是。全球的克什米尔羊毛"剪收率"（clip，表示羊毛产量的专有名词）维持在 1.6 万吨（相当于每年新西兰出口到日本的胡萝卜量，相当少）。然而，乐购在 2006 年卖出克什米尔毛制品的量是 2005 年的 3 倍，且这个数字仍在不断增长。这不禁让你怀疑，这些衣物都是从哪儿来的呢？现今中国的年生产量为 1.2 万吨，占了全球所需的 3/4，其中大多数是跨过边界向隔壁的蒙古国买来的。

为什么你该花更多的钱，买更少的衣服？ To Die for : Is Fashion Wearing out the World?

22 英镑 + 14 英镑

超市克什米尔毛衣内搭加罩衫两件式

100%克什米尔羊毛

看来我就是个经济奇迹,象征着人人都可以拥有奢侈品!

为什么我是如此诱人地柔软又便宜呢?!

多亏了中国,你才能随性地拿起这种"钻石布料",并且丢进那个已经装着冷冻豌豆和量贩包装鸡胸肉的手推车里。现在全中国有2000家贩卖克什米尔羊毛的公司,它们一共掌握全球克什米尔羊毛剪收率的93%。但这造成了很大的生态压力:尤其是内蒙古的阿拉善平原(Alashan plains)必须要撑得住山羊群数不断增加而造成的脆弱生态系统,这也是使我们能够又快又便宜地取得这种毛料的原因。不过,也不是我身上的所有部分都来自异国。拜托请不要用显微镜来照我,没错,我的标签上说是100%克什米尔羊毛,但经测试后显示,严格来说我只有88.3%的克什米尔羊毛。所有的这些压力、日渐增多的羊群以及产品的周期,导致公司对质量愈来愈不讲究了。曾经这种"钻石毛料"是你能够想象到最柔顺丝滑的东西了,直径只有18.5微米(一根人类头发直径是60微米),如今已渐渐增至26微米。此外,我身上的纤维有3.2%是一般羊毛、6.5%老实说我也分不出来是什么、0.7%是兔毛——如果你对使用动物的皮毛感到不舒服的话,不好意思哦。不过你知道的,走向大众化总是要付出代价的嘛。

老实商标™

当山羊赶走骆驼

一如既往,你必须要先知道某种布料在被无情剥削的情况下,真正得付出的成本是多少。在克什米尔羊毛的例子中,我一直理不出个头绪来,直到我阅读了获奖无数的《芝加哥论坛报》记者暨北京办公室主任欧逸文(Evan Osnos)的一篇报道才拨云见日。该篇文章的标题义正词严地写着《在低价克什米尔毛衣背后的隐藏成本》(That Low-Priced Cashmere Sweater has a Hidden Cost)。有时你会读到一些真正掷地有声的文章,例如这一篇。欧逸文的文章彻底地说服了我,我们必须立刻正视时尚潮流滥用克什米尔羊毛的问题。在欧逸文耐心地将克什米尔羊毛与这场针织衫革命造成的生态及社会影响图景拼凑起来以前,很少有人会将这场针织衫潮与戈壁沙漠西边阿拉善平原的命运联系在一起。对全球数百万名买下便宜克什米尔毛料的消费者来说,这意味着一项环保大失策。这关系着 5000 英里外的生态破坏,且每年有 3.3 万人死于因此导致的空气污染之中。在这场廉价克什米尔羊毛热潮中,快速时尚零售商所赚进的大把钞票直接牵动着内蒙古牧羊人的命运。

这里的原住民,也是成吉思汗的直系后裔,仍有部分是进行游牧的放牧人。1990 年,当蒙古从中国独立出来,并且废止集体农庄制度后,他们便拥有了自己驯养的动物。2004 年时,能产出克什米尔羊毛的戈壁山羊量从原先的 240 万头飙升到近 2600 万头。若没有这样的增长，根本就不会出现廉价克什米尔羊毛现象。

　　由于对克什米尔羊毛的大量需求，山羊的育种速度在过去10年间比其他家畜的成长都来得更快。此外，一只山羊其实需要花上4年才长得出足够制成一件毛衣的毛量。但有一个迫切的问题：是否有一种可以使山羊更快地长出克什米尔羊毛或是加倍产出的方式呢？当我们还在谈论这个问题时，已经有人开始着手研究了。这个产业究竟有多急着满足饥渴又爱贪小便宜的顾客呢？其实苏格兰山羊的精子已经出口到了哈萨克斯坦，试图提高当地初生羊群的质量。我们就拭目以待吧。

　　和许多与气候变迁有关的顾虑，譬如澳大利亚的干旱、加州的森林大火以及过度使用石油等相比，我们很容易忽略占据戈壁沙漠西南方一角的阿拉善平原或曰阿拉善高原。这个区域相当偏远。

　　阿拉善有着世界上最大的几个沙丘：这些超大沙丘是由粗糙且颗粒一致的沙砾所形成的。这使得它们当中能留有空隙储蓄落下的雨滴，使植物得以从中生长。而植物的根又可以稳固沙砾，新的沙丘就是靠着底下的植物尘埃落定，然后长在其上。作家唐纳文·韦布斯特（Donovan Webster）2002年时为了一项国家地理频道的任务旅行到了阿拉善，他形容这超大沙丘就像是"一张披着魔鬼毡的床"。这是一个睿智的形容，而这生态系统也同样睿智（但非常脆弱）。只要除去当中的一项元素，整个系统就会面临崩塌的危险——或者引起巨大的沙尘暴，造成极严重的空气污染。

　　因此，当部分时尚产业乐得合不拢嘴时，为迎接愈来愈多廉价的克什米尔羊毛的到来而摩拳擦掌时,环保人士已经预言了一场可能来到的灾难。2002年,一项科学评估指出,戈壁地区每一年就有大约2460平方公里(自1950年代以来增加了50%)的面积变成沙漠。从欧逸文的证据可以看出,由于区域内开设了太多克什米尔羊毛工厂,导致限时供水成了工厂在运作时的必要原则。

抱歉,我得在这里稍微调低一点音量,但是"骆驼趾"(camel toe)这个用法,已经在时尚界流传已久(如果你不知道我在说什么,那我悄悄地告诉你:这指的是当女性穿着太紧的裤子时,会引起的一点遐想空间)。不过,在阿拉善高原上,骆驼的脚趾却有助于维持区域内尚未遭到破坏的精致地质结构,将人类带来的冲击降到最低。如此一来,便能够对抗所有的不利条件,维持沙丘的结构。阿拉善的地势与有着宽大软蹄的骆驼来说,可说是天生一对、一拍即合。沙丘上仅有相当稀少的植被,但对骆驼来说已经够了,而它们那大又软的双蹄刚好可以帮助稳固沙丘。而现今横跨内蒙古(包括阿拉善平原在内)的约2600万头的羊群全用小小的双蹄踩踩着地面,加上它们习于吃下所有出现在眼前的东西,这就不难理解,这些羊群及其产出的廉价克什米尔羊毛会以前所未有的规模及速度加速沙漠化。

一旦没有固定住沙丘的草和矮树,阿拉善的沙漠一年扩张近1036平方公里。影响之一,就是扬起一阵阵沙尘暴,穿越整片沙漠。当它跨越中国时,一般认为亦夹带由中国火力发电厂及其他工业产生的有毒的污染源,随着跨太平洋的气流传播,形成一条空中的沙尘带及污染毒龙。其危害可以日渐在美国西部各州感受到。如同欧逸文所说，2001 年，来自亚洲的尘土要对那里空气质量最糟糕的日子负起 40% 的责任。这对尽力要达到严格的联邦空气质量标准的美国各大城市来说，可是一个噩耗。不过可别忘了，污染是不分国界的；某方面也可以说，这越洋飘来的污染是购买 1500 万件（2005 年中国出口到美国的数量）毛衣产品的美国罪有应得的。

风沙、沙漠化、污染，这些听起来都不妙。不过，这是否象征着让穷人及历史上被压迫的弱势再次复苏所必须付出的公平代价呢？但事实上这根本不是一个道德难题，因为事情根本不是这样。发生在阿拉善平原上的环境伤害，恰好构成了一个时尚产业涸泽而渔的例子。

自 20 世纪 90 年代蒙古放弃共产主义以来，"数蹄子过日子"成了脱贫致富的不二法门。如同社会农学家珍尼弗·布兹（Jennifer Butz）在《纽约今日报》（*Newsday*）中所述："结果就是……牲口的数量急遽增加。因此，沙漠也干了，克什米尔羊毛的质量也下滑了。"

我们已经看到沙漠化带来的影响，不过除了感觉到我们睡觉时穿的袜子不再那么舒适以外，我们为什么要在意质量下滑呢？嗯，事实上这才是关键。针对克什米尔毛料有一个国际标准（愤世嫉俗者可能会说，只要是和时尚有关的事，除了劳工条件以外，似乎都有个国际标准），即纤维直径平均不得大于 18.5 微米。一根人类头发的平均直径是 60 微米，相比起来粗多了。最近有分析指出，克什米尔羊毛纤维有变粗的现象。这拜两个趋势所赐：一是交叉繁殖——为了维持克什米尔羊毛的产出量，几家农场开始将蒙古的山羊和俄国的山羊混种，这显然会影响质量——及羊群日益严重营养不良，另一个趋势就是沙漠化。

专家们警告，这种毛质变粗的事，是不可逆的。宏观来看，这可能不是一件太严重的事（"救命啊！我的克什米尔羊毛不像以前那么丝滑柔顺了！"听起来真是过惯好日子的无病呻吟），但其实它是。因为这开创了一个非常奇怪的先例。在这里我们有一个靠着如丝般迷人的高级毛料支撑的精品市场，但来自市场的压力却改变了该毛料的天然本质。"灾难就要发生了，"为世界银行做出名为《从山羊到外套》报告的澳大利亚家畜专家罗夫·凡盖德（Ralph van Gelder）预测，"这绝对是恶性循环，一个在生态、环境、科技及经济上的恶性循环。"

内蒙古人的身份认同与草原紧紧相连，但在阿拉善放牧山羊的环境条件却日渐艰难。根据当地民间传说，当生于斯长于斯的克什米尔羊毛贸易做成了，内蒙古也就跟着发达了。奋力维持克什米尔羊毛产业的活跃、纯净以及毛料的高质量，是内蒙古不可轻视的发展重点。若是管理得当，此"钻石毛料"应该能够保障内蒙古未来的繁荣，并且代代相传。内蒙古羊毛品牌鄂尔多斯的总裁王林祥指出："我们为这些国家提供毛料（像美国、土耳其、墨西哥等其他国家的纺织团体皆抗议中国对克什米尔产业的蚕食鲸吞）。若是没有克什米尔羊毛，他们啥事也做不成。实在没道理对我们再定下更多的限制。他们如果再得了便宜还卖乖地继续强加限制,不再卖给他们就是了!"这么一来,"温暖全世界"的口号听来有些讽刺。在写作本书的同时,关于克什米尔羊毛的争讨声浪,好像就这样消减了。

质量,质量是关键

这是否意味着我们应该从此打消任何购买克什米尔羊毛的念头呢?不见得。去年我决定分配一些购衣预算,花在一些质量好的克什米尔羊毛上。于是,我向一家美国公司 Stewart + Brown 买了 3 件"永续的"克什米尔毛衣。事实上这家公司包办自家所产克什米尔羊毛产品的所有加工步骤,并且与挑选过的内蒙古牧农合作,保证付给少量山羊身上产出的克什米尔羊毛合理的价钱,再以符合标准的方式加工。当然,这一切并不便宜。但说真的,永续的克什米尔本来也就不应该是便宜的——毕竟,羊毛出在羊身上。一件货真价实的克什米尔羊毛衫至少要 200 英镑,你可能会觉得贵得买不下手。不过这就是人生中一个令人无可奈何的现实:轻易拥有一件克什米尔毛衣可不是什么天赋人权。当然,你可以将拥有一件克什米尔衣物视为长期投资,一件你可以投注许多关爱去清洗,然后在夏天的这几个月将它收起来(然后与蛀虫展开永无止尽的大战)的宝贝,你会缝缝补补个十年甚至更久。这就是我的态度。

我买了一件附腰带的宽松长版钩针编织羊毛衫、一件深紫色套头毛衣，还有一件织有灰色边饰、下缘打上折边的绝美羊毛衫。若我说它们让天寒地冻的冬天绽放阳光，听来是有些夸张，不过它们真的做到了。它们提供了所有你期待的"钻石毛料"能带给你的：极度的温暖与柔软，并且它们为我带来了那种——在我衣柜中缺席已久的——就算 18 个月后再穿上它们，仍像是第一次的期待感。事实上，我真心期待每天都可以穿上它们。当我的狗咬烂其中一件羊毛衫的翻领时，我差点气疯，直到我发现原来 Stewart + Brown 可以替我修补：克什米尔羊毛上的洞，几乎都可以由织工进行修补。夏天来临时，我离情依依地将它们收藏起来，密封在棉袋里再加上一些（有机的）驱虫剂。它们真的是那种我想要与之白头偕老的单品，而且因为它们一件要价超过 200 英镑，我也必须让它们穿得愈久愈好。这有点像是在屋顶上加装了太阳能板：回收效益需要一段可观的时间，但是值得吗？我认为是的。这是真正的奢侈，感觉不一样。

一件好的克什米尔服饰可穿上 20~40 年。苏格兰克什米尔羊毛制造商，已经进行旧克什米尔翻新服务好几年了。如同一名克什米尔羊毛裁剪师观察到的："如果某人把一件穿了 15~20 年之久的毛衣寄回来修整，一点都不奇怪。只要照着恰当的清洗方式，基本上纱线可以维持住原有结构，所以若只是外形有点过时，想拿回来修改或做些小改变，并不是不可以。"

简言之，耐久性是克什米尔羊毛的价值所在。无论如何争吵关于克什米尔羊毛的产地、比例及质量，问题的症结在于，有限的天然原料不能任时尚产业那样,仿佛取之不尽、用之不竭那般对待。一旦快速时尚开始成为主导力量,阿拉善这块古老且独一无二的大地的命运就这样终结了。身为一名对此有意识的时尚消费者,你可以选择不要像满街路人一样穿着相同的材质。更何况,谁想要永远忠于一种毛料呢?把爱传出去吧。

后起之秀美丽诺

当主流的克什米尔羊毛产业匆匆脱下代代相传、精心打造的奢华外衣,将自家货品"大众化"的同时,另一种产业可是正忙于将自己推销成为上选的精致毛料。它没有稀有到需要从山羊腹部梳剪下来那种程度,而只是绵羊的毛。它也不是像学校制服那样穿起来刺刺的老式羊毛,而是越来越被当作高档天然珍品的美丽诺羊毛。有人夸张地说,美丽诺可不是一般普通的毛料。它如丝一般的顺滑、柔软,还非常有可持续性。澳大利亚羊毛创新组织(Australian Wool Innovation,一间由羊毛生产者创办的组织,致力于营销美丽诺羊毛)自视甚高地说:"美丽诺羊毛:科学、艺术与进化。"我对它也爱不释手。我衣柜里至少有10件美丽诺毛衣,可见它有多讨喜。细致(fine)与超细致(superfine)的美丽诺羊毛与当代时尚搭配得天衣无缝。一件超细致美丽诺的微米直径在18~24微米,与克什米尔羊毛几乎难分轩轾,而且产量也较大。说美丽诺羊毛对澳大利亚很重要,都还嫌含蓄了。只有中国拥有比澳大利亚更多的绵羊数,但前者出产的羊毛比较少。几乎难以想象，澳大利亚拥有1.07亿只绵羊，畜养面积更占了全澳大利亚土地面积的1/4。2006～2007年，未经加工的羊毛产量达4.25亿公斤，其中88%是美丽诺羊毛。另一个巨大的羊毛产出国新西兰也同样正朝美丽诺羊毛大国迈进。

澳大利亚和新西兰的羊毛相关部门皆不停地告诉我很难找到像美丽诺那样环保的毛料。因为它天生斥水（防水），因此不需要再使用化学防水剂，而且它具有"自然""生物可分解性"以及"可持续性"等特性。有些研究甚至指出，若是管理妥当，草地上的羊群还能够供给土壤需要的充足养分，产生像碳汇（carbon sink）这样的功能（吸走并锁住二氧化碳，使其不被释放到空气中，降低温室效应的程度），因此是一项对环境有利的资产。也许，我们真能一路编织出绿色乌托邦呢。同时，澳大利亚羊毛基金会也信誓旦旦地表示："没有一种人造纤维能复制出甚至接近美丽诺羊毛与生俱来的种种天然特性。"虽然在使用容易以偏概全的"天然"一词时，总是要特别小心，不过这个产业站得住脚。事实上，由于羊毛并非来自石油，称得上可再生资源（renewable），因此从环保方面来说，较合成纤维占上风。另外，"生物可分解性"（biodegradable）的意思是说，尽管使用年限相当久，但最终还是能够回归到泥土中，不像人造合成物，大概就得花上数百年的时间才能分解（我该补充说明，被丢进垃圾桶的美丽诺毛衣大概就不会这么幸运。因为，从技术上来说，掩埋场是无氧的，所以物质大概很难被生物分解）。根据这个产业的说法，澳大利亚的美丽诺羊毛产品只使用少量的合成化学药剂,并且,99% 的羊生活在郊外"一望无际的草原上"。干净、环保,又自由,夫复何求?然而,相较于独领风骚的人造纤维,如今羊毛在所有纤维中只占不到 2% 的销售量。

尽管我认为羊毛有许多环保上的优点,但不禁还是怀疑,难道我们光靠加倍消费毛袜就能改变世界吗?羊毛不可能不留下碳足迹,即使是美丽诺。2009 年时,在全球剪下的 110 万吨羊毛中,只有 0.1% 是有机的。根据最基本的要求,"有机"意味着牧场上使用的农药或施打在羊身上的抗寄生虫剂都不能是化学的,尤其是后者特别难做到。2005 年,使用在绵羊身上最频繁的三大杀虫剂可区别为以下三种:对人类具有"轻微急性"毒性、对水中生物具有"中至重度"毒性以及"疑似含有内分泌干扰素"。英国农场的研究也指出,浴羊药液(sheepdip)① 中所含的杀虫剂,对于从事浸泡工作的工人会带来神经系统的损伤。并且,在清洁油腻的羊毛的过程中,许多加工步骤都极有可能产生污染或大量消耗能源及水。

另外,羊毛工业也会排放温室气体。许多牲畜的胃在反刍时都会产生甲烷,这解释了为什么很多人认为牛放屁会导致全球变暖。但我敢说,牲畜打出来的嗝比放出来的屁带来更多问题。不管怎么说,大量的美丽诺羊群在排放气体这方面确实是难辞其咎。就连澳大利亚羊毛基金会也承认:"生物排放出的甲烷仍是一个主要问题。"一份澳大利亚学术研究成果指出,1 公斤羊毛生命周期的温室

---

① 译注:用来杀死躲在羊毛中的昆虫的消毒液。

气体排放量，远比小麦和羊肉来得高。换句话说，制造羊毛所需付出的环境代价，比小麦和羊肉都来得高。然而，这份研究不光只针对上述的肠内甲烷排放量进行计算，也将肥料、杀虫剂及剪下的羊毛纳入计算。这个产业中的大户们，正在努力改进并且认证他们的绿色标章。事实上，我甚至敢大胆地说，他们在依然故我生产大量羊毛的同时，亦看到了一线减少牲畜排放量的生机。所以，或许我们可以期待未来的羊毛生产者在选择羊品种时，能以排放较少的甲烷为其中一个标准。这个产业似乎在向我们保证，不久的将来，我们对超细致、如丝般纤维的爱，将可以与拯救地球的工作携手共进。我们在面对衣柜里小件针织衫和精致的羊毛窄裙时，还能够对得起良心。

整体来说，我认为羊毛是个好东西，我也想为我的衣柜再添几件。不过前提是，要在我确认过它通过环保性审查再说。同时，另一件值得留意的事是关于地球能否承受如此大量的羊群。发生在克什米尔羊毛及阿拉善高原上的故事，很容易让人联想到过去存在但现今已经消失的大农场（estancias）。那片曾在巴塔哥尼亚占地2400多公里宽、一望无际的绵羊农场。我用过去式来表达这件事，是因为20世纪80年代突然兴起的大农场现在已经绝迹了。但这并不是由于人类集体意识到，把上千头羊豢养在如此脆弱的生态系统中是多么愚蠢的事，而是因为过度的放牧导致了沙漠化才不得不放弃。一度养着1.2万头绵羊的巴塔哥尼亚绵羊产业心脏地带，圣塔克鲁斯省内的小镇佩里托·莫雷诺（Perito Moreno），在2004年只剩下

3000头羊。最近几年,由澳大利亚领军的全球羊毛产业放慢了脚步,因为澳大利亚东部及南部地区出现了严重干旱。没有了水,大规模的羊毛产业便没了支持,难道这不该被视为是一记警钟吗?

英国羊毛:从大萧条到复兴

与其从世界的另一端买来羊毛,并造成他国的污染,一小群由设计师和消费者组成的团体追问:为什么我们不能在离家里近一点的地方生产本地的羊毛呢?这也引发了下一个问题:英国的羊毛产业到底是怎么了?羊毛与英国的畜牧业与工业都有着千丝万缕的历史渊源,任谁都不可能忽视。以自14世纪以来上议院议长即坐在塞满英国羊毛的羊毛袋(Woolsack)上为例似乎有点过头,不过这正象征着羊毛在英国经济史上曾经受到的重视。但你不需要回到几百年前就能发现羊毛扮演的重要角色。直到最近,英国有过一个精纺的毛料产业——用来制作西装的纱线——且能与意大利匹敌。不过到了2000年,一份悲观的政府商业报告指出:"意大利出口的精纺羊毛布料与男性西装数量,分别超出英国15倍及12倍之多。"

英国当然还产羊毛,只不过量不是那么大。2009年的统计数据显示,英国平均每年有1650万头羊和羔羊被宰杀,售出2.9万吨羊毛(几乎是20世纪90年代的两倍),占全球剪收率的1/75。全英国剪下的羊毛都会被送至"羊毛销售委员会"(Wool Marketing Board)这个设立于20世纪50年代、扮演中间人角色的单位来销售。

事实上，根据法律，所有的英国羊毛都必须被卖到此处，经过分级，然后在位于布拉福的拍卖会上出售。不出所料，这个产业现在很不景气。羊毛价格一落千丈——2009年时的最低点是每公斤仅卖出66分钱（一路从1997年时的93分落到如此景况）——剩下的牧羊人往往进退两难。剪羊毛的成本是每只1.2英镑，牧民根本无法回本。要么没有人买羊毛，要么就是价钱低到牧民光是运费都回不了本。于是很多人干脆把羊毛烧了。全球的牧羊人都在抱怨惨淡的羊毛价格。例如，2010年，新西兰的羊毛价格落到15年来的最低点。在英国则是有些牧羊人把绵羊当肉羊卖。干脆不要毛，吃肉就好。

局面一度令人担忧，但还好，最糟的没有发生。2010年初，这个产业信心满满地做好重返时尚产业的准备。查尔斯王子与康泰纳士出版集团（Condé Nast）的主席尼古拉斯·柯瑞奇（Nicholas Coleridge）发起了"羊毛运动"，希望给予羊毛一个新的"绿色"标章，并让羊毛新潮起来，让价格提升到合理的水平。在9月时装周开始前一周还有一场"羊毛周"：萨佛街上铺满了草皮，羊群安详地在上面吃着草，好让英国媒体和消费者能近距离欣赏这些美丽的生物。

此外，骤减的不只是绵羊数，还包括种类。本地品种不但不被重视，还被残酷地冷落。曾几何时，英国每个地区都发展出可以应付各种环境，并带有自己特色的绵羊——例如放牧在高地的羊，就发展出特别耐寒的皮毛——渐渐地，也合情合理，牧民们都希望养出肉多且能在屠宰场上卖出好价钱的绵羊。但随着2001年口蹄疫危机而来的强制宰杀，英国绵羊品种的多样性受到重创。它之所以能生存下来，全靠着发展绵羊基因银行的"绵羊信托基金"（Sheep Trust）。不过，我们还没有脱离险境。全球每年产出超过10亿头绵羊，但却是来自一个品种正在急遽锐减的基因库。在2010年被列入"濒临绝种"的观察名单中，有300种绵羊被列为"极度濒临绝种"（能育种的数目低于2000只）、500种"濒临绝种"、900种"有濒临绝种的可能"。

不过，为什么一名时尚达人需要在意绵羊品种呢？问题不只在于失去多样性而已，还因为多样性的减少意味着在生态韧性的减弱。据联合国粮农组织估计，每周地球上某个角落都至少有一种传统牲畜灭绝。一个花了上千万年进化而成的物种，却可以在短至50年之内消失；并且一旦消失，便不可逆。正如印度环保运动人士暨经济学家凡达娜·施娃（Vandana Shiva）所说："除非我们的生产逻辑先把生物多样性纳入考虑，不然可持续、正义与和平都不可能实现。在我们的时代，培育及保育多样性并不奢侈，而是一种生存下去的必需。单一性并非自然之道，多样性才是。"这也适用在绵羊身上。

一个由时尚设计师与发明家组成、势单力薄但活力无限的团体，深受上述道理启发。或许他们无法像鄂尔多斯那样全年无休地运作，但他们借着运用、发挥稀有羊群身上的上等毛料，发动一场小虾米对大鲸鱼的战争，希望借此恢复英国羊毛在时尚产业的荣景。由伊索贝·戴维斯（Isobel Davies）成立的品牌Izzy Lane，受到她奉行的素食主义原则的激励，也以同样的角度来看绵羊在羊毛产业中受到的不人道对待。此外，看到英国人遗弃了他们光荣的羊毛工业传统，也让她忍无可忍。她不在意别人会投以怎样的异样眼光，开始在拍卖场上"抢救"稀有品种的绵羊，尤其是"文斯利代尔"（Wensleydales，有着特别长卷毛的绵羊，目前只剩下1800只可繁殖的母羊）和"昔得兰"（Shetland，全世界只剩下3000只）。她繁殖起这群品种稀有但没人要的羊——现在大约有600只——另外她还研发出一条时尚产品线。Izzy Lane另一个突出的卖点是，其线纱是由英国仅存的51名精纺织工，在位于布拉德福德（Bradford）的最后一间染坊以及塞克克（Selkirk）的一间古老工厂进行加工的。此外，Izzy Lane的网上目录（www.izzylane.com）是以品种和毛料作为分类方式——来自小小苏格兰羊群的文斯利代尔、昔得兰，或克什米尔羊毛，任君挑选。看过这么多时尚品牌与商品，我想不到还有哪本目录是这样编排的。

作为一种突起之异军，尽管效果有限，但我认为意义非凡。Izzy Lane也和模特儿兼演员莉莉·蔻儿（Lily Cole）、凯瑟琳·普东（Katherine Poulton）以及艾莉丝·艾什比（Alice Asgby）合作，推出North Circular品牌。这个品牌刻意特立独行。在收到订单后，便交由一组老奶奶进行缝纫，这可以说是对抗快速时尚的撒手锏（虽然我确定那些专家级老奶奶的手脚一定相当麻利）。但主流市场对North Circular的反应却意外地热烈：2010年圣诞节时，它们在知名商场Jigsaw开卖——虽然不论是绵羊还是老奶奶，都生产不出数十万件的产品量。乐购曾向Izzy Lane下了多种款式的订单，它本有走向主流大众的可能,但这个机会却遭到羊毛销售委员会(Wool Marketing Board)的大力阻挠,原因是该委员会拒绝在该产品上贴出一个动物福利的标章。而拒绝的理由是:特别标示这家品牌对其他品牌似乎不公平。但这又会引发另一种怀疑:对消费者来说,无法在主流市场买到一件良心供应链出产的羊毛衣,难道就不是一种不公平吗?

与此同时,康瓦尔郡冲浪品牌 Finisterre 的负责人汤姆·波德科林斯基(Tom Podkolinski),以一只绵羊的投影片作为他对时尚产业发表谈话时的结尾:"这难道不是一只长得好看的绵羊吗?"他问观众,但台下一点反应也没有,甚至还有人皱起眉头。但这的确是一只可爱的绵羊。事实上,它也是波德科林斯基为了自己的品牌耗时费力投入研发的纤维的基础。当他得知英国本土羊毛的细致度不够,无法制造出 Finisterre 想要供冲浪者使用的排汗衣、无边线帽和袜子时,他简直无法相信。于是只好自己着手寻找理想中的黄金羊毛。这趟旅程可能没有像听起来的那么壮阔,但绝对辛苦。为了找到他要的,他花了好几个月的时间,试图在英国羊毛产业中淘金。最后他偶然看到几篇来自位于阿伯丁(Aberdeen)的麦考利土地使用研究机构(Macaulay Land Use Research Institute)的报告,其中详细记载了如何混种昔得兰羊(全英国羊毛最细致的品种)及萨克森美丽诺羊(Saxon Merino,全世界羊毛最细致的品种),以生出博蒙特羊(Bowmont)。

乍看之下,顶着白发、戴着眼镜的莱丝丽·派洛(Lesley

为什么你该花更多的钱，
买更少的衣服？

To Die for :
Is Fashion Wearing out the World?

Prior）似乎不太像能够提供 Finisterre 协助的人，不过这位来自艾克斯摩尔山脉（Exmoor）的绵羊专家，成了 Finisterre 毛料拼图中的最后一块。波德科林斯基在莱丝丽的农场里找到了当时全世界硕果仅存的 30 只博蒙特羊。"自从麦考利机构结束对农场的研究后，便宰杀了他们所有剩下的博蒙特羊，"她说，"我拥有英国唯一血统证明纯正、通过质量测试的博蒙特羊群，这里每只绵羊的谱系都比我的还要长，甚至可追溯至昔得兰与美丽诺最原始的配种。"过去3年来，她与 Finisterre 合作，将羊群从 30 只增加到了 80 只。当你在阅读这些文字时，若是一切顺利，由英国博蒙特羊毛制成的第一批产品应该已经上市了。没错，这些产品虽然仅占时尚市场中极小的一部分：80 只羊完全无法与新、澳 4 万只美丽诺羊群竞争。但我欣赏的是，这是一个大胆创新、踏实逐梦的例子。设计师花上时间与精力，投入供应链中，直到他找到自己一直在寻找的永续秘方。相较于只会从总公司办公室传真订单到工厂的时尚大厂，身为一名消费者的我，敬佩的是 Finisterre 的做法。尽管他们的产品较少，且必须等待，甚至其羊毛还会和其他纤维进行混纺（以拓展他种机能性），但我想买的不只是一件套头毛衣而已，而是背后的故事、精神与绵羊。

09

令人
又爱又恨的
皮草

Animal Prints

一旦弄清楚羊毛故事中的任一环节，另一个大家心照不宣的议题很快就会浮出水面：动物福利。当多数绵羊自由放牧在广袤的草地上时，另一种能产出极纤细的奢华纤维的方法，却是将绵羊豢养在栏圈内。成千上万的绵羊穿着奇怪的帆布衣被囚禁在栏圈里，目的是保护羊毛不受损。这些萨克森美丽诺绵羊一直养在室内，产出的羊毛名为夏利亚（sharlea，虽然夏利亚这个名词在技术上指的是羊毛而不是品种，不过这种产出夏利亚羊毛的羊往往也称为夏利亚绵羊）。动物保护人士表示，这些绵羊被施以不人道的对待。虽然动物沦为牺牲品，羊毛却完全不然。顶级羊毛俨然成为羊毛交易中愈来愈有利可图的部分。英国防止虐待动物协会表示，来自夏利亚绵羊的顶级羊毛现今占澳大利亚羊毛市场的12%。随着夏利亚羊逐渐为人所知，许多人认为这种"栏圈式绵羊"的豢养方式不可原谅。想当然耳，豢养者对于虐待动物的指控非常不悦，并且全盘否认，宣称那些在栏圈内生活的绵羊受到的都是人道的待遇。不过，同样地，对消费者来说，困难的地方正在于，如何才能知道身穿的羊毛纤维是怎么被制造出来的？这下你了解了吧？除非像新西兰生产的羊毛那样提供可追溯来源的条形码，否则你怎么知道身上这件衣服或外套的羊毛纤维，不是来自栏圈内的绵羊呢？

谈到容忍度，则又牵涉到更多问题。国际素食者为动物发声组织（Vegetarians International Voice for Animals，它的缩写名称Viva更广为人知）的费欧娜·卡布莱斯（Fiona Galbraith）在2009年的报告《为羊毛而死》（*Died for Wool*）中，列出了一些与羊毛产品相关的动物福利议题，包括因太早被带离母亲身旁而死、残废、遭受疾病，还有其他的恐怖遭遇，如传染性流产、饿死、未成熟宰杀、去势、被粗暴执行剃毛。她提出的结论毫无悬念：抵制羊毛。

抵制羊毛

购买羊毛形同于支持残酷的绵羊饲养方式。一般常误以为剃毛对绵羊来说是有好处的。在长年选择性的培育下，绵羊在夏天不再能脱去足够分量的毛，但这不代表绵羊在被剪毛时是愉快的；它们被剪毛是为了那份财务上的利润。一旦它们无法再提供高质量（高获利）的羊毛，就会遭到宰杀，皮会被扒去，加工做成羊毛制品。有些人误以为羊毛出自于快乐的绵羊身上；但事实上，你买的羊毛极可能是从一只死羊身上扒下来的。

老实说，这种饱含意识形态的立场对我来说太极端了，相信对许多消费者来说也是如此。比如说，卡布莱斯担心绵羊的一生都活在人类的掌控之下，但我不确定自己是否会担心这方面。所有的牧养作业本来就需要一定程度的人类管控，而且多数人也不认为这样的做法就会让牧养工作站不住脚。然而，我的确认为在牧养方式的执行面上，会有人道与不人道之别。这又回到每个人的容忍度问题了。农夫可能视为必要的一种做法，在非务农的消费者眼中，或许会觉得太过野蛮。

去皮法（mulesing）就是一个很好的例子。若你对这门技术不熟，就会觉得它毫无疑问是一种可怕的手法。肥嘟嘟的美丽诺绵羊皮肤上有许多褶皱——毕竟愈多的皮肤，代表可以生产愈多羊毛。但它们很容易受蝇蛆病所苦，当绿头苍蝇在这些皮肤褶皱内，尤其是在臀部的皮肤上产卵后，几乎立刻就孵化成蛆。这导致一种非常恐怖的寄生虫疾病，最终造成羊只痛苦而死。为了避免这样的结局，羊毛饲主会对出现病征的区域采取一种看似粗暴的做法。简单来说，就是把羊臀部的一部分切掉，这是由一个名为约翰·穆勒斯（John Mules）的牧民在大约80年前"发明"出来的技术。这种"外科去皮法"一般来说是在没有施打任何麻醉剂或后续照料的情况下进行的。动物保护人士及其他被吓破胆的旁观者们表示，他们亲眼见到成千上万头尾端刚刚被切掉的绵羊蹒跚地走在草场上。

因此，当我和一位生态及永续时尚运动的中坚分子谈及此事时，我对于他的"去皮法是一种道德性精神官能症"的看法感到有些讶异。这位中坚分子的意思是，在推动更可持续性的时尚产业的战役中，还有远比这个议题更重要的事要考虑。不过，"外科去皮法"已经受到如善待动物组织（People for the Ethical Treatment of Animals）这类国际性动保团体的关注。这些行动派人士轮番上阵，鼓励消费者向英国零售商施压。尽管我未曾亲眼见识每周六下午在伦敦西区的抗议去皮法示威活动，但这些活动已经对羊毛产业造成了压力。澳大利亚的牧民在2004年发起了一项合法活动，试图阻止善待动物组织针对使用去皮法一事"威胁全球零售商"。2007年终于获得一项暂时的休战协议：善待动物组织与澳大利亚羊毛发展公司（Australia Wool Innovation）达成协议，在 2010 年 12 月 31 日之前，善待动物组织不会再用这样的方法对零售商施压，而澳大利亚产业则同意该期限过后将全面停止使用去皮法。

许多大型零售商已经同声响应。2009 年英国零售商协会宣布："遵照与英国防止虐待动物协会的协议，英国零售商协会成员在 2010 年底前，将会向对羊群提供无痛去皮法的供货商购买羊毛。此期限之后，则寻求向不进行去皮法的供货商采购，即使采取无痛去皮法亦不接受。"玛莎百货的针织品部门采用的是无去皮法的羊毛，并且遵守 2010 年的承诺。耐克、Gap、Liz Claiborne 和 H&M 皆发出声援。Next 开始从澳大利亚转向其他不使用去皮法的国家寻求资源，例如羊毛产业的另一个要角儿：新西兰。其在 2008~2009 年的羊毛产量大约为 15.4 万吨，并宣称已完全淘汰去皮法，这也是为什么新西兰的美丽诺羊毛常常被称为是"良心的"或是"干净的"。某些通过貌似更人道的方式来取悦零售商的方式也受到质疑，好比在绵羊臀部使用夹子直到皮肤脱落的方式。Hugo Boss 不屑地称此所谓的创新技术为"夹式去皮法"，并立即将此方法列入该品牌不接受的方式名单中。

不过到了 2009 年夏天，澳大利亚的羊毛产业似乎对于 2010 年 12 月 31 日大限的到来却步了。我撰文至此，距离该日期仅剩数周，而我可以打保票：到时候什么改变都不会发生。然而另一方面，赞成去皮法的阵营则称：澳大利亚羊毛发展公司根据研究表示，进行去皮法可将蝇蛆病降至仅有 1%~3% 的发生率，但若不使用去皮法，发生率则是 40%~100%。一位表面上看起来似乎和在澳大利亚拥有 4 万只绵羊的牧民没什么利益牵连的英国非职业农夫告诉我,现在她赞同去皮法了:"自从在英国亲眼见到几只羊因为蝇蛆病痛苦而死后,我就相信去皮法是一种必要之恶。"另一方面,澳大利亚的羊毛产业或许无法在期限内达到目标,但却交给了媒体一张漂亮的成绩单:未经去皮法的羊只比例从 2005 年的 5% 大幅增长至 2009 年的 54%。

从麻木不仁到过度神经质

无论你打算在哪里购进下一件套头毛衣,都不该忽略一个事实:那就是我们的衣柜亏欠动物王国太多了。2008 年全球服装、配件及奢侈品市场,大赚 13341 亿美元。就许多方面来说,这都是非凡的成就。不过我们不能忽略一个事实,那就是如同我们先前所见,这耀眼的成就需要感谢数百万名成衣工人,数百万的摘棉工、染坊工、轧棉工人和织工,数百万公顷的土地以及数百万公升的水,还有,数百万只的动物。

在你划定界限决定哪些物种可以被牺牲或值得被剥削,而哪些不应该以前,可以先了解自己衣柜内已经拥有哪些动物纤维及产品。或许所谓的宽容度在此是非常极端的,有时甚至是出乎意料的两极化。在气温骤降时,收到素食者的来信询问我是否认可她们穿毛皮制品,这对我来说已经不是稀奇的事。另一方面,我也收过来自可说是重度神经质人士的电子邮件，痛骂我没有留意到蚕的牺牲。我郑重其事地看待虫的感受。蚕靠着吃桑叶而活，结成的茧可以被人类用来做布料，到目前为止都没什么问题。不过对于严格素食主义者和其他无法忍受任何动物剥削的人士来说，症结点在于取出蚕丝的过程。为了使蚕茧中拉出的长丝线不致断裂，采用的方式不是烘烤就是浸入滚水中。在这场无脊椎动物的大屠杀中，每牺牲15只蚕只能产出1克丝，也就是说每米的丝绸估计得牺牲1500只蚕。

然而,有种"和平丝"(Peace silk)是由印度不杀生公司(Ahimsa)发展出来的一项技术，只会在蚕毫发无伤离开茧的情况下取丝。和平丝的确有几项非常重要的特性：通常是有机的，并且强调采用公平贸易，也就是说产品会回到原生产者的手中，再进行手织。然后，这些生产者不是只有在产品介绍时会被提及，还会实际地分到部分收益。若是没有和平丝（给予蚕的保护），我们很难保护印度、孟加拉国和柬埔寨疲弱的本土丝绸贸易。

因此，终归一句，我认为和平丝也算是立了功。不过虫过得好不好，并没有那么吸引我的注意。大体而言，对我来说，用暴力对付无辜的虫（借用和平丝网站上的说法），这样的行为并没有冒犯到我。

鳄鱼的眼泪①

不过在我对于蚕的命运相对冷淡的同时,我发现自己对其他一些物种被剥削的情况感到忧心。不只是虐待动物的问题,也是出于保护的立场。最近几年,时尚圈怪异地回归到一种材质,而这种材质的上一次全盛时期出现在 20 世纪 30 年代。当时一些限制重重的条约还没出现,例如 1973 年签署生效、旨在防止野生动植物消失的《濒临绝种野生动植物国际贸易公约》(Convention on International Trade in Endangered Species,也称《华盛顿公约》)。濒危物种根据濒危程度被此公约正式纳入不同的附录中:分类在附录一、二中的物种代表正受到绝种的威胁,警告那些才刚将一只外国蛇装进袋内,然后把蛇皮卖到巴黎的公司"把手拿远一点"。附录三中的物种则表示至少在一个国家中被列为保护类,目的也是控制其交易数量。

以鳄鱼来说,生物分类学中的鳄目谱系可追溯至两亿年前,是三叠纪时期"称霸的类蜥蜴爬行动物"的一支旁系。说得再白话一点,它们是目前活着的物种中最接近恐龙的:似乎完全不像生活在当代的神奇生物。尽管它们在食物链中的地位已接近顶端,却对周围生态相当敏感,居住环境遭到破坏,或是气温的改变,都会使它们受到伤害。但是它们终究调适存活下来了。事实上,两亿个年头以来,

---

① 译注:一语双关,另有假慈悲之意。

唯一能真正使鳄鱼濒临绝种的，没错，正是时尚产业。

然而，历史的代价要求偿的对象，应该是这整个产业，不光只是当代的这一环。在20世纪初，已经有至少15种鳄鱼皮在市面上进行交易。20世纪20年代时，鳄鱼成为奢华的代名词。20世纪30年代时，开始大量制造鳄鱼产品，然后在1954～1970年，每年卖掉200万～300万张鳄鱼皮。

不过到了1984年时，已经缩减到少于100万张皮。为什么？不是因为我们不再喜爱鳄鱼皮，而是由于这个产业多年来一直靠着抓野生的鳄鱼，猎人们突然发现捕杀（或说采集，业界有这种委婉的用法）鳄鱼变得非常困难。在愈加绝望之际，保护法成了压垮骆驼的最后一根稻草。1973年，哥伦比亚禁止捕捉野生鳄鱼——根据统计，在过去40年间，在哥伦比亚剥下的鳄鱼皮数量超过1250万张。1975年,所有现存的鳄鱼种类（包括短吻鳄及其他类似的种类）都被《华盛顿公约》列为紧急保护类，其中有些已经面临绝种。时尚大队转而寻找其他材料——鸵鸟变得大受欢迎——而鳄鱼养殖式微。然而，为时不久。

若是换成其他的产业，大概就会接受这样的事实，然后将重心转往另一种原料，或者另外开发出一种新型的塑料，或甚至再走回头路，使用老掉牙的老牛皮。但是，奢华的时尚产业是只怪兽，才不会真的就这样放过鳄鱼。我在此可以坦荡荡地说，我不会受到鳄鱼皮的"持续引诱"影响，基本上我觉得这令人作呕。但是奢侈品大户（如20世纪90年代开始出现的精品集团）一直都很清楚鳄鱼皮对大多数人的魅力，在大众想象里，它实在是奢华的象征，以至于它不得不继续留在奢侈品设计策略的宝座上。换句话说，一个没有鳄鱼的奢侈时尚品牌就有点像是一个没有跑车系列的豪华车品牌。

于是时尚产业想到了一个既可以安抚动物保护人士、又可以供给所需的两全其美的方法：鳄鱼养殖场。这个系统仰赖当地的采集员或猎人（这样从前捕抓鳄鱼的当地群体还是可以从中分得一杯羹，即使是少到不行的一杯）在野外寻找鳄鱼蛋，经过人工孵育，之后鳄鱼就会被饲养在养殖场中，成长到能被宰杀为止。根据几份调查报告，野生鳄鱼的数量足够提供给人们"适度采集"的蛋。更棒的是，在这个鳄鱼饲养系统下，可以对产出进行更多的质量控管。不需要靠着猎人设陷阱捕抓尺寸、皮质一致的鳄鱼，现在这些动物可以被饲养在一个受到控制的环境里。所有达不到等级标准的鳄鱼都可以早早被处理掉。总体来说，风险更小。若价值数十亿英镑的精品集团要用一句话来回应它的股东，那就是：一切尽在掌控中。

我必须承认我从来没去过一家鳄鱼养殖场，我也不确定自己会不会想去。当我看着养殖场的照片时，便因恐惧而浑身微微打起冷战。我小心翼翼地浏览一家位于澳大利亚的高规格鳄鱼养殖场网站，看到上百条鳄鱼躺在一座人造绿洲的人造河堤旁，若是没有这些鳄鱼，这座池子还真能成为一个全包式度假中心的焦点。这些宣传工具般的照片说明这是一家支持一定透明度的养殖场。例如位于澳大利亚北部的达尔文鳄鱼养殖场，它每年产出 1.2 万~1.5 万张鳄鱼皮，售至全欧洲的时装公司。养殖场的目标是要在三年内让鳄鱼长出一张可用的皮，即腹宽达到 35~45 厘米（顶级手提包品牌感兴趣的正是这块柔软的腹部区域）。鳄鱼一破壳而出，就会被放到水温维持在大约 32℃的池子中；1 岁时就会被移到以年份计算的池子中，直到最后一个，也就是可以被"收成"了的池子（在饲养鳄鱼的过程中，池子扮演着一个重要角色，尤其能够避免鳄鱼打架。没有人想在她的柏金包上看到咬痕吧）。分级的操作随时可见，尺寸未能继续增长的鳄鱼，就会被提早杀掉。根据一名内部人士透露，真正的奢华品牌只会用那 2% 的顶级皮革，因此每个月都会毁掉或是拒绝成千上万张皮。在鳄鱼长成之后，还必须接受加工处理。我浏览的是一家位于南非的工厂的网站。人们戴着发网、穿着白橡胶靴，吊起鲜绿色的动物尸体，然后将皮一剥，清楚地露出鳄鱼的血肉，那些在之后会供食用。这看起来像是一家制派（pie）工厂的恐怖版。但这是我个人的问题。对许多地方来说，加工以及剥去鳄鱼皮只是例行公事。

到了 20 世纪 90 年代，全世界已建立上百家鳄鱼养殖场。现在精品集团可以向熟悉的来源取得质量一致的鳄鱼皮。有些品牌甚至投资起自己的养殖场。"我们生产一个品牌皮包可能需要 3~4 条鳄鱼，因此现在我们主要在澳大利亚自家的养殖场培育自己的鳄鱼。"爱马仕的帕特里克·汤玛士（Patrick Thomas）于 2009 年在巴黎路透社全球精品高峰会时如此说，并且补充："除非是在股票交易的世界里，否则这个世界并非到处都有鳄鱼！"这在一场奢侈品会上，想必会被视为一个很棒的笑话吧。鳄鱼又回来了。1977年（《华盛顿公约》设定数字的第一年），时尚产业估计用掉30万张鳄鱼皮；到了1999年，合法出口至国际时尚市场的数量，成长到了1205239张，其中有将近90万张是"养出来的"。

如今，有23种鳄鱼名列在《华盛顿公约》名单中，不过当中多已经从濒危名单（附录一）中移到了附录三，也就是说现在对它们的态度是倾向于严格管控，但并非禁止贸易。这样的转变就像是一盏对时尚产业的放行灯，让鳄鱼的畜养又升了一个等级。从饲养（自野外采集蛋或是刚孵出的小鳄鱼，然后关起来饲养）转变到让这整个过程都发生在同一个饲养环境中，这么一来，这些动物就是完全受到"人工培育"。对许多人来说，人工培育及饲养鳄鱼，似乎是一个可持续性的解决方案。每当精品集团告诉你，它们在使用鳄鱼或短吻鳄时有多么用心，用心到每双皮鞋或每个手提包使用的鳄鱼皮可以根据号码追溯是出自哪一家养殖场，甚至是生长在哪一座池子里的。没错，这几乎是其他衣服或配件无法提供的追溯程度，但是动保人士及鳄鱼专家，如詹姆士·麦克格雷格（James MacGregor）对此则持谨慎态度。他警告："据悉，零售策略以及消费者的购买决定皆未将保育原则纳入其中。当考虑到保护的时候，会过度简化判断，并赞同人工饲养鳄鱼的做法，认为饲养及人工培育的来源毫无问题。"

那么，人工培育鳄鱼是奢华的可持续性解决方案吗？答案是否定的，因为看似鳄鱼养殖场缓和了野生动物的生存压力，其实是施加了压力。两个关于鳄鱼养殖场的研究——一个是在 1985 年, 养殖场刚刚起步时, 另一个稍晚, 在 2001 年——发现: 为了出口所需而仰赖饲养(或养殖)培育鳄鱼的国家, 其野生的鳄鱼数并未做到良好监控, 也呈现减少的趋势。似乎一旦许多动物都靠人工培育时, 野生的族群也会变得更为脆弱。毕竟若是危险的野生鳄鱼失去其所有的商业价值, 当地的农夫也就不太可能会忍受它们的存在。

同时, 养殖场也有要关心的事, 像能源、水、废弃物, 以及鳄鱼的待遇。在柬埔寨, 鳄鱼养殖者将喂给它们的食物, 从买来的鱼(太贵了)换成了水蛇。我们在此说的不是抓来几条水蛇, 而是一年至少 400 万条。全世界各地对蛇类的剥削莫此为甚。此种等级的用量等于毁掉一个生态系统, 使得大自然的平衡一去不复返。

一些环境经济学家甚至呼吁应再次引进猎捕鳄鱼的行为并且限制养殖。詹姆士·麦克格雷格警告: "鳄鱼皮产业或任何其他以野生资源作为基础的产业, 若拒绝来自野生的自然供应是不明智的。"他相信野生捕猎有助于刺激当地族群的保育行动。因为说真的, 当只有远在他处的精品集团拥有或出资的鳄鱼养殖场在赚钱时, 当地人会有什么保育的动机? 可持续性的解答, 需要回到"适度的采集"以及生态专家们一再谈论到的限制原则。奢侈品产业会做对的事吗? 一如往常, 永远都有另一条路可走。大型养殖场多设立在一些世界上最穷困的国家里。位于孟加拉国首都达卡北部名为巴鲁卡 (Bhaluka) 的村子里, 慕斯塔·阿穆 (Mushtaq Ahmed) 正在追逐他的鳄鱼梦。他的企业"爬虫动物养殖有限公司"

是孟加拉国第一家商业化养殖咸水鳄的公司,并将目标锁定在奢侈品市场上。我们可以从两个角度来看这件事:恭喜这位年轻人有着企业家精神,或者,质疑在如此贫瘠的土地上,国内日渐增长的人口连种植作物的土地都不够,怎么还做得起为奢侈品市场生产动物的生意呢?

近期内,在配件领域没有什么禁止使用鳄鱼皮革的计划。其实奢侈品牌龙头们还计划着要增加产量,并随着如中国和印度等新兴市场的出现而增加。这些新兴市场被教导(尤其是通过大型的营销活动)不只要欣赏顶级奢侈品精湛的手工艺,还要玩味它们的制成材料——异国风味皮革。

异国皮革安然度过了经济大衰退,这让人印象深刻。鳄鱼是经济衰退的绝缘体吗?新加坡大型制革加工厂恒隆(Heng Long)是普拉达(Prada)的皮革供货商,每年加工28万张皮革,为全世界最大的皮革加工厂之一。其计划在2013年将工厂空间扩大1倍,至1万平方米。显然,恒隆的管理者柯重宏(Koh Choon Heong)不太担心全球经济的衰退。"有钱的人永远在花钱!"他乐观地说。而2009年唯一的牢骚来自爱马仕,抱怨"订单多到做不完"。同时,由于在哥伦比亚的密集饲养,棕色鳄鱼暂时不被列在濒临绝种的名单中,一张棕色鳄鱼皮的价格差不多是44美元,在低阶大众市场的鳄鱼产品中大发利市,做成表带、皮带以及皮靴等。津巴布韦英斯科公司(Innscor)在2009年生产出高达6.4万条鳄鱼,并供货给爱马仕和古驰,享受着利润的不断增长,尽管这家公司设立在一个曾将鳄鱼列为有害动物且政治动荡不安的国家。

蟒蛇重出江湖

高端市场并不全是咸水鳄的天下。时尚圈的最顶端有一个怪异且在我看来有点阴森诡异的调色盘,由动物皮草所组成:短吻鳄、小牛皮、成年牛皮、幼小羔羊(显然对时尚星球来说这两个词并不重复)如阿斯特拉罕羔羊皮(Astrakhan)、"名为卡拉库尔的波斯羔羊在新生或还在胚胎时取下的皮毛"、水牛皮,以及其他各种奢华的幼年山羊皮革。不过和鳄鱼皮同样受欢迎的是蛇皮,尤其是蟒蛇皮,它是有史以来重返时尚字典中最成功且最离奇的例子。根据世界野生动物基金会2008年的《野生动物交易报告》,现今每年交易的爬虫类动物制品将近5000万件。2007年,打开杂志几乎不可能看到蟒蛇皮的出现:娜欧米·坎贝儿为D&G当模特儿的广告、珍妮弗·洛佩兹和凯莉·米洛拎着又大又闪亮的蛇皮包现身;回到头版,可以看到西耶娜·米勒(Sienna Miller)脚踩一双Devi Kroell蛇皮靴。所有的这一切都足以证明:蟒蛇正红得发紫。

我一开始曾觉得讶异,有些身处在时尚产业中似乎不怎么担心鳄鱼或特别注意动物权利的人,居然会对蛇皮的使用感到迟疑。"对待那些动物的方式绝对是惨不忍睹。"一家(不用动物皮革的)奢侈品牌负责人如此对我说。一如既往,从标签上很难得知关于蟒蛇产品的加工过程。若想要了解更多,你必须脱离观光路线,前往像是北阿尔及利亚卡诺市的旧城区这样的地方，与制革工人聊聊，例如从 15 岁就开始处理鳄鱼及蟒蛇皮、现年 35 岁的伊斯迈·道达（Ismail Dauda）。你很可能会看见他正搅动着一些飘散着刺激气味的深色物体，这其实是浸泡在碳酸钾及无水碳酸钠中的蟒蛇皮和鳄鱼皮。如果你在闻了这股气味后还有办法喘得过气来的话，问他以这样的方式每年处理 2 万只动物的感觉是什么，他可能会告诉你：他所从事的工作确实不环保。"在过去 10 年中供应量确实是下跌的，这或许是猎杀的比例高于再生率的一个迹象。但这是一门我们停不下来的生意啊，因为它实在是太好赚了。"他直截了当地说。究竟有多好赚呢？伊斯迈每处理 1 平方米的蟒蛇皮可以得到 4 美元。对精品集团来说，蟒蛇皮可是摇钱树。我见过的蟒蛇皮包（顺道一提，还是打了肉毒杆菌的）价位从 1200~5000 英镑的都有。

现今，多数蟒蛇种类都被列在《华盛顿公约》的附录三中。意思是说：理论上，与它们有关的交易需要"受到控制"。换句话说，若要将它们卖到国际市场上是需要证书的，它们只能来自于受到控管的养殖环境，或是来自于能够维持一定数量的栖息地内，然后只能从中取出特定的量。简而言之，现在"采集"一整区的蟒蛇并将之商业销售已经不是合法的了。更有甚者，亚洲岩蟒是一种被列在《华盛顿公约》附录一的印度蟒蛇亚种，这代表着：将分类为濒临绝种的动物制成手提包、鞋子、皮袋或任何制品并销售都是非法的。这所有的保证，应该足以让人们产生巨大的信心，得以愉快地跟随凯莉·米洛、伊娃·朗格莉亚、凯拉·奈特莉及其他名流带起的流行风潮吧。

事实上并不然。只要稍微深入了解蛇皮贸易，你便会开始怀疑这些管控究竟有没有效果。1977 年，印度供给超过 400 万张蛇皮到国际市场。这份贸易热持续到 1984 年，当时印度鞭蛇变得稀有，并被列入《华盛顿公约》附录三中。然而，这似乎没有发挥太大的作用：台面上的贸易看来是转向了其他蛇类，但走私者依旧设下陷阱、捕杀鞭蛇。有谁敢说如今这一切不也正发生在蟒蛇以及其他亚种身上呢？这些品种在外观上非常相似：就连专家都说非常难分辨出眼前的是一条（在附录一的）稀有品种的蛇，还是一条来自受到管控、维持一定数量的蛇类。根据《濒临绝种物种手册》，《华盛顿公约》分类的蟒蛇列表"完全没有用处，因为实在太容易与其他亚种搞混了"。

当它们被丢进沸腾的槽后——在看待蛇的交易时，很难不想到《圣经》中的弦外之音①——实在很难分辨出哪条蛇是属于哪一亚种。从蛇皮放进制革厂的刺鼻槽倒回一个步骤，你就会看到这种动物原本的样子。汤姆·洛斯多（Tom Rawstorne）在《每日邮报》上报道了一间位于爪哇的屠宰场，他如此形容："一双染血的手解开一个不停扭动的麻布袋，拖出一条 10 英尺长的蟒蛇。用弯刀的刀背敲击蛇头把它打昏，并将一条软水管熟练地强行塞入它的上下颚间。接着将水打开，将这条爬虫灌满，涨得像个气球一样。"10

---

① 编注：《圣经》中，撒旦化身为蛇引诱夏娃偷吃禁果，犯下人类的"原罪"。上帝惩罚蛇，令其失去翅膀，成为一根弯弯的长虫，只能用肚子爬行。作者在此意指蛇的交易是一种罪恶行为。

分钟后,在蛇头部位打个结,避免水流出来,然后,蟒蛇"被插在肉钩上,迅速划上几刀后,再用暴力的拉扯把已经松弛的皮剥下来,很像是脱下戴在手上的橡胶手套"。

在看过这样的描述后(还有许多更血淋淋的目击报道),很难辩解说蟒蛇制品打的是人道牌。不过这个产业还是尝试提出一个广义的永续论点为自己辩解。赞成使用蛇皮的时装公司表明一个事实,那就是:蟒蛇以及其他的蛇类都是来自养殖场,不需要野外捕获。担任动物福利组织顾问的爬虫类健康与行为专家克里弗·瓦维克(Clifford Warwick)可不相信这个说法。"我希望有人能让我见识到每年可以养出那么多条成年蛇类的养殖场。"他这么说是为了回应2005年时有大约35万张网纹蟒(在东南亚发现的品种)皮及皮制品合法出口到欧盟境内的事实。他认为:蛇需要长时间才能成年,所以采用圈养的方式划不来,因而他推论出,时尚界为了解决缺蛇的困境,依然继续在野外进行捕杀行动。"我们不断看到被抓的蛇体型愈来愈小,猎人得跋涉到愈来愈远的地方才捕得到。这些都是物种数量减少的典型迹象。"

"我真的不太在意蛇受到折磨。"安妮爱好时尚,但显然不喜欢蛇。"在所有动物之中,它们既危险又邪恶,而且会造成破坏。再说,它们是冷血爬虫类动物,所以也不会有痛觉。当然它们是最适合使用的资源喽。"持有像安妮这样观点的人一点也不少。对大多数人来说,蛇(或要说是"撒旦的爪牙"也行)受到苦难,不像大猫熊或老虎的栖息地受到破坏那样会被说成是残忍。作为一个不那么受到喜爱的物种,这是缺点之一——如果没有可爱到能登上月历,该物种之消失也很难得到人们的同情与行动。

我的问题是,精品集团有什么权力像圣帕特里克(St Patrick)显神迹①那样驱走所有的蛇呢?当一种危险的动物被宰杀做成手提包、表带、皮带或是一双皮靴时,可能也意味着一种无害的生物亦从自然生物群落中被捕捉,这无疑会对生态造成影响。根据许多人畜共通疾病专家们的说法,从亚洲的野外大量捕捉蛇类,尤其是蟒蛇,会导致鼠患成灾。"我想我们需要扪心自问,蟒蛇的价值是什么?"前纽约公园野生动物中心动物馆长暨爬虫专家彼得·布拉赛堤(Peter Brazaitis)在10年前说过。"它的价值是做成一条昂贵的长裤吗?还是一种用来抑制某些国家鼠量暴增导致传染病一发不可收拾的工具呢?"若你正在市场中选购奢侈品配件,我会建议你先问问自己这个问题。

皮草的逆袭

无论你再怎么精明,还是会很容易忘记有什么深藏在自己的衣柜中。令我意外的是,有一年在我将衣柜里的衣服从夏季款换成冬季款时,发现两条挂在针织毛衣上的腰带——两样礼物都购自东伦敦的斯皮塔佛德市场(Spitalfields)——再仔细观察就会发现它们其实是皮草制品。我现在想起来,当时打开包装的时候就猜想它们

---

① 译注:传说帕特里克显神迹,将整个爱尔兰岛上的蛇全都赶了出去。

为什么你该花更多的钱, 买更少的衣服? To Die for : Is Fashion Wearing out the World?

价格：1200 英镑

"必买"包

我的紧致饱满妙方

你或许正猜想我是用一块什么样的高科技、散发曼妙光泽的布料做成的？你要坐好，可别被事实吓到。因为我告诉你，我总共得用4张蟒蛇皮制成。我知道这听起来蛮老气的——在我们还没有那么重视物种减少的时候，蛇皮可是20世纪30年代的"当红炸子鸡"——不过出乎意料的是，我回来了！没错，蟒蛇或许被列在《华盛顿公约》的附录三中，不过别那么死脑筋。若是有人问起，我的蟒蛇可是来自一家特别的养殖场，而不是从野外捕获来的。就算它们被迫在嘴中塞入软水管、为了让蛇皮松弛而加水充满它们体内、在皮被剥掉前刺穿头部，重点是它们是在一家养殖场中"处理"的。要是你觉得这一切听起来有些野蛮，最终的产品可是有运用到科学的，可以说是美容产品与奢华配件的结合。你真的找不到比蛇皮更好的代表了。因为老实说，由于蛇皮看起来有点干扁单薄，就像蛇那样，于是有个天才想到了一个办法，就是把现今整形美容产业中当红的肉毒杆菌注射进来。若是肉毒杆菌能拉平你的额头，那么对这薄薄的蛇皮也就不成问题了。它使我的皮肤紧实饱满而且年轻无比。若我退出了时尚舞台，岂不真是太可惜了吗？

老实商标™

是兔毛制的，这可能可以解释它们为什么会被我塞在这里，眼不见为净，以避免良心不安。皮草从来就不是我的心头好，不过若是你收到了不想要的皮草礼物时，怎么办？或许在你看来，皮草应该是个道德上的禁忌，但对于那些宽容度与一般善待动物组织保护人士明显不同的人来说，这种说法就很值得一探了，因为又是一个双方都各执一词的领域。

当我来到开始留意时尚的年龄时，使用皮草（fur）比用生毛皮（pelts）来得更加罪该万死。每次走在热闹的大街上，几乎都可以看到善待动物组织的年轻成员牺牲每周六下午的时间，站在临时摆放的桌边恳求大众停下脚步，并向他们展示一张张照片，内容不外乎是关在笼子里的狗或双脚被截掉的狐狸。这么做很难不引起注意。1994年，当彼得·林德博格（Peter Lindbergh）为善待动物组织拍摄知名的"我们宁愿裸体也不要穿皮草"照片时，我是一名大二学生。这些"我们"都是超级名模：娜欧米·坎贝儿、辛迪·克劳馥、艾勒·麦克法森、克劳蒂亚·雪佛和克莉丝蒂·杜灵顿。到了20世纪90年代晚期，我想不到有什么事比你穿着一件皮草大衣更可能成为众人鄙夷的焦点。总之，那不是个有魅力的穿法。

在当时看来，穿着皮草蔚为风潮实在让人难以置信。随后，反对皮草的声浪逐渐消逝，皮草上演了自拉撒路（Lazarus）[①]以来最壮

---

① 译注：根据《圣经》描述，拉撒路是耶稣的好友，也曾死而复活。

观的一次死而复活。事实上还不只复活而已,甚至变得更蓬勃、更炽烈。我甚至认为由于它带着一些道德上的模糊性,还因此变得具有颠覆性,并找到了一群新的、满不在乎的受众。我猜想是当一种纤维在文化上变成禁忌后,就变得比较酷——也许我们应该试着把这样的心态应用在英国稀有品种羊毛上!

这种转变是怎么发生的? 2009 年,作家伊莉莎白·黛伊列了一份近期穿着动物皮草的名人清单:"凯拉·奈特莉最近在参加一个颁奖典礼时,穿了一件黑色羔羊皮大衣。多年来珍妮弗·洛佩兹皆穿着一系列貂皮或绒鼠的皮草走红毯。麦当娜、伊娃·朗格莉亚、琳达·伊凡吉莉丝塔、凯特·摩丝和林赛·罗罕都在公开场合穿过皮草。"有趣的是,我们也可以看到在这些名字中,有多少人同样亦追逐着蟒蛇潮流。

一股脑儿地把所有的责备都丢到超级名模身上是不对的。不过要是将这些名单与当时参与"宁可裸体"活动的名单对比一下,就有趣了。除了克莉丝蒂·杜灵顿以外,其他人最近都违背了那句耸动的标语而再次穿上皮草。辛迪·克劳馥成了一家美国貂农营销商宝嘉美(Blackglama)的代言人,娜欧米·坎贝儿为宝嘉美和皮草味更重的丹尼斯·贝索(Dennis Basso)推销服饰。这似乎表明她们当初都是被那张原始海报所误导了——坎贝儿甚至说她被拒绝于反皮草的大门外,因为她对善待动物组织那套激进且具侵略性的策略不感兴趣。

实情是,只要这类活动的领军人物是一群文化雇佣兵时(我不愿泼超级名模迷们冷水,但她们确实不过就是受雇于人的模特儿),行动就会难以为继。在未来的某个时候,当这些模特儿的事业遇到了瓶颈,又有人拿得出一份合理的佣金时,几乎可以保证她们会愿意穿上貂皮,重回世界级红毯,并拍摄大幅的宣传照。

生毛皮的诱惑

　　这些名模缺乏忠诚度的事,对我来说不是那么重要,我比较感兴趣的是我们自己。最近我翻开报纸,看到随机找路人街拍的一篇报道,要路人解释组成今日个人穿搭风格的元素,一位25岁的造型师,名叫黛西或弗列雅(我忘了是哪个名字),穿着一件皮草大衣并且表示:"这是件复古货,不过有人告诉我这是猴子毛!"这位叫作黛西还是弗列雅的人是故意要显得反叛,还是挑衅?还是她打从心底认为,身为一个都市人却裹着猴子毛是合情合理的呢?

　　今日你几乎很难听到穿着皮草的人承认自己只是盲从时尚。反之,他们倒是有些四平八稳的辩解之词。比较保守的说法是:"这只是个副产品。"新一点的说法有:"这是可持续性纤维。"我们稍后再回来看这些说法,首先来看两种最安全的说辞:"它很暖和"以及"这是复古货"。

　　没错,皮草的服装保温值(Clo-value)高,这点不令人意外。或许你不太熟悉"保温值"这个词,它或多或少与玻璃纤维中的R

值（R-value）① 有关，这是个由美国及丹麦的研究员制定出来的数值，用来表示一件衣服的保暖度以及绝缘力。简单来讲，若是你裸着身体，你的服装保温值便是零。穿上衬裤后，就升到 0.06。一件裙子的保温值在 0.22～0.7。一套普通的冬天室内穿着保温值能达到 1.0，而一件天冷时穿的连帽爱斯基摩大衣保温值可以到达 4.0。由于这些数值是累加的，因此当你的衣服一件件往上加时，保温值也就往上提升。我很喜欢这种穿衣服的方式，像是一种量化的穿着。更有挑战性的一点是：以这样的思维来购买衣服。不过我认为：更多的人会宁可拥有好几个柏金包，也不愿根据衣服保温值来买衣服。

若是气温普遍较高，皮草产业的产出便下滑。毫无疑问，有些消费者购买皮草的原因的确是为了保暖。根据一份 2006 年德国海恩斯坦纺织品研究院的检测显示，将纹点土狼、貂皮（即天然皮草）和假皮草相比后，发现真的皮草在任何一种温度情况下的隔热效果都更好。不过，在温和的气候下，皮草绝佳的御寒效果真的能将整个皮草产业合理化吗？

我了解那种想获得温暖但又不愿意看到一只活生生的动物就这样白白牺牲生命的想法，这可能会促使某些人到祖母的衣柜里寻找复古衣。一般来说，复古货是一门蒸蒸日上、非常活络的全球化生意，皮草产品也不例外。因此我推测，大概只有少数人的皮草大衣

---

① 译注：指用来计算绝缘材料阻挡热流阻力大小的单位。

是真正祖传的，老皮草只是他们口头上如此宣称而已，不仅因为他们真的喜爱老皮草的美感，同时老皮草带有一种走在反叛及使坏边缘的挑衅意味。不过这种将皮草当作传家宝，由满载着爱怜及疼惜的长辈传给下一代的迷思中，存在着一个问题。皮草大概在那只动物断气的当儿，就已经开始损坏。愈好的生毛皮，愈要接触空气，才能够更好地维持住光泽和质地。不过事实上要维持顶级皮草的状态，比如说貂皮，所需花费的苦心大概只比养一群活生生会呼吸的貂稍微少一点点。"储藏在家时，使用空调或香柏木衣柜都不能防止皮草被虫蚀、失去水分、变脏或氧化，而这些因素都可能使皮草褪色或改变质地。"美国皮草信息委员会如此说，并且建议这些皮草的主人最好将皮草储藏在皮草商的保存库中，"因为在那里空气的流通受到严密的调节，温度维持低于华氏五十度[①]以下，平均湿度则是50%。没有任何人家中的衣柜能给予如此量身定做般的完善条件。"这样的说法又引起另一个问题，那就是为了给予皮草"完善的"储藏环境，又得要花上多少能源呢？美国人道协会（The US Humane Society）挖苦地说，有些分析师指出夏季储冷设备是整个皮草交易中最有利可图的一部分。这有点像是阿迪达斯（Adidas）开设附有湿度控制的私人仓储服务，然后建议你可以把老款运动鞋存放在里面一样。

无论如何，"复古"皮草由于不符合时尚界的道德规范而被束

[①] 编注：相当于10℃。

之高阁长达 20 年，大概也已磨损了。其保温值会大幅下降。或许你会反对，但对一件老的皮草大衣来说，最适合的地方其实是送到宠物收容所成为一张狗儿的床，或者退休下来到善待动物组织一类的反皮草组织中，作为教育或研究的材料。事实上，这也许是皮草大衣唯一的善终之处。

时尚的矛盾：良心皮草

如果你对保暖和复古衣那套一点也不买账，那么看待这件事就会相对单纯些：那些穿着真皮草的就是不应该，穿着假皮草的就没有错。不过，事情显然不是如此，因为在接近 2000 年尾声时，皮草产业灵机一动，想到一个巧妙的计划：发起一场活动，强调皮草来自动物、而动物又确实是天然的。反过来说，假／仿，或人造的皮草是化学的、不自然的、污染的替代品。另外，还有其他的"永续"论点：皮草产业继续强调皮草对一些群体来说是一种文化上的权利，在世界各地保障着原住民社群与毛皮捕猎者的生存权益（但在此申明，动物福利团体动物援助［Animal Aid］反驳说，只有不到 0.25% 的皮草贸易是由"真正的当地人"进行的）。由皮草商提出来的多项"证据"经过刻意扭曲，以证明无需限制皮草在时尚中的使用，你可以一方面符合道德标尺，另一方面穿着或使用皮草。比如说，丹麦所谓的良心品牌 Noir 就大大咧咧地在主打系列中使用皮草，理由是：这是一种"永续的纤维"。"我们和世家皮草（SAGA

Furs）合作，它们在动物福利方面遵守一套非常严格的企业社会责任政策，名为原产地保证计划（Original Assured）。"Noir创始人彼得·英格威森（Peter Ingwersen）如此解释。不过，或许在永续皮草活动中最恬不知耻且胆大包天的说法，出现在2009年加拿大皮草协会的指定网站furisgreen.com中。其中有一个叫作"生态逻辑"（Eco-Logical）的栏目中强调：

环保时代应有的对皮草的新认识！
　　皮草既暖和、舒适又美观，对许多人来说，皮草是终极的奢华！不过，从文化与环境保护的立场来看，穿皮草也是合理的。

一直到这一极力反对人造皮草的声明之前，动物毛皮的这种模糊性（事实上只发生在真的很好、做得很真的假皮草上）似乎也有助于推广皮草的时尚性，并燃起消费者的欲望。正因为如此，当我穿着一件有着假皮草（变种有机棉制成的）领子的外套时，总是觉得有点惶惶不安，不只因为可能有人会误以为是真的然后对我泼红油漆，还由于我对自己仍有着那种衣柜里需要有件皮草这样老派的迷思，存有一股罪恶感。
　　推广且赞成皮草的一方，在紧咬着假皮草背后需付出的庞大环境代价不放之后，想出了一个更好的策略。这个策略建立在一个事实上，那就是人造皮草主要是尼龙制的。如前所述，制造出尼龙的原料是高纯度己二酸,而这连带产生的是一种温室效应气体,一氧化二氮①。

有了环保方面的论据,反对假皮草就更理直气壮了。此外,假皮草还有一个非常"油腻"的秘密,那就是每制作3件假皮草大衣,就得花上1加仑的石油。美国皮草委员会(America's Fur Commission)执行长泰瑞莎·普拉特(Teresa Platt)告诉记者:"人造皮草外套至少在600年内都不会降解,或许要花上几千年,但它们却被动物保护人士强力推崇为对环境友善的衣服。每年卖掉400万~800万件外套,未来如何处置将成为梦魇。"反之,真正的皮草(也就是那些皮草加工者,与其相关的设计师,还有就是一般的皮草支持者们要我们相信)是一种自然、可生物分解的附加产品,(几乎)可以永远穿着,在满足了你与你的后代后,便会回归地球,化为滋润土壤的养分。很明显地,基本上它不留下足迹。皮草游说团试着移除反皮草运动的道德光环。

假设他们真像自己所说的那么具有环保优势,为什么我不全身上下穿着栗鼠还有紫貂毛皮呢?就我的立场而言,皮草制品的环境论述缺乏足够的完整性。光暴露假皮草产品的缺陷是不够的,多数的真皮草同样会留下巨大的环境足迹。举例来说,皮草加工主要需甲醛和铬,两种具有高度污染性并有潜在致癌危机的物质。这样加工过程的目的在于有效"防止腐烂"。关于皮草的事实是,若没用

---

① 编注:一氧化二氮是一种强大的温室气体,其效果是二氧化碳的 296 倍。

化学药品搅和涂满整件皮草的话，皮草就会一直分解，直到看起来和一块"高级的"肉差不多。很难将皮草与这样的化学过程划清界限。而业界的标准回答却是：它们是无害的。

在北欧与北美的某些地区，人类穿着皮草的权利犹如携带武器被强力捍卫。而皮草产业老爱将英勇的原住民猎人，与挂在纽约贝格道夫古德曼百货（Bergdorf Goodman）的永续皮草相提并论。原住民有猎捕当地动物的权利，因此国际海豹皮毛的交易可以保留下来。但你大可以很不屑地问一句："但确定不会再发生猎捕海豹的行为吗？"不过随着3月的到来，加拿大东海岸的海豹猎捕大队就要出发去捕杀未成年的竖琴海豹了。2009年3月，海豹产品已遭到欧盟的禁止，有鉴于欧洲是从前最大的市场，这项禁令一定有所成效吧。根据报道，尽管超过70%的加拿大人希望杜绝猎杀海豹的活动，但加拿大政府却依然故我。2010年时，国会餐厅的菜单上还供起了海豹餐，并附着一张再嚣张不过的说明，表示在此被供应的海豹都是来自"可生生不息的海豹猎杀"。

没错，海豹皮草是一个极端的例子，用棍棒活活打死海豹的画面太震撼了。就连一些最坚定支持使用皮草的设计师，也绝对不会在产品中混入海豹皮。不过除了海豹，还有其他的毛皮同样面对公平贸易相关的争议。当麦当娜在2003年穿着普拉达的阿斯特拉罕羔羊皮亮相时，我们相信：她是迷恋上超软皮草风潮的最新成员。不过她并未持续多久，传言她被好友史黛拉·麦卡尼（Stella

McCartney）① 骂了一顿，史黛拉对皮草的立场不容妥协是可以预期的。不过，阿斯特拉罕羔羊皮的出现的确在时装周及展示期间留下了萦绕不去的窃窃私语。"它怎么可以这么柔软？"大家都好奇地问。动物福利团体说他们有答案，指称那些羔羊是残忍地从母羊子宫摘出的，这使阿斯特拉罕羊毛皮多了一个恐怖的别称："胚胎皮草"。不过皮草业予以反驳，坚持说阿斯特拉罕羔羊皮只会取自流产的小羊，而且这么做还给予了因土壤流失无法耕种作物、极度贫困的中亚农户一线生机。我也很赞同向绝望的农夫伸出援手，不过有必要以这种中世纪虐刑般的方式，只为取得在时尚中昙花一现的皮草吗？这种试图将阿斯特拉罕羔羊皮推举为动物皮革产业的福音，在我看来是一项彻底失败的做法。

究竟是否要让皮草进入你的衣柜，正反双方各有坚定的拥护者，也有各种言之成理的论据，彼此互不相让。为了做公平客观的判断，我们必须知道关于皮草的真相，而我在调查中发现，要得到真正的数据并不容易。这个产业严格控制旗下农场，不愿面对可能的反对意见。然而，有件事在我看来再清楚不过，那就是将国际皮草产业塑造成戴维·克拉克（David Crockett）曾经提倡的与原住民和平共处的互助模式——让其中的猎人捕捉当地动物以求生存，吃动物的肉，用动物的毛皮制作保暖衣物以撑过寒冬——实在是荒唐透顶。

---

① 译注：英国时装设计师，也是世界顶级时装设计师中极度罕见的终生环保主义者，前披头士乐团成员保罗·麦卡尼之女。

有个论点可能会帮助野生皮草派扳回一成。例如，在新西兰就发展出了负鼠皮草产业，支持者称这么做合情合理，因为这个国家负鼠横行，摧毁了当地的树种，还会吃掉鸟蛋（在此申明，善待动物组织对此强烈反对）。不过全球超过85%的皮草来自皮草农场，而中国是最大的出口国。我们在书中其他部分也都看到，中国在各个领域的时尚产品产量皆与日俱增，皮草也不例外。以貂皮来说，10年前，中国一年能产出约200万张貂皮。到了2007年，根据奥斯陆皮草拍卖场（Oslo Fur Auctions，它有皮草产业内最可靠的统计数据）统计，中国生产了2000万张皮毛，比全世界总产量的1/3还多。中国已成为供给皮草的超级大国。

踏上皮草农场

不过，到底皮草农场是个什么样子？依照产业标准，如美国皮草委员会所说，它是家庭式的、既符合人道又通情达理的形态，不过前提是你能够先接受动物在饲养后被屠宰这样的命运。于是，皮草委员会描述美国典型的貂农场（2009年黑色貂皮占美国整个毛皮产出的一半），就是一家家族经营的企业。"通常由同一个家族经营两代或三代的时间"，具备开明、求新之美德，并且掌握专业知识。"大部分的年轻农人会花费一些时间，到外地攻读农业、生物或企业管理方面的专科或大学学位。"农场工作的重心放在动物的自然繁殖周期上，"对待初生的小家伙，要让它们断奶并且施打疫苗，否则一般多数在野外生长的幼貂活不过一岁。相反,在农夫的照料下,几乎所有被饲养的貂都可以活到能被收成的年纪。"到了"收成"的时候,一组机动的安乐死小组会来到农场,动物们便"立刻被麻醉,然后迅速、安详地走了"。给予貂"人道的"照料,自然是一种"道德上的义务"。

但从不同动保团体或人道组织多年来秘密拍摄的影片看来,这些农场似乎没有如此尽到"道德上的义务"。我并非刻意夸大皮草交易的残酷面,但从 YouTube 到善待动物组织,到国际动物保护者协会(Animal Defenders International),我们不费吹灰之力就能找到关于皮草生产的影像。许多证据显示,事实上皮草农场只是各种不同的豢养场所的统一称呼。恐怖的影像把我们淹没,从被砍断脚的狐狸,到中国城镇附近一笼笼被卡车运送的狗。这些皆让人感到悲痛不已,但照一次次的调查来看,类似恐怖的状况似乎一再上演。根据首份中国皮草农场的内部报告,那里存在许多骇人的状况,包括动物在完全清醒下被扒皮。我是一个相对来说坚强的消费者,但是当我试着弄清楚这个主题时,仍经常忍不住落泪。中国并非特例。一份 2010 年国际动物保护者协会的报告显示,欧洲的情况并无二致。影片显示,在芬兰 70 处的农场中,各种狐狸被养在恶臭的笼中,有的因为过于不安而不断冲撞铁网。对待动物的残忍行径令人毛骨悚然,让这里犹如地狱一般。

然而,残忍的画面以及动保团体的抗议似乎阻止不了皮草产业的发展。光是 2005 年就有超过 1000 吨的皮草进口到英国,英国皮草贸易协会同时正大肆庆祝着销售额在两年内成长近1/3。据一些业内人士表示，英国是全球成长最快的皮草消费市场之一。

或许你已经开始相信环保皮草这样的说法了吧。若是如此，那么我要在此提醒，你应该三思而后行。工业化农场最大的共通问题——污染，并未消失。美国的貂产业约有270家农场，每年平均繁殖10546只貂，足以做出超过8万件大衣。根据善待动物组织，这个产业每年给环境带来近1000吨的磷，在流进水道后，磷会产生藻华现象，使水质优氧化，导致河与湖内生物因缺氧而死亡。虽然我在此是以美国为例，但美国只是全球第四大养貂国——荷兰、丹麦及中国都可能制造出更多的磷。

此外还有空气污染问题，包括戴奥辛（对人体健康危害最大的化合物）以及重金属。根据世界银行在20世纪90年代中期发展出测量污染程度的"工业污染排放系统"（Industrial Pollution Projection System），"毛皮修整"和染色并列入全世界对土地产生有毒金属污染最严重的五大产业。过去5年内，中国政府由于担心皮草染色造成的污染，多次威胁对毛皮加工课征惩罚性税收。

不过还没完呢。还必须将养殖及加工毛皮所需花费的能源计算在内：从喂食动物（皮草公司极力辩解，像貂这类动物，只需靠屠宰场的残余就足以喂养。不过就算如此，还是需要收集以及运送食物），到制革厂的运作，再将毛皮运送到国际拍卖场上。在送上拍卖场前，刚宰杀好的动物需要进行加工：剥皮，然后干燥处理。根据丹麦皮草饲养者协会的《饲养者手册》（Manual for Breeders）：

"毛皮工厂必须配置储藏室，温度控制在10~12℃……湿度维持在70%~80%。"这可是十分耗能的过程。

就算毛皮是捕获而来（被认为较具可持续性的方式），猎人仍须使用雪地摩托车或飞机检查陷阱。整个过程、整个产业仍倚赖环境的大敌：化石燃料。综上所言，根据密歇根大学的长期研究，生产真皮草比假皮草需多花20倍的能源。

难以避免的结论是：一旦你购买皮草，即使是极少数具有永续认证如"原产地保证"的产品，无异于认同这整个产业。少数良心皮草企业并无法反映整个产业的现况。然而，我们很容易忽略——这点很容易被忽略，即皮草农场及捕猎者试图躲到大型组织的"保护伞"下，例如代表北欧皮草拍卖公司的世家皮草、北美皮草拍卖公司以及加拿大皮草协会，正是这些在做品牌营销、保护不同农场及生产者的皮草协会，在向拍卖会提供皮草。它们为皮草产业塑造出一种严格管理、井井有条的形象。但真的是这样吗？

从全球的角度来看，皮草产业受到的管制非常少，少到连消费者对自己买进的究竟是什么都可能不知道。在美国，尼曼·马库斯（Neiman Marcus）是最具代表性的精品百货公司。它一直以来都设有门庭若市、货量充足的皮草专区。显然，一部分的客户还是非常具有道德感的，如同其他时尚领域，尼曼·马库斯也开始卖起人造皮草产品，也就是其在线贩卖的博柏利（Burberry）人造皮草夹克。尽管标签上1300美元的价格相对偏高，但仍是卖得火爆。或许是因为它既有着真皮草般耀眼的光泽，拥有者又能确定它是完全人造的。而它并不是。这件外套不仅"被错误地描述"成人造皮草,而且它使用的是令所有反对皮草者最反感的原料:芬兰浣熊。根据环保组织美国人道协会的说法,芬兰浣熊的称呼是被叫出来的,实际上这种毛皮不是来自浣熊,而是一种最早发源自东亚地区的犬类,它在全球皮草风潮再起中扮演了重要的角色。

无人知晓进口到西方来的皮草中,有多少是来自狗、猫。也大概没什么人愿意相信真有其事,毕竟在 2009 年,进口猫或狗毛皮到英国的禁令终于生效。但难道我们能因此而高枕无忧,确定不再有猫狗毛皮被冒充作其他毛皮混入本地市场?我们既无法辨别什么是什么,又倾向于将所有奇怪的毛皮都归类为"狐狸"(fox)或是人造(faux)毛皮,谁知道呢?尼曼·马库斯的失误(faux pas)是美国人道协会检验夹克才得以发现的,而这个协会同时也为类似案件和梅西百货及萨克斯百货打官司。这些环保团体真的阻止得了皮草产业吗?

皮草产业很幸运,它们还有着权重位高的朋友。其中最有力的肯定来自美国 *Vogue* 杂志总编辑安娜·温图(Anna Wintour)。她极为聪明,以能赋予时尚精准的定位而闻名。她经常以一条栗鼠皮草绕在脖子上的形象现身,在一部跟拍 *Vogue* 制作的纪录片《时尚恶魔的圣经》(*The September Issue*)中,镜头拍到她要求在一场重要的时装拍摄时使用更多的皮草。你不禁怀疑这有多少反映她个人对于皮草的偏好,又有多少是为了满足奢侈品牌的广告需求。

个中道理与时尚产业的其他部分并无大异。"1985年，45位知名时装设计师在高级成衣系列中使用了皮草；到了2000年，数量增至400位。"一名英国皮草贸易发言人杨·布朗（Jan Brown）在2001年时这么说。欧盟仍是世界上最大的皮草消费区。尽管皮草农场在英国仍被禁止，但对买家来说，伦敦却是世界的中心。如同之前所提，皮草死而复活的盛大场景，仅次于拉撒路。

配角无害论

现在我们来看看支持穿戴皮草的最后一个论点：皮草只不过是副产品。我留意到最近皮草愈来愈多地被时尚编辑、造型师和设计师称为是"装饰"。它被当作整个皮草大衣产业中的副产品来营销，被称为是剩下来的部分，或者是毛皮加工者在剪裁间进行流水联机操作时被裁出来的，再被加到配件或加在其他的产品上作为装饰。它一副无害的样子：可以在大衣的帽子边缘、手套的里衬（它出现在那里以提高服装保暖度），或在普拉达裙装下摆上看到它们。我们很难举证或反证一件动物产品是否为副产品，是否是作为食材后剩余的兽皮或是毛皮。不过，把皮草当作配角的论点不太站得住脚。

把皮草用来作为装饰的产业，实际上规模已经大到使整个皮草大衣产业相较之下都黯然失色的程度。证据显示，几乎所有在皮草农场中饲养的狐狸，现今都已经被拿来作为装饰皮草使用。在俄罗斯和中国被杀戮的动物中,用来作为装饰的已经多过用来作为皮草大衣的量了。根据全球行动网络(Global Action Network)等团体表示,每制成一件皮草饰品或配件,就至少有一只动物因此而死,因此,上百万只动物之死本就是为了做成装饰品。换言之,它根本就不能算是一种副产品。

从前在布莱顿(Brighton),自由思想的"温床",一个我也曾住过好几年的地方,一旦一家店内出现皮草,展示橱窗上就会被泼满油漆,抗议者也会将店包围。但此景已成追忆。上次我进到一家精品店,发现其中正兜售着三件毛皮披肩。当我询问原产地时,得到的答复是:"这些是环保无害的,因为这些毛皮只是附产品。"但是根本就没有什么证据能证明店员所言为真。

回顾相关的争论,回到超级名模们异口同声地指责皮草,到整个社会充斥着对皮草的反对声浪——在当时穿着一件死去动物的毛皮似乎是一件既过时又可耻的事,只有白痴才敢这么干,这些皮草生产大户们是如何熬过皮草被千夫所指的那十年呢?皮草产业是如何积累其能量和决心,百折不挠,从几近灭绝到东山再起呢?仔细瞧瞧,我们就会发现这一切与把皮草定位为装饰品大有关联。

在这个产业遭遇困难时,生产区里的大量毛皮被默默地锁进仓库,但未曾被抛弃。反之,皮草产业精明地将目标对准时尚产业的基础人群。它并未费心地追逐消费者,而是转而针对时尚专科院校,给为了在时尚圈出人头地而孜孜不倦的学生们提供"多变""奢华"

而且免费的材料。皮草产业开始称之为"皮草装饰"。老练加上不只一点的狡猾,皮草产业以赞助时尚系学生的方法,在英国时尚舞台占据了一席之地。而如今它已经大功告成。要让动物毛皮从时尚链条中消失,还得再加把劲儿。

10

皮的诱惑

时尚产业中最大的摇钱树

Lust for Leather

到底是什么使皮革如此受欢迎？当手上捧着"高质量的"皮包或鞋子时，我第一个反应是大大地吸一口气，然后沉浸在皮革的气味里。我可以对真皮包包或靴子诉说永恒的承诺，其柔情远超过对婴儿或小狗；可以不厌其烦地为泛着岁月光泽的手工皮包温柔地上蜡。不过仔细分析就会发现，皮革是时尚链中最血淋淋的一部分。光是要从身体上取下不用的部分，听起来像是列在疯狂理发师陶德①（Sweeney Todd）购物清单上的东西：从皮上刮下的肉、修剪下来的屑肉、撕下的边肉、从生皮上削下来的肉。

还有一件小事，就是我不吃肉，但对皮革却另有一套标准。一定程度上来说，皮革的无处不在已经使它从我们的道德意识中消失了。皮鞋、皮带还有皮包占了时尚文化中的一大部分，但我们许多人忽略了皮革其实是动物纤维的事实。全球上百万自称为素食主义者的人们，继续穿着皮鞋、背着皮包，当中许多人甚至躺靠在皮沙发上。

同样还有许多生态保护者，一边宣扬着带给地球更少负担的种种诀窍，一边却脚蹬着皮鞋、肩背着皮包。当皮革成为最普遍的服装材质时，它的制造与加工过程也变成最大的污染源之一。皮革工业被认为是十大最具伤害性的污染产业之一，对各种生物及生态系统带来了大规模的破坏。而且由于皮革制品的大量需求，因它而死的动物也是最多的。而皮革产业带来的冲击，远远超过屠宰场的

---

① 编注：《理发师陶德》是一部关于复仇的惊悚片。作者后面所提"购物清单"，对应的是电影中陶德杀人分尸的片段。

10 皮的诱惑

范畴。

和其他时尚纤维及材质一样,皮革对我们消费者而言,愈来愈"负担得起"。过去鞋子一向是一分钱一分货:有昂贵的高级款,做工的精细度与价格成正比;若想选便宜货短期使用,那么买合成皮就好。不过现在皮革已不再都是高档货。连着几章的主题可以看出,快速时尚之所以奏效,部分是靠着打压原物料成本而来的。因此,毫不意外,随着快速时尚锐不可当的成长,便宜、低质量的皮革也随之泛滥。今天,可能可以用一张 DVD 的价格买到一双皮鞋,当然我指的不是第五章所提到款式及价格有保证的高档鞋或"必买鞋",而是快速时尚里的鞋款,其中包括许多廉价仿冒鞋。总的来说,现代鞋子有着最短的使用期限,而我们也不再懂得如何修补维护自己的鞋子。

我选鞋子作为主题,是因为我自己就有好多双鞋子,算了算共有 6 双在役的靴子(为了区隔那些不再穿与被收到床下或储藏柜里的),18 双鞋子,主要是高跟鞋,其中两双是布的,其他全是皮鞋,包括一双"杀红眼"买下的 400 英镑的高跟鞋。运动鞋则已经没有从前那么多了:现在我有 4 双,其中两双是所谓的多功能鞋。总之我拥有的鞋子数量比平均值高出一倍——英国女性平均每人拥有 14 双鞋。

再来就是各种不同宽度、颜色的皮带。我超爱前几季流行的看起来特别有精神的束腰造型,所以我有几条又宽又大的皮带,有雾面的、漆皮的,装饰着多样的美丽环扣及皮带扣。不管朴素或艳丽，这些皮制品有一个共同点：那就是我完全不晓得它们是打哪儿来的。

据统计，多数皮制品是牛皮。牛是地球上最主要的畜牧动物，总数超过15亿头，几乎能在世界上每一个角落见到它们的身影。不过，牛的生态档案可不低调。根据联合国一份影响深远（同时备受争议）的报告《牲畜的巨大阴影》（Livestock's Long Shadow），牛只畜养造成全球温室气体总量的18%，且全球33%可耕地被用于种植牲畜饲料作物。无辜的牛被认为是破坏环境的三大祸根之一。

世界上的多数皮革都制成了鞋子。全球制革厂每年600万~700万吨的总产能中，有一半是供制鞋之用。所生产的数量惊人：2006年（是我所握有确切数字最近的一年）全球大约制造出148亿双鞋，其中有近50亿双鞋面采用的是皮革。

恒河之死

为了一探隐藏在数字背后的意义，我们再次往时尚产业链上游追溯。这次曲折地来到4500英里外印度恒河畔的坎普尔城（Kanpur），这是世界人口最密集，也是印度北方省人口最多的城市。这里长久以来就是一个经济中心，曾有"东方的曼彻斯特"之称，不过是在制革厂大规模来到这个城市之前。因为市场对廉价皮革的需求，发展中国家的城市，如坎普尔，已经陷入深深的混乱和破坏状态中。而即使是有着一贯的工业传统的曼彻斯特，也绝不会容忍丝毫的如此状态。

我曾亲自造访恒河,在瓦拉纳西河畔挤满苦行僧、沐浴者和商贩(有些带着舞动的大蛇及笛子),各种声响、气味、花瓣为整个经验平添浪漫。老实说,恒河看起来并不干净。当我们的小船大清早被推进混浊不已的河中,一具牛尸从边上滑过(有点破坏了浪漫感),水面上仍然有花瓣漂浮着,共同交织出最特别、真切的印度体验。我能够深切理解何以恒河被称为"生命之河"。

然而,这绝非真正的体验。若是我沿着恒河往上200里,到坎普尔这座大量废水被排放进恒河的城市,将看到更多真实的面貌。在这里,恒河著名的重生力量失灵;在这里,河水气味刺鼻,水面漂浮有毒泡沫,空气充斥着皮革加工的恶臭。

环境政治学博士哈克席·加斯瓦(Rakesh Jaiswal)花了超过20年的时间致力于清除制革厂造成的污染,希望控制及改善国际配件工业为"生命之河"带来的冲击。他采用的不是唱高调、写抗议信的方式,而是投注全副精力,对恒河遭受之毒害已病入膏肓这一事实提出警告。他的努力带来了重要的突破:1998年一场与坎普尔制革厂的诉讼,最终使127家污染最重者强制关厂;2001年,他逼着政府直面偏远村庄铬毒害扩散的事实(铬是皮革加工中的主要用料)。但这还没完,还差得远呢。加斯瓦继续游说国内外媒体亲自走访坎普尔市,沿着有400余家制革厂密布的恒河畔走一遭,不论《华尔街日报》《时代杂志》或《史密森尼杂志》(Smithsonian)无不惊骇不已。《史密森尼杂志》的乔舒亚·哈默尔

<u>为什么你该花更多的钱，</u>
<u>买更少的衣服？</u> <u>To Die for :</u>
<u>Is Fashion Wearing out the World?</u>

价格：75英镑

平价版本的象征地位的鞋
受到奢侈品牌2009春夏款发展出来的绑带鞋，
增添上许多真皮的绑带和缀饰。

这张皮是从哪里来的？

伊布拉罕每天泡在深及大腿、气味辛辣的粉蓝色水中，搅拌动物生皮，好让桶子中的化学剂能被生皮吸收，这样才能顺利脱去皮上的毛发及杂质，成为一张柔顺的皮革。他在恒河畔400家印度制革厂的其中一家工作。伊布拉罕的工作最糟的部分，是他必须把破碎的皮从混浊的液体中捞出。他的工作是用脚踩踏生皮，之后再抛出。老板不在时他会试着偷懒。老板似乎没有注意到，或许正因为他假装这个不到法定工作年龄、年仅14岁的伊布拉罕不存在一样。不过说真的，这家制革厂也不该存在，因为它并未获得许可，在制革厂工作的人自然也省得依规定佩戴护目镜及手套。虽然工资低廉，但这是伊布拉罕唯一能找到的工作。他是穆斯林，因此没有印度教徒处理牛皮可能产生的困扰，虽然那些偶尔造访并且假装要关闭制革厂的官员总宣称这些是"水牛"皮。你最好别追问如何在一天内弄来50张水牛皮，供伊布拉罕进行泡制、踩踏及搓揉作业。这是一个众所皆知的秘密：这些生皮是大量屠宰一般牛只所取得的，在一个号称人与牛彼此和谐共处的虔敬国度里。

老实商标™

（Joshua Hammer）写道："我早知道在这座有着400万人口的大城市里不会看到一条太干净的河，但我没料到迎来的会是眼前的景象和气味。"加斯瓦聚精会神地盯着充满硫酸铬的水流。硫酸铬通常被当作皮革防腐剂，会导致呼吸道癌变、皮肤溃烂及肾衰竭。"记者们实际的见闻，与当地希望管理这些有毒废水的意见一致。"坎普尔浸在自己的脏污中。"阿殊克·米什拉（Ashok Mishra）如此告诉一名《华尔街日报》的记者。

根据报道，往内陆再深入一里多，就会看见为数众多的蓝色及黑色水塘，上面漂浮着一层油屑。等积水蒸发后，会留下如大理石纹路的蓝、绿色物质，反应了皮革加工中使用的化学原料：锰、铬、硫黄、铅和铜。恒河黯沉的水流看起来一副病恹恹的样子，我猜想当一条河流被近四百家制革厂倾倒废水时，就会是这副模样（据估计在印度约有2100家制革厂）。2010年时，一名《时代杂志》记者形容加斯瓦在这场对抗制革厂污染的战役中已经精疲力竭了。我完全可以体会，加斯瓦估计这条长河完全毁灭只是时间问题。其实从生物学的角度来看，恒河已经死亡，要在恒河看见一只恒河豚或是一只乌龟，比中100万美元的乐透还难。想当然耳，所有新闻报道都提到漂浮的鱼尸与在圣河中沐浴的僧人并存的景象，充满化学药品的深蓝色河水在他们的大腿边粼粼摇曳。但要解决当前的问题，需要的远不只是祈祷。

10　皮的诱惑

有毒的足迹

生态学家关切持续恶化的环境；毒物学家根据"毒性负载"（toxic loads，指外来化学物质或分子在生态系统中的积累总和），研究合成化学物质泛滥的现况。一些坎普尔制革厂造成的毒性负载非常巨大，但制造商表示它们才是受害者。"人们将制革厂看成罪魁祸首，但这并非事实，只有2%的废水来自制革厂。"坎普尔最大的制革厂"超级制革有限公司"执行长伊姆朗·史迪奇（Imran Siddiqui）表示，他的工厂位于当地最早的皮革工业区。环保人士如哈克席·加斯瓦表示：这个产业带来的破坏力难以衡量。还有暴露在多种剧毒混合物中的工人，这些冲击都必须让更多的人了解。在坎普尔，官方治理污染的方法，就算说得客气点，也不过是不痛不痒而已。

但对待这样的惨剧，有什么好客气的？重金属污染严重的证据以及造成的冲击都不可忽视，无论是在坎普尔或其他皮革工业中心，还是从埃塞俄比亚（随着牛只畜养数目的增加，就越有机会在皮革市场占一席之地）、巴基斯坦到巴西。皮革生产不仅需要众多牛皮，也需要大量的水。由于生产需要几乎无限制的水源供应，因此制革厂多半位于河岸。这就将我们带入问题的核心。你可能从书中的其他章节已经察觉，水资源的污染与短缺是我首要关注的议题。专家和学者预估，未来的战争将源自争夺水而非石油，有些国家的用水安全已非常紧张。全世界至少有 1/3 的人口苦于缺水，国家也为了淡水权争议彼此冲突，包括印度及尼泊尔、埃及和苏丹的例子。此外，全球有数以百万贫困人口无法取得干净、安全的用水。

皮革产业不只需要大量用水以将牛皮转为"湿蓝皮革"（将毛皮去脂脱毛），也会将充满加工用化学药剂的废水排到河中。证据显示，坎普尔一年加工的皮革为 1600 万~1800 万张。仅超级制革厂一家一天就生产 5000 双鞋子。这些加总起来意味着非常大量的用水。"其实没有人真的知道它们制造出多少废水，"一名加茂（Jajmau）当地的化学家阿杰·卡努佳（Ajay Kanujia）表示，"不过一般认为制皮厂制造出来的废水量在每天 2000 万~3000 万升。"谈到目前为止最让人害怕的，是尽管坎普尔试图管制污染，但他们的努力比起这座城市众多皮革的需求，仿佛沧海一粟。官方也承认，用来清除废水中锰、铬、硫黄、铅和铜等物质的处理厂，一天可处理 900 万升，其余约 2100 万升废水就这样排进恒河。难怪坎普尔已快速成为污染全长 1500 里、流经印度内陆的恒河流域的渊薮。

皮革化学加工造成大量的有毒污泥。当地居民直到新生儿罹患神经失调症状，以及饮用、烹调、沐浴、灌溉作物的地下水源变成诡异的黄色时，才知道已经受到影响了。事实上也没那么神秘，坎普尔的制革厂就在光天化日下，每天倾倒 22 吨固体废弃物或淤泥。一名官员告诉环境调查员："这些废弃物大部分都含有有害物质铬：每克废弃物中含有 18~22 毫克铬。"也就是说，每天有 440 公斤铬被弃置。过去 7 年来，官方的处理厂已经弃置了大约 1125 吨铬

10　皮的诱惑

在坎普尔的土地上；若再加上这个区域内"非法"制革厂地下加工的部分，实际的量恐怕是天文数字。

这片土地是农民供糊口耕种之所需，种植的蔬菜作物是为了喂养他们的下一代。对当地居民而言，生产的作物是赖以维生的口粮。世界各地的科学家忧心忡忡地监测重金属如铬被蔬菜吸收，进而进入人类食物链的问题。这对人类健康会产生什么样的影响呢？吸入高浓度特定形态的铬，会导致流鼻血、溃疡及"鼻中膈穿孔"。更高的剂量将伤害肾脏及肝脏，引发胃溃疡、抽搐等症，甚至死亡。研究显示，约10%特殊形态的铬可在人体中存在5年以上，而在胃中的铬可能引发突变，造成基因及染色体的损害。

诺拉艾荷达（Noraiakheda），坎普尔一个3万人口的小区，就真的无处可逃。它首当其冲地受老旧制革厂气体六价铬的毒害（也就是发生在美国，导致艾琳·布罗克维齐［Erin Brockovich］挺身对抗太平洋煤电公司［Pacific Gas and Electric Company］的物质）①。热风扬起粉尘，甲烷在炎夏的几个月燃烧，向空中喷发烈焰。总之，拜这些为英国、德国和美国市场生产鞋子的皮革工业所赐，土壤和空气都已染毒，人类也已受到了毒害。

当然，并非皮革加工的整个流程都会产生毒害，这取决于是否使用铬作为鞣制剂以强化及加速加工流程，包括确保着色以及有效防水。事实上，有其他不同的皮革加工方法，例如更为传统的植物

---

① 译注：即好莱坞电影《永不妥协》的故事。

鞣法，但却更为耗时，也因此更为昂贵。因此，即使铬相对不稳定但仍被选用。坎普尔的制革厂一开始使用硫酸铬（三价铬）处理皮革，然而废弃物被倾倒在外之后，与空气发生化学反应，转化成为有潜在毒性的六价铬。一名悲伤的社会运动人士表示："在坎普尔，只要一场大雨，土壤和地下水就会受到严重的污染，雨水流到哪里，铬就流到哪里。"

即使当地也有像艾琳·布罗克维齐这样的环保斗士，例如哈克席·加斯瓦，但是如好莱坞巨片般把我们从舒适窝惊醒的事情并未发生。大概因为我们都太贪求也乐于享受着大量便宜的鞋子及皮包。迄今只有一场针对印度皮革工厂污染的大型抗争。2000年，《海滩游侠》中的漂亮宝贝帕梅拉·安德森（Pamela Anderson）为了动物权利议题，为一部善待动物组织的影片配音，首次以影片方式揭露印度牛只屠宰现况。片中以图像及令人不安的影像记录了如下情景：牛只被强迫塞进卡车，有些牛试图跳车，有些孱弱地瘫在地上；还有最残忍的生剥牛皮。此后，更多相似的证据浮现，证明该产业丝毫不顾动物福祉；印度的皮革产业不仅血腥，甚至违反该国宪法——全印度除了两个省之外均禁止屠宰牛只，牛在印度教中被视为神圣之物。

曾经有段时间，善待动物组织的抗争活动初显成效，全世界主要零售商，包括英国本土的玛莎百货和阿卡迪亚在内，都同意抵制印度皮革。善待动物组织宣称这将使印度皮革产业付出6800万美元的代价。印度政府及皮革出口协会保证会改善运送和屠宰的条件。

事实真是如此？最近的影像证据显示答案是否定的。印度屠宰业者依然游走在视若无睹与官样文章、合法与非法、正式和非正式之间，无心改革。他们在意的是满足上百万张牛皮的需求，以及我们对廉价产品的渴望。英国仍是全世界第三大印度皮革进口国。2010年，一位主要的皮革专家表示："印度的皮革中，75%可能出自非法来源。"

人为皮死

无论如何，如果你是把皮革踝靴或飞行夹克卖得风生水起的国际时尚集团，你总是能换到其他国家继续生产。印度并非唯一生产廉价皮革制品的地方，全世界都有按着不同规范（并无国际统一标准）或是根本不照规范生产的制革厂。皮革产业已成为国际污染的定时炸弹。

我实在是不想再次点名孟加拉国，这个快速时尚的邪恶轴心，然而，在距离达卡不远处的哈沙巴（Hazaribagh）地区，就像恒河的坎普尔流段一样，正在成为环保抗争的焦点。

2008年，英国环境调查机关"生态激力"（Ecostorm）与《生态学家》（Ecologist）杂志，共同针对"孟加拉国皮革交易骇人听闻且不为人知的人类及环境代价"进行调查。作为结果的影片与文字证据，集结成一部名为《人为皮死》（Hell for Leather）的报告，警醒了像我这样的鞋痴。它证实了我们最深沉的恐惧，揭露出可能被出口到英国商业街市值 2.4 亿美元的皮革在制造的过程中肆无忌惮地使用有毒化学药剂。它还令人玩味地点出欧洲化学工业巨擘在当中扮演的角色，以及对数千里外、没有发言管道的人群带来的无形影响。

你应该已经意识到，皮革亟须大量的化学药剂与水。一车车蓝色、绿色和黄色桶装化学药剂几乎不间歇地被送进制革厂。《生态学家》和"生态激力"所做的调查发现，在达卡皮革加工中所使用的化学药剂，有 20% 是来自英国科莱恩（Clariant）公司。科莱恩强调：任何化学用品都符合欧洲安全规范。但调查员指出，该公司并未说明当这些化学药品混合在一起时，或未经适当处置就予以排放，会对工人及环境产生什么样的影响。而这些工厂显然没有任何适当的处理设施。

全世界每个角落都有人在等着电影《永不妥协》结局那一刻的来临，法庭伸张正义，为他们所受之苦还以公道。有时他们以为有所进展，几乎所有的皮革生产国都有一套制革厂迁移计划，包含一系列的承诺，以及官方慎重允诺祸源将被迁移到具有处理设施的偏远地区，如此，该小区将能够恢复生机，并且生育出没有先天缺陷的下一代。悲哀的是，这些计划最后都无疾而终。我试着追踪孟加拉国和印度几个不同的迁移计划，但我已数不清计划延期了多少次，相关的保障措施也一再顺延。我难以想象当地民众的绝望，挣扎、奋斗、生养家庭，以及在有毒的污泥上种植蔬菜。

对官方响应最礼貌的评语就是无能。回到坎普尔郊区，中央污染控制委员会设立了告示牌,警告民众小心地下水中的有害污染物。然而,问题是当地居民并没有其他水源,他们除了视而不见,还能怎么办?同时,也有说法指控,原先用来建设合适处理设备的款项已被挪用,废水依旧流入恒河,污泥仍弃置在空地上。处理厂筹划超过 15 年,如今恒河坎普尔段的铬含量已超出最大建议量的 17 倍之多。

亚马逊在流泪

为了制造出我一整柜的鞋子,南亚地区深受其害。无法无天的污染问题持续肆虐,如果我能对此视而不见,那么同样的,我很可能对于这堆鞋子正破坏地球现存最重要的碳汇、有"地球之肺"称号的亚马逊雨林也一无所知。在这里,大型农场豢养成千上万的牲口,而且扩展的速度越来越快,已逐渐深入雨林,仅短短几个星期的时间,就能将大片森林铲平。我们知道事态严重:1970 年以来,亚马逊雨林面积已经缩小了 1/5,其中 65%~75% 的原因可归结于牛只畜养。2009 年,巴西政府宣布要在 2020 年前提高其世界牛肉市场占有率,从 31% 提高到 60%,完全无视现有的扩张造成对雨林的伤害已经到了从地球外层空间看都清晰可辨的程度。

在此我要回到之前的"副产品"争议上。亚马逊雨林的牛只放牧无疑是为了满足贪得无厌的全球肉品市场:巴西拥有全球最多商品牛只畜养数量,达两亿头之数,也是全世界最大的牛肉出口国和

为什么你该花更多的钱，
买更少的衣服？

282

To Die for :
Is Fashion Wearing out the World?

价格：120 英镑

流行飞行夹克

毛羊皮（是吗？）和皮革（是吗？）

为什么我那么受欢迎？

　　当正牌博柏利（Burberry）飞行夹克出现在2011年秋冬秀台上时，大众流行品牌都松了口气。从这里我们可看出些许端倪。以1895英镑的价格来说，只有少数人能买得起这样的正牌行头，尤其它可能很快过时。不过大众流行品牌正好擅长把高档货予以大众化。如果你的店在2011年冬天时架上没有卖飞行夹克，那么干脆关门算了。这是一件中等价位的夹克，不像有些商家30英镑起跳的劣质合成货。我们知道消费者喜欢软绵绵的羊毛，所以我们这件外套的领子上就不用真正的毛羊皮（Shearing，知道毛羊皮和羊毛的不同吗？毛羊皮是带着羊毛的羊皮，意味着这只羊已经死了）。我们对这样的事非常在意。但这可是高级货：采用真正的、如奶油般柔软的皮革，梦幻般的逸品。事实上，会有如此效果，是因为这块皮革在恒河畔百余家制革厂之一已经过了大量的加工。在工人以脚踩踏皮革的桶子中，大约混有近300种不同的化学剂。这个产业似乎难以满足市场对廉价皮革的需求：不论沙发，还有靴子、裙子、短裤以及现在这些夹克。成千上万的牛只被屠杀（许多报告指出：当牛被剥皮时仍然非常清醒），就连在信奉印度教为主的社群，牛的待遇似乎也未引起抗议。

老实商标™

第二大的牛肉生产国。至于和中国并列鞣制皮革最大出口国或许令人疑惑。若你以为巴西的皮革产业，只是搭上牛肉生产的顺风车，可就大错特错了。2008年，巴西牛肉出口收益达51亿美元，丰收的一年。皮革销售成绩也不差，从惊人的2480万张牛皮大笔收进19亿美元。皮革在巴西可不是配角。

巴西畜牧产业的增长，是地球上有史以来最大的农业计划。这个国家的畜群从1995~1996年的1.53亿头，成长到了2004年的2.05亿头，增长幅度超过1/3。2006年，这些牛只超过40%聚集在亚马逊，在那个区域人与牛的比例相当于1∶3。为了要塞进去更多牛只，这个计划就需要不断侵入雨林深处，原始部落的居处。我们必须扪心自问，若不使用这里生产的皮革是否是一种浪费？毕竟牛只已被屠宰作为肉品，或者这只是个让我们得以摆脱良心谴责的推托之辞？

绿色和平组织在经过为期三年的调查后，提出了一份名为《屠杀亚马逊》(*Slaughtering the Amazon*)的报告，证明巴西政府背后"金援"国内牧牛业、"非法扩张"破坏亚马逊，同时又宣称自己忠实扮演地球上最重要碳汇守护者的角色。看看巴西总统卢拉（Lula da Silva）在2009年哥本哈根气候变迁高峰会中的发言：

> 发达国家不能在分担成本与牺牲上继续置身事外。巴西相信发展中国家也同样应该参与其中。因此，我们在哥本哈根会议的谈判桌上作出重大提案：即在2020年全国的二氧化碳排放量减少36.1%~38.9%。我们也承诺在同样期限内，减少80%的

亚马逊森林砍伐。相较于2008年,今年(2009年)亚马逊森林砍伐减少了45.7%,足以看出巴西的决心。我们提出的减排方案光就控制森林砍伐一项,就超过许多发展中国家在哥本哈根提出的做法。如此显著的差异,有待协商过程加以弭平。

绿色和平组织的报告同时指出,巴西政府默默买进世界上最大的几家牛肉商(同时也是皮革加工业者)价值25亿美元以上的股份。在这项投资中将占最大份额的是哪些业者呢?包括世界上最大的三家皮革贸易商:Bertin、JBS和Marfrig。经过调查,由牧场、屠宰场、加工业者、制成者、品牌推广和零售商组成的复杂全球贸易网络逐渐现出原形(若是对它们投注够多的精力和决心,自然会水落石出)。绿色和平组织成功追查出上百家为大型皮革公司供货的牧场,背后都有巴西政府撑腰。他们对比官方地图与卫星影像上畜牧场及亚马逊雨林的边界,揭开了巴西政府的漫天谎言。牧场非法强占了雨林中庞大的面积。绿色和平发现:"有相当大量的牛只来自近年活跃且进行非法砍伐的牧场。"从卫星画面上可以清楚地看到,当牛只一路穿过矮林地时,砍伐森林后残余的白色灰烬仍旧闷烧着。

从时尚的角度来看,在这些巨型巴西皮革公司中,最令我感兴趣的是Bertin。一如预期,Bertin主要将皮革销往中国,这个生产全世界60%鞋子的国家。以加工皮革的市值而言,巴西是中国最大单一出口国,这些皮革在中国以快速,还有在天知道怎样的工作条件下完成加工。绿色和平的调查发现,中国制造商以这些加工后的皮革为原料,为著名品牌如耐克、阿迪达斯、锐步等生产运动鞋。光是阿迪达斯,一年就要用掉1400万平方米的皮革,其中85%来自南美洲,几乎全部由10家超级制革厂生产。

追踪亚马逊雨林滥垦与时尚产业间令人羞愧的关联,很快指向仅次于中国的全球第二大皮革与皮件加工产品出口国意大利。这个对皮革工艺热衷不已的国家主要进口未加工皮革:意大利偏好自行加工,即使未必在国境之内。其中1/4的原料来自巴西。绿色和平追踪皮革货物交易,发现Bertin子公司定期送往意大利两家主要皮革加工商:Rino和Gruppo集团。而Boss、Geox、古驰、Hilfiger、路易·威登,以及普拉达都是Rino Mastrotto的主要客户。这些公司该被谴责吗?我们无法提出确切证据,通常很困难,不过从供货的数据与模式看来,很有可能我的皮革配件正是导致亚马逊雨林遭到破坏的元凶之一。

雪上加霜的是,绿色和平的报告还揭露出在牧牛产业链末端,还存在那种你以为早已消失的"奴役劳工",形同监禁的抵债劳工被强制无偿劳动。在一些案例中,Bertin的货源包括非法将牛只饲养在从印第安原住民手中强行夺取的土地上。无须多说,相信对这些大名鼎鼎的时尚品牌来说,这并不光彩。

一旦非法放牧以及奴役劳工的指控针对它们,这些公司的响应各异。有些强调对于本身的供应链"可全程追溯",并且明文排除来自亚马逊的产品。绿色和平发现部分"可全程追溯"的保证十分空洞,显示了他们"对巴西皮革加工业的真实情况可悲的无知"。

比如说，有个品牌仅凭饲养牛群的牧场和加工工厂之间的距离统计数据，就宣称自己具备"干净的供应链"。的确很可悲，甚至更糟糕。

  为了维护品牌形象，这些公司一旦和不可靠的巴西皮革扯上关系，就都无不慌张地极力撇清关系。耐克改变它的供货模式，避免使用来自亚马逊的皮革；阿迪达斯、沃尔玛（Asda 的老板）、Clarks 和 Timberland 皆放弃使用来自亚马逊的皮革，直到替代的新系统能确保可持续性供应链。Timberland 的行动更进一步，推出后面我将会提到的"地球守护者靴"。

  这些难能可贵的承诺得到绿色和平组织的称许，但是其他的机构对此就不是那么有信心了。就像之前提到的印度残暴屠杀牛只事件曝光导致的生产暂停，或者因恒河畔爆发了化学毒物灾害而喊停生产，但谁知道能撑多久？当焦点转移到世界上其他角落或议题时，牛只数量会持续增加，牧场将继续往纯净的雨林扩张。对廉价皮革的需求有增无减，还有多久我们又会再次投入亚马逊皮革制造商的怀抱？

11

吞噬非洲的
二手衣幽灵

Dumped, Trashed
and Burned

我坐在一辆老旧四轮驱动车的后座上,车子蜿蜒行驶在距离马里首都巴马科(Bamako)3小时车程的广阔橘色沙土路上。在颠簸不平的路面,用"七上八下"仍不足以形容我们身体被抛、甩的程度。在后座的人含我共4个,我们似乎处于某种无重力状态中,每个人都摇来晃去,完全无法稳住自己。车子已经开了5个小时,而每次轮子压过一个坑洞时,我们本已麻木的屁股又让我们惊觉原来车上没有减震装置。偏偏,路上有很多坑洞。我们已经在棉田待了一整天,接着要去参观一家轧棉厂,而我们这趟到马里参观公平贸易棉花奇迹的既定行程,也就接近尾声。

我专注地盯着窗外看,某种程度上也是为了将我的注意力从另一位爱唱着《库拜亚》(Kumbaya)[①]的旅伴身上转移开来。眼前的景色随着天色转暗开始变得迷人。我们驶近一个沿着路长算大约足足有1英里且弯曲排列的村庄。随着夜幕降临,街景呈现一片繁忙,这或许算是当地的高峰时刻吧。我能辨认妇人与幼童的身影,他们带着桶子,领着山羊离开。不过,这里的男人看起来相当怪异。暮色映出他们高且瘦长的轮廓,而我肯定我看到他们每个人身上都穿着一件女式风衣。如果说有什么事情比在马里黄尘地带看见穿着风衣还系着皮带的男人更超现实的事,那就是所有人的袖子都只及臂长的3/4。

我记得这款比经典标准风衣长度更短、颜色更浅、在流行市场

---

① 译注:一首由加纳传入美国的黑人灵歌曲名,意为"到这里来吧"。

中曾经走红过的设计。受到杂志的影响，我也买过一件这种春夏之交必备款式的风衣。

似曾相识

在西非的这一周内，我远离了繁华的时尚世界。我们大多数的时间都在偏远村落与棉农在一起，在那儿有着多元的穿衣形式。年纪与我相仿的女性，倾向于穿着上面有着彩色图腾、质地轻盈的齐腾吉斯（Chitenges）（以布料裹身）传统服饰，有时还会用背袋把婴儿裹在背上。年长的女性穿得更正式一点，头上戴着高高的头饰。但年轻女性，包括小女孩，就一边倒地偏爱西方服饰：亮粉红色的T恤最"潮"，另外，到处都看得见男孩、女孩穿着牛仔裤，而且裤型总是喇叭裤。

但实在是难以弄清楚小男孩们穿的是什么，因为他们动得太快，实在无法进行任何分析。他们要不是飞快地乱窜，要不就是躲在角落偷看，在镜头聚焦前消失无踪。只有到了中午全村聚在一起，向客人（也就是我们）进行介绍时，受制于长辈要求一定得出现，他们才终于现身，沿着聚会场所的边上站着。更惨的是他们得非常安静地不动，不然一名盛气凌人的学校教师一个巴掌就要呼下来了。一直到这个时候，我才看见几乎所有小男孩的身上都穿着一件尼龙材质的足球衣：兵工厂队（Arsenal）、曼联队（Manchester United）还有皇家马德里（Real Madrid）。我不是足球专家，不过在我的国家每天的熏陶下，我还是认得出这些T恤上的队伍。在那场又闷又热的午间会议中，随意转头往哪一看，很容易就看到像贝克汉姆或齐达内这类熟悉的名字。

我还知道一点点的事是，足球衫是当今非洲最梦寐以求的商品之一。事实上它们受欢迎到令旧衣回收业者供不应求的程度。现在许多回收业者限定在他们从欧洲港口源源不绝运来的每个货柜中，一定要有一大捆是足球衫。这些货柜载着成千上万吨我们的旧衣服，进行万里单程航行。加纳、坦桑尼亚、安哥拉、卢旺达、刚果、喀麦隆，这一个个点得出名的国家，正如饥似渴地等着来自我们的二手衣物。等待二手衣已经是撒哈拉以南非洲的例行公事，牛仔裤、衬衫、运动鞋、夏季衣物、孩童衣衫等，这些我们淘汰掉的衣服，就这样遍布在非洲每一个城镇及大型村落中。"有时候整个非洲看来就像是个西方二手商品的大型露天市集。"记者麦可·杜罕（Michael Durham）在追踪一件在莱彻斯特（Leicester）被捐出的价值50英镑的女性衬衫时观察到这一点。他一路跟着衬衫进行了一趟惊人的旅程，最后到达赞比亚城市奇帕塔（Chipata）。这件衬衫被压缩挤进一个45公斤重的大包裹之中，由快桅（Maersk）运输货柜从英国出发。一件二手衣所经历的似乎是一趟不可思议的旅程。被丢弃的衣服一路从比斯开湾（Bay of Biscay）穿过地中海，经过苏黎世运河，到达非洲东岸，7周后抵达莫桑比克城市拜拉（Beira）的港边。这些二手衣被卡车运到赞比亚的奇帕塔后，就被称作"萨劳拉"（Salaula）（这个词在本巴语［Chibemba language］中代表的意思是"以粗暴的方式在一堆东西当中挑选",在乌干达称进口二手衣为"米翁巴"[mivumba])。

在过去几十年间,老旧衣物的命运出现了一百八十度的大转变。在距今还没有非常久远以前,我们的衣服都有很长的寿命:它们能一穿再穿,可以再卖或是进行交换,以缝补及修改的方法使它们的生命得以延续。当我得知现在更年轻的一代从来没穿过长辈留下来的衣服时,简直觉得不可思议。若是你认为只因为它们不再走在流行前沿,我们就一定要不断丢弃还算是新的衣服的话,一名时尚历史学家很快就会纠正你的想法。我们在复古衣传统方面会出现大断层的原因之一,是不久前上一代的人们仍习惯于将时髦衣物穿到磨成破布为止。说是破布还一点都不夸张。

不过我们这一代是绝对已经抛开那个习惯了,取而代之的是在过去20年间,愈来愈多的人选择将二手衣(又称"时尚废物")出口,对象主要是非洲国家。不时会听到有非洲国家试图禁止或是限制西方进口服饰的大量涌进。例如,乌干达在2004年时便基于卫生的原因,禁止二手内衣及贴身衣裤类的进口;南非至今依然对于所有二手衣物的进口有着严格管制;另外在阿尔及利亚部分地区,传统衣服仍然是主流,强有力地击败了这些被丢弃的二手衣。不过基本上,米翁巴和萨劳拉仍然是非洲人穿着的选择之一。撒哈拉沙漠以南的非洲,有超过1/3的人穿着二手衣。在主要服装进口商"贝儿泰斯科"(Beltexco)工作的穆斯塔克·劳吉(Mustaq Rawji)对一名《纽约时报》的记者说:"非洲的购买力低到购买二手衣成了民众主要购买衣服的方式。"曾经交易过铜、黄金和象牙的港口,如今大部分让给了服装。

如果有一天我们无法将富裕国家的时尚废物变成米翁巴或萨劳拉,我们该拿它们怎么办？这是一个大问题。没了这些便于抛弃的地点,我们很可能要为这些旧衣服费上一番心思吧。英国的掩埋场可能会被运动鞋还有风衣（很糟吧！？但就是这样）填满。二手商店内卖的衣服,甚至会比现在卖的更加参差不齐。若你是快速时尚的支持者,你也会支持这种将你不要的衣服再转卖到发展中国家的交易行为。它已经形成了一种消费循环模式：为了迎接新的一季,你得先将衣柜中的过时衣物清出。更棒的是,这还带着慈善的光环,给快速时尚提供了不带附加条件的救赎,还有什么能比这更两全其美的呢？表面上看来,这简直就是当特里萨修女（Mother Teresa）遇上了"崔妮与苏珊娜"（Trinny & Susanah）[①]。

买了就丢的后果

无论如何,谁知道我们的旧衣服最终是不是真的到了马里的廷巴克（Timbuktu）呢？我们在清空衣柜时并不会真的提出许多问题。耽溺于快速时尚里的消费者,处理衣柜的态度往往与处理冰箱的差不多。不过,我们丢掉牛奶是因为过期了会坏掉、清空蔬果层是为

---

① 译注：这两人在英国以替人搭配衣服而出名,主持节目以及著有专栏。

了保鲜，处理衣服则是为了控制住不断增加的量。为了满足购买的欲望，只好将原本的衣服处理掉。在这个"丢掉印花棉布"的时刻，我们的原则是清爽、宽敞及整齐。我们的首要目标是将眼前的杂乱一扫而空，好将目光瞄准未来。姑且名之为"买了就丢"或"消费与抛弃循环"。尽管这些劝我们戒掉坏毛病的口号从来就没有少过，但我们真正要做的是提出一个问题："在丢掉了以后呢？"

消费的增加必然伴随被弃衣物的增加。奇怪的是，当快速时尚一飞冲天时，似乎没有人真正停下来想一想后果：二手商店留下了一团有待处理的乱象。

你捐的是良心还是垃圾？

前一阵子，我为了确定大家丢弃二手衣的严重程度，潜入一些二手商店仍在进行初步织品分类工作的地下室一探究竟。这个经历为我上了宝贵的一课：说明了慈善的目的是什么，以及不是什么（这不总是显而易见的）。首先，我必须承认我蛮雀跃的。对任何喜欢衣服的人来说，一想到倒出一大袋某人的衣服时，总会感到充满了各种可能。好歹我是在一家位于伦敦西区特鲁利（Drury Lane）的乐施会（Oxfam）店内，通过可靠消息我得知连麦当娜与当时的盖·瑞奇太太（Guy Ritchie）[①]都曾经把不要的衣服留在这里。我心想着，

---

① 译注：盖·瑞奇是英国知名导演。

我会找到什么呢？是锥形胸衣？还是加里亚诺（John Galliano）设计的外套？老实说我还真有点希望可以有条商店规定，就是可以把找到的好货留到一边，以便稍后自己买下来，诸如是谁找到的就归谁（可惜并没有这条规定）。回归正题，当我在那里找的时候，没有一袋是来自麦当娜的，只有一件又一件粗糙、破旧的衣服：褪色的布料（这往往是由于清洗方式错误造成的）、拉链坏掉的长裤，还有垮掉的运动裤。

没有什么特别的，不过我的失望很快转为愤怒。"这是什么？"我指着（还好是用原子笔而不是用手指头）一块上面有着黄色图样的布料，问负责筛选店内织品的志工毕涵（Biha）。"喔，那个啊，"她面无表情地回答，"那是某人的脏内衣。"一股强烈的恶心使我觉悟，原来一般消费者（我当然也算一分子）居然会以做善事之名，行倒垃圾之实。可想而知，在那个有着脏内衣的袋子里，既不会有被遗忘的迪奥舞会长裙，也不会有第一次世界大战时的护士制服，亦没有一件能卖给收藏家，为店内付清几个月房租的桑德拉·罗得斯（Zandra Rhodes）单品。只有一些汗衫、一件有花朵图样的夏季裙装，还有很多件发霉的毛衣。我问工作人员："你一天要过滤掉多少件脏内衣？""是有一些，"她说，"大概每五袋中会有一件，有些袋子里真的就只有脏衣服。"

英国最大的慈善回收衣物机构之一救世军（Salvation Army）的研究，首次使我留意到，就算不把脏内衣算在内，"捐赠"的具体效果实在有好有坏。关键在于，就慈善回收衣产业来说，看重的是质量而不是数量。但消费者大多认为数量比质量重要,两者之间有着明显的落差。显然我们丢了什么也就反映出我们买了什么,无疑回收者及慈善机构也都明白,衣服的质量正在下降。在过去的15年间,回收物的再售价格严重下跌了大约71%。有时跌到获益比收集及分类所需的成本还低的程度。这对于需要靠着回收旧衣来获得收入的慈善团体来说,显然是具有杀伤力的。

一份由救世军及其他团体进行的研究指出,接受调查的消费者中,有63%同意在过去3年间衣服的质量下降了,62%表示衣服的寿命变短了。这点慈善机构可以为证,它们不是空口说白话。1996~2006年,英国的新衣销售量提升了60%。乍看之下,慈善机构应该被状态绝佳、几乎没怎么穿过的衣服忙得应接不暇,但是,它们发现非常难从得到的衣服中获利。要说应接不暇?的确是。但是大发利市?省省吧。从布料的基本标准、缝制剪裁,再到生产过程,所有的质量都被公认是下降了。

当我询问消费者他们如何处理"旧"衣服时(我很小心地使用"旧"这个形容词),他们总是得意且骄傲地回答:"我回收它们"或是"我把它们捐给慈善机构"。我们倾向于高估或吹捧我们捐出去的品项:大家会炫耀自己是怎样捐出一条"非常好的裙子"或一件"质量一等一的上衣",似乎期待在下星期四走在大街上时,就会看见自己的裙子或夹克被展示在当地慈善商店橱窗中的人体模特儿身上。不过这个概率实在是很低:英国的捐赠中大约只有10%的"精华"会真的在店中以零售的方式贩卖(对慈善机构来说,它们的利润是最好的)。其余的衣服很有可能就会踏上那通往某处的1万里旅程,我们又回到萨劳拉的问题了。

老旧杂货生意

旧衣回收厂总是让我很着迷。不管怎么说,我还是会期待偶尔能遇见一件物超所值的衣服,不过最主要的还是在于如何定义物超所值啦。巨大的厂棚内收着来自全国各地的成堆衣物,在输送带上将捐赠品转变为回收的衣物,一直到它们全都抵达这间厂房以前,这两种类别不全然是一回事。为数众多又有经验的旧衣回收人员,从位于约克郡的"废弃拯救者"(主要为乐施会进行分类处理)到伦敦东区的LMB(前身是劳伦斯·贝瑞[Lawrence M. Barry]),将我们不要的衣服进行分类,并分级成上百种不同的序列,将不要的布料打包起来,卖到世界各地的市场中。现今,慈善机构将所有分类以及销售的工作都委外经营。当你捐衣服的时候,可能以为自己的衣服会被放在一间慈善商店内贩卖,或是被送到某个有需要的地方,可能是受饥荒所苦或者被送至战区,作为直接的援助。但事实上,你能做出的贡献离所谓的"直接",还远得很。慈善机构将以称重或是廉价出售的方式,将这些衣服卖掉获利。买进这些衣物的再加工者或回收者,再将这些衣服卖了赚钱。若你不是全球化之友,认为与其支持自由贸易还不如支持公平贸易,那么在你将衣服捐给慈善机构前请三思:因为它们被卖到撒哈拉沙漠以南非洲二手市场的这趟旅程,可是一场全球化之旅。

　　回收厂有自己的步调。输送带的马达声伴随满载着新到的老旧杂货的条板箱,鞋子从输送带上被抓下来,丢到下一层的分类线,这些程序全都有条不紊地进行着。英国在线进行回收的工作人员多数来自东欧。他们的技巧非常娴熟。当我还在为着送到我眼前的衣物(它看起来有点像是件保暖衣,但内里的填充物已经跑出来了,卷进了睡衣里)该分到哪类而挣扎、烦恼时,站在我两边工作的女性已经利落地将纯羊毛从克什米尔混纺品中分出,再把物主自行染色的人造纤维衣以及学校制服裤分别丢进不同的箱子。在此可以清楚看出的一件事是:不花人力,或者没有一双双锐利、有经验能看出纤维及剪裁细节的眼力,是不可能将这些衣服进行妥善分类的。二手衣的命运经过回收者的手,在一瞬间便决定了。

　　第一等二手衣(也就是我之前提的前10%)会在商店里售卖,任何老旧或怪异的款式都会被挑出来,分到次一个等级中。有些(尽责的)回收者会再将这些二手衣分成上百个不同的等级。从前,羊毛会被送到托斯卡尼(Tuscany),那儿有一个叫作普拉托的城市,具有上百年回收羊毛的历史,规模庞大且通常为家族经营。羊毛在那里会变成可制成西装的纤维。品质较差的羊毛会被打碎,做成车门内的夹层铺料。不过,现今羊毛比较可能的归处是掩埋场。

　　英国一年回收的30万吨衣物中,只有52%的质量够格被再次贩卖(其中10%会被用来填充汽车坐垫或变成工业化机械使用的擦布)。这样的比例是从几年前的60%落下来的,再次印证了先前救世军研究员提出关于质量下滑的结论。接下来,大约50%会再被分级,并捆成一包包的萨劳拉或米翁巴。到了这个地步时,你真的不能再说你的二手衣是纯粹的"捐赠品"了吧?在撒哈拉沙漠以南的非洲消费者要付多少钱买萨劳拉(虽然许多人由于怀疑这些是西方捐出来的衣服而拒绝花钱买)以及他们得到的衣服质量如何,很大一部分取决于分类时的质量管控。"有些大型慈善机构的分类真的非常粗糙。"在伦敦东区家族经营的LMB工作的米歇尔·寇吉(Michelle Goggi)表示。听起来她真的很生气。"这就是为什么会出现垃圾被丢到发展中国家的现象!已经完全不能穿的衣服会被送到像是乌干达等地方!他们只是把这里当垃圾桶而已!"在她眼皮底下经过的衣服被区分成160种不同类别,在此以前,已经经过7次检查。每个国家都有自己的喜好。在这个奇怪的废弃物民主中,没什么人会在乎品牌。除了Next牌的单品在波兰马上会被抢走之外,一条克里斯汀·迪奥的裤子亦不会被分类员另眼相看。事实上,在160个大型分类项目中,没有一个是给奢侈品牌的,它会和一条玛莎百货的裤子分在同样的等级。只有当它们在开襟的地方有缝线或是裤脚有翻折边时,才会被升级放入"昂贵的"萨劳拉衣服堆中。如果不是喇叭形的牛仔裤,就别想卖到非洲。如果不是他们要的,这些衣物就绝对会被冷落到一边。这让我担心起了那一堆肯定很快就要来到每家回收中心、在过去5年间占据流行圈的紧身牛仔裤。不过终归来说,我对于这家中心的分类质量,以及其对撒哈拉以南国家的流行偏好的关心,感到振奋不已。

萨劳拉消费者

穿萨劳拉衣服的人,几乎不可能会是有权有势的消费者。事实上,他们是地球上最穷的一群人。若是你一天只靠不到1美元生活着,能有什么其他购买衣服的选择呢?在肯亚,一件全新男性衬衫的价格差不多是一件从西方进口萨劳拉的8倍。

我看过一部关于服装回收的德国(有英文字幕的)纪录片。一名德国回收业者将装满一货柜的萨劳拉运送至位于喀麦隆的城镇玛达(Mada)。当地小贩一听说货来了,便前来打听价格,但显然对这出价很不满意,认为索价太高了。当片场人员终于找到一名愿意买下一捆萨劳拉的妇女时,时间已经相对晚了。由于她不被允许将每一捆衣服打开来进行挑选,于是她从每一个角度寻找能用来判断这捆衣服质量的蛛丝马迹。当她看到有一捆当中有一点点粉红色的条纹棉布时,便决定就要那一捆。这可不是个随随便便的决定,这一捆的价钱是足以让她喂饱家人一个月的数目。

随后,我们看着她走进市场,在一群引颈盼望的人群面前打开那一捆衣服。当衣服散开时,她焦急地扒梳着一件件衣物,紧张地计算着是否能靠着它们回本(这关系到她与她的孩子能否吃饱)。这让我在看待萨劳拉/米翁巴时五味杂陈。一方面,这些是来自我们不要了、丢弃的、然后被慈善单位便宜卖掉的衣服;另一方面,这些衣服却可能使得一名资金非常稀少的发展中国家小贩因此破产。这个妇女完全仰赖着分类的质量,将她的信任寄托在几千里远的回收厂中。但不是所有回收厂都像 LMB 那么细心负责。

在摄影机的紧紧盯梢下,妇人稍稍掩饰了点自己的失望。那捆货里头没什么意外的惊喜。"把我的衣服放回来。"她对一名挖出 4 件衣服并且紧紧抓住它们的年轻男子说。她不相信他是个老老实实的顾客。一天过去了,她卖掉了两件裙装,她收起挂在金属衣架上的衣服,领着拍摄团队去她住的地方,看她的先生(没有工作)和 4 个男孩。她希望能在两周内把今天买进的那捆萨劳拉卖完,她首先会将目光放在其他卖家的身上,包括一名专门把萨劳拉带到商业区贩卖的朋友,在那里有喜欢买萨劳拉但不喜欢被见到公开在那儿讨价还价的上班族客人。当她再一次经手那一捆中剩下来的衣服时,价格就会一落千丈。她必须要赚进足够让她购买下一批萨劳拉的资金。

自 20 世纪 90 年代中期二手衣开始主宰非洲市场以来,来自英国的货品对许多靠着萨劳拉及米翁巴生存的中间人及商人来说,便一直是首选。来自英国的货品看起来比来自北美的货品更新、被穿的次数更少。而这一切完全取决于这些衣服来到以及离开我们衣柜的速度。此外,对于英国捐赠物之质量的下滑,大家也是心照不宣。坏掉的拉链、掉色、容易被弄脏或被撕坏的劣质衣服,留给赖此维生的商人们一袋又一袋毫无价值的烂货。

对萨劳拉商人来说,还有个额外的障碍得克服,那就是有全世界最自由开放的经济区之称的迪拜,也开始来分一杯羹。它在偌大的自由交易区内开设了回收中心，借着使用低薪劳工，这些中心分类的速度更快，而且也比英国回收公司便宜多了，对于分类的品项管理自然也更欠讲究。这样的现象使得萨劳拉商人花一个月工资买到只比垃圾好一点点的衣物的概率更高了。

　　二手衣贸易已经将国际成衣市场弄得天翻地覆，而且支持者并不少，甚至在英国就可以找到。毕竟回收业者也要靠着源源不断的收入，才能资助它们进行收集及分类的作业。同时，这项贸易宣称可以让各方各取所需、皆大欢喜，借此惠及全世界。例如，显然对萨劳拉赞誉有加的英国记者凯文·欧康纳（Kevin O'Connor）说："当一名乌干达径赛选手站在起跑线时，他身上可能穿着什么？你会看到令人眼花缭乱的牌子。背心可能是阿迪达斯，鞋子是耐克，袜子是Brooks，还有Asics的钉鞋。不过每件服饰一定都有一个共同点，那就是它们都有一个生活在第一世界的前物主。他们不想再穿了，然后丢弃再买新的。"我们的确难以想象会有任何第一世界的专业运动员如此东拼西凑地出场，不过，要将米翁巴当作一种利国利民的创举，这让我敬谢不敏。

　　事实上，这些二手衣的消费者并不是真正严格意义上的消费者，因为他们根本没有其他选择。每年二手衣的全球贸易总值估计超过10亿美元，对第一世界的国家来说，这是一桩大大的生意。一份研究显示，所有航向非洲的货柜中有16%装满了二手衣服。若把这样的行为单单视为是将"捐赠物"送到一个对此举感恩戴德的非洲国家，显然是太过天真了。这些"消费者"其实只买得起我们丢掉的废弃物。同时，第一世界的消费模式亦导致大量的二手衣涌入非洲市场。只要萨劳拉和米翁巴存在一天，撒哈拉以南的非洲国家就绝对没有机会发展自己的成衣产业。持续观察津巴布韦萨劳拉完整循环链的学者凯伦·泰斯伯·韩森（Karen Transberg Hansen）记述着老一辈、"可敬的"公务人员是如何回忆自己从前向当地服装商"索立斯"（Sories）购买第一套西装、让他们为自己剪裁并且量身定做的经验。这项传统已经几乎要被二手衣给淹没了。津巴布韦人对萨劳拉带来的结果，可说是爱恨交织。韩森引用受欢迎的专栏作家乔维·米威纳咯（Jowie Mwiinaga）在政府提出要取缔萨劳拉以鼓励在地织品工业时为进口二手衣做出的"辩护"："社会大众对于政府试着强迫他们穿全新的衣服感到愤怒……当地的成衣业者，比如说迪泰士只能做出很烂的衣服……他们对于人予人救援发展组织（DAPP）在二手部门卖的东西感到完全满意。我们在很久以前便已经让自己安于用二手货、过二等生活了。"

禁止萨劳拉真的就能在撒哈拉以南非洲建立起一个本土的时尚产业吗？谁又有什么权力阻拦一个当地居民显然有需求，而且还是有着迫切需求的产业呢？一些经济学家对此议题有相当明确的主张。多伦多大学的加斯·弗瑞瑟（Garth Frazer）写道："从来没有一个国家能够在从事成衣制造业的人口未达总人口的1%的情况下，其经济达到发展中国家的水平并维持稳定的。"也就是说，一个国家要发展，就必须要有一个在地的服装产业。他毫不迟疑地指出：只要米翁巴和萨劳拉持续占据非洲人的衣柜，以上所提的发展就不会发生。自 1980 ~ 2000 年,非洲的服装产业每年的平均衰退率(以在所有制造业中的份额来看)超过 5%。

改革已经刻不容缓。在我们这个时代,一个连身穿"传统"非洲布料的人恐怕都没意识到,他们一身的传统布料很可能是在荷兰而非当地生产的。阿尔及利亚最大的织品制造商在截至 2005 年的 10 年间,有 8 万个和布料及裁缝有关的工作被裁去。逝世于 2009 年、誓死为人权与成衣业公平薪资奋斗的尼尔·柯尼(Neil Kearney)早在 2003 年时便警告,萨劳拉及在其他地区的类似做法,"使得当地成衣产业无法参与竞争。当地产业正在瓦解,导致数十万名工人失去工作"。

尽管非洲也生产棉花(如同我们在第七章提到的,造成巨大的环境与社会成本),但是非洲从生产衣服中获得的利益却只有很少的一点点。毕竟在成衣产业中,利润大多落在设计、制作以及销售上。以西非为例,它只将整个棉花生产量中的 5% 用来制造衣服。与此同时,它的市场正被来自亚洲的便宜货,以及来自欧洲的二手衣蚕食鲸吞。就像马里总统阿曼多·杜曼尼·图黑(Amadou Toumani Touré)所说:"马里是全撒哈拉以南非洲最大的棉花生产国,但却连一件 T 恤都生产不出来。"

无论你怎么看,萨劳拉与米翁巴呈现出来的,是我们的快速时尚流行病的另一面。慈善机构是时候让民众知道,自己认为是好心捐赠出来的东西,却造成分类处理的诸多不便,以及其实捐赠物并不如大多数人所想的那样能够产生直接的帮助。将衣服投进慈善机构所设的回收箱中,并不像我们一厢情愿认为的那样是什么慷慨之举。若是能够负责任地对衣服进行分类,并且审慎地交给有这方面的知识并且诚心对待发展中国家客户的回收者,整个过程无疑会更有建设性,而不是缺德地将回收箱当作垃圾桶。我期待我们能尽快建立对回收业者的监管机制,并要求他们能够对民众的捐赠物负起责任。

浪费衣服的罪

多亏了萨劳拉赋予旧衣服一个光彩的价格,"捐赠"的件数正在快速增长。在英国有近 1.85 万家的慈善商店及织物回收桶。多数的织物回收桶都是大型回收机构在经营,并且以慈善之名进行宣传。同时,为了鼓励我们长期进行慈善捐赠,许多慈善机构或中心还提供自己的回收袋,并且会到府取回,为你省下亲自跑一趟回收桶或慈善机构的麻烦。遗憾的是,有些提供此服务者被发现根本就是骗子,其背后完全受商业利益所驱。和慈善一点关系都没有的服装业者,只是仿冒或"借用"慈善机构的名义罢了。

下次若是你发现有人用暴力撬开旧衣回收桶的盖子、在桶子后方凿一个洞,或者直接用一般消防人员使用的大剪钳破坏回收桶,不用感到太讶异,这些衣服在很多小偷眼里可都是宝贝。有时候会有大人叫孩子爬进桶内偷衣服,但不巧孩子却被卡在里面的情形发生。慈善机构花大钱试着保护桶子里的衣服,救世军的贸易公司每年就因此损失约 60 万英镑,每周被偷走的衣物平均为 40 吨。难怪它在 2010 年时要花上 25 万英镑来确保回收桶的安全。

现在我不是要叫你每天去旧衣回收桶巡逻以防宵小,不过你可以支持点对点(door-to-door)的收集模式。冒牌收货员很可能会在正牌收货员出现前一个小时先光顾,并偷走袋子。此外,回收前也要三思而后行,确定收集者有官方的注册号码,并且与慈善机构进行确认。毕竟,最终若是你的回收物落入不肖业者手中,你不知不觉就成了这场大规模的向发展中国家倾倒垃圾运动的帮凶了,这些黑心承包商才不会为了确保当地人能买到名实相符的萨劳拉而费心进行分类,遑论次级分类。

满坑满谷的垃圾

看着被我们丢掉的东西那么抢手,坦白说,我们应该很讶异它们最终全都进了垃圾桶。的确是如此,每年被丢进掩埋厂的织品量约为 200 万吨,其中大部分是衣服。对这些衣服来说,再也没有一种下场比这个更悲惨的了。当你想到在这些衣服上投入的人力及资源,再想到把它们塞进黑色垃圾袋、头也不回地抛进垃圾场,这简直是一场悲剧。

我这样的反应也许有点太戏剧化了,但我无法告诉你当我看见开襟衫的碎片、被糟蹋到破烂的牛仔裤、散乱在掩埋场各处的鞋子时,有多么地恼怒。英国一点都不缺乏对掩埋场的热爱。随着矿业衰退，留下了大量零星散布在乡下的坑洞，它们一度被认为是完美的垃圾收容所。然而，此后人们的想法改变了。掩埋场比较少用来丢弃我们的日用品垃圾，更多的是被用来掩埋有毒的化学物质或废弃物。食物、计算机和建筑废料：环保专家和政治决策者逐一挑出问题最严重的垃圾种类，并且要把它们从掩埋场里赶出去。衣服是最近才被加到名单中的。我不是唯一因为在掩埋场中看到散落的鞋子（尤其是足球鞋）而震惊的人。

然而，至今我们还无法意识到问题的真正核心。谁在意衣服或鞋子能不能再开启生命的第二春啊？毕竟还有一大堆的新东西每天不断地出现在市场上。不过，到 2005 年时，政府当局开始对我们的衣柜以及从衣柜里被丢出去的东西大感兴趣。英国的环境、食品及农村事务部（Department of Environment, Food, and Rural Affairs）推出了一个名称相对乏味的活动："永续的衣服路线图"，试图通过评估，降低我们消费时尚行为对环境造成的冲击。对掩埋场进行的研究显示：时尚废弃物居然占了大宗。英国人对于快速的"麦当劳时尚"（McFashion）的热爱，导致每年超过 150 万吨不要的衣服被丢弃在掩埋场中，并产生超过 300 万吨二氧化碳排放量。当羊毛、皮革或棉花分解时，它们会释放出甲烷这种温室效应比二氧化碳高 23 倍的气体。

若是你不太喜欢写有标语的 T 恤，你也会倾向于认为时尚与政治不般配。勉强凑在一起，也有一种说不出来的怪。不过由于时尚造成的环境影响已经引起重视，突然间，政治人物也来参加伦敦时装周了。于是我们会看到，在时装秀的场合里，可持续发展部部长（Minister for Sustainability）正襟危坐在一张菲利普·史塔克（Philippe Starck）设计的压克力强化椅上，尴尬地公布一项要减少时尚浪费的计划。

在政治人物针对英国人的衣柜开炮的言论中，我最喜欢的是两位来自上议院科学与技术委员会（House of Lord's Science and Technology Committee）的成员，威廉·豪伊爵士（William Howie）及诺彻斯克伯爵（the Earl of Northesk）针对废弃物的一份报告。他们对时尚产业的分析如下："快速时尚文化鼓励消费者将衣服在只穿几次后就丢掉，然后去买其他的新潮、廉价，但同样几个月后就会被淘汰、丢弃的衣服。"德高望重的上议院议员带着震惊且惊叹的语调如此宣告着。我想，他们的衣柜或许不像一般大众的那样，这么爱赶时髦吧。

烧掉库存的无情之火

如果说在消费者心中时尚产品总是带有某种浪费的性质，那恐怕设计师得负最大的责任。毕竟，设计是最初的环节，而早在设计的当下，浪费就已经注定无法避免。平均来说，有15%的布料在剪裁过程中会被裁去丢弃。我之所以意识到这点，源自一次偶然遇见毕业自伦敦时尚学院（London College of Fashion）的设计师马克刘（Mark Liu）。他提倡名为"零浪费"（Zero Waste design）的设计概念，通过精准的设计及剪裁图样，让每一块布料都能被利用到。他的发明清楚地凸显了这个产业设计部门的缺点。每家设计公司都过分地铺张、浪费：证据就在它们的后门外，那满是雪纺里衬、丹宁以及皮革边料的大型垃圾桶里。

另外，无论采购如何精心盘算并签下最有效率的订单，都不可能完全避免耽搁、延误到货、错失贩卖机会以及订单配置错误等风险，因此，总是会有许多库存。在主要的出口国，如孟加拉国，以及大型转运自由贸易区的迪拜，仓库内有堆积如山的库存，它们都在等待清仓大甩卖的机会。不过，在备受崇敬与被保护的奢侈品界，就没有这样的选择了，那是个品牌与名声就是一切的世界。简单地说，那些华丽、高端的奢侈品牌会视这种产出过剩及无法流行的设计为不存在。为确保品牌维持一贯昂贵的价格，必须要小心地控制折扣。毕竟，谁希望看到"必买包"及订制套装最终落到成为萨劳拉的下场呢？然而，只有一个办法能彻底确保这些出了错的商品"消失"，那就是烧了它们。奢侈品牌常常用一把无情的浮华之火，将库存烧之殆尽。

但一旦进到商店里，浪费的旋转木马就不会停止。就在2009年圣诞节前夕，一名纽约城市大学学生辛希亚·马格努斯（Cynthia Magnus）独自走在曼哈顿三十四大街上时，正巧碰见20包垃圾袋从瑞典零售商H&M大型分店里被丢出来。身为一名有着环保意识的学生，当她看见有衣服从其中的一个袋子里漏出来时，便走上前去一探究竟。当时的她与大多数人一样，都不会预期能在里面捡到什么宝物,不过眼前的景象令她哑口无言:整袋都装满了新的衣服和鞋子。她向《纽约时报》形容当中的物品:"保暖的袜子、可爱的玛莉·珍学生鞋(可能是给四年级小学生穿的)……还有男性外套。"她表示距离那几袋衣服被丢出的几米外,就是晚上瑟缩在店门口的游民。但尽管寒风刺骨,那些袋子里的保暖衣物却无济于事,因为每件衣物都已经被蓄意破坏了:手套上指头的部分被剪掉、外套被整件划开,手臂的部分被割开,直到"鼓胀的纤维填充物跑出来,看到大颗的白色棉花球"。为了确保不能再被转售,连玛莉·珍学生鞋的鞋面都被剪开。马格努斯想着,衣服被店家以粗鲁的方式刻意毁坏,是为了保护销售量,以及更重要的"品牌"。

马格努斯说她之前在三十五街发现过一家沃尔玛的承包商丢出里面满是T恤和长裤的垃圾袋。那次的情况是:"里面的每件衣服上都有被机器刺出的洞。"《纽约时报》宣称,知名的零售商都会在"暗夜里"把没穿过的衣服销毁掉。而这则衣服被无情地抛在游民身边的报道,如野火燎原般地在消费者中传开。在英国,广播四台的节目《你和你的》发现一家运动品牌Millets的分店在破坏夹克及睡袋后将之丢弃。结果可想而知,零售商们强力否认这是它们的政策,并且针对被毁库存(订量过多或未售出之商品)一事表示,这是店经理的责任。"目前我们正在研究是否要改进我们的一贯做法,"H&M如此告诉just-style.com,"我们目前正在重新评估先前对于被损衣物的分类方法,我们也会继续承诺尽可能捐出这类服饰给接受我们帮助的组织伙伴。"沃尔玛对《纽约时报》表示:"平常就会捐出没穿过的货品给慈善机构,并将对三十五街的这些丢弃服饰进行调查。"

再进一步来看,或许我们都应该检讨一下自己从前对于时尚废弃物视而不见的问题。尽管 H&M 的那则报道上了头条,并且让消费者正视库存及废弃物的现象,但这类浪费的传染病深藏在时尚产业的每一个环节,并且广布全世界。拿第 6 章提到位于莱索托的"蓝河"来说,河水内流着含有化学物质的亮蓝色染剂。进行调查的记者们发现,捡破烂的孩童在成千上万个 Gap 和李维斯标签、纽扣和碎布中挖找,一旁还有堆得像山一样"经过重度染色的棉花及丹宁布"。在这个地区,被弃的丹宁与其他来路不明的衣物废料,已经取代了传统的木炭,被用来当作煮饭的燃料使用,可想而知一定还被运用在更多不同的场合。

这是我们病态性地买了又丢所造成的后果——我将此粗略地形容为一种"时尚暴饮暴食症"(style bulimia)。乐施会与调查机构 YouGov 估计:在全英国的衣柜中,全年 12 个月都没有被拿出来穿的衣服(其中许多可能是从来就没穿过的),其件数高达惊人的 24 亿,总计价值约 100 亿英镑。这些被堆积起来没穿过的衣服加总起来的布料,足够全英国舒舒服服地穿上 10 年。处理废弃物的有关当局担心,最终所有这些衣服可能都会通过不同的管道,流入已负荷过重的回收系统中(出现更多的萨劳拉);或者更糟的是,全都进入垃圾桶中。环境、食品及农村事务部已经警告:"纺织品是家用废弃物中成长速度最快的品项。"

所以，让我们别再假装时尚废弃物可以被合理处置了。我用"不完美"来形容当前的"回收"系统，已经是很宽容的了。若真正要发挥回收的功效，它应该是一个封闭的循环系统。你购买的产品应该在你使用之后还能继续拥有一个可持续的生命，然后，为了终结这个循环，你再购买另一个新的、可持续的产品。所有的证明都指出：你、我以及大家都应该尽快加入这个循环回收的行列。

插曲：完美的衣柜

已经有很多消费者受够了时尚产业对劳工的剥削与压迫、浪费现象以及对环境的污染。我知道这一点，是因为我身边不断有人询问我："到底我该怎样消费才能有所改变？"对这样的人来说，他们渴望的时尚不仅能满足他们的美学，也能满足他们的道德感。毕竟，当你穿着一件可能是靠着强迫奴役与低廉工资才完成的衣服时，你能感到多性感或美丽吗？说真的，我们值得拥有更好的穿衣体验。

因此我决定，是时候正式撤销时尚产业的假释期了。

相比于快速时尚产品的来路不明、价值可议，其解药是更正面、更体贴、更耐穿，而且能体现社会与环境正义的服饰。我们应该大胆想象，打造一种跟一般大众目前衣柜里的衣服完全不一样的新风格。让我们暂且称它为"完美衣柜"吧。

当然啦，严格来说，"完美衣柜"并不存在，因为所有的衣服仍然会产生或多或少的环境冲击，并留下某种生态足迹；没有一件衣服能够完全不负担任何责任。不过，还是有一个务实的处方，可以带着我们想象并且朝着一个新的消费主义典范前进。

我指的不是那种一夜之间的改变，要你把现有的衣柜全部清空然后重新装满一次。这显然会将我们带往前一章中提到的浪费梦魇。更何况，谁有那一大笔钱重新买一次啊？与其如此，你需要的是投资一些时间与精力,仔细思考现有衣服的整体价值,进而评估任何想要新买的服饰与现有的衣服如何搭配,而不单只是看新服饰的剪裁与颜色。

从现在起,你买任何衣服前都需要经过更审慎的观察,以更敏锐的眼光检验其背后反映的道德价值。尽管很少衣服可以达到绝对的环保性,但至少其生产过程要符合基本的道德标准。光是这一个简单的准绳,就可以让你获益匪浅。把你现在在服饰店买衣服与在超市买食品的方式作一个比较吧。你在采购食品时对其生态标章、来源及公平性的注重,堪与明察秋毫的法医相比。为什么我们对于如何挑选一条公平贸易的香蕉知之甚详,却不晓得在哪才能买到一条在可持续性概念下制造的紧身裤呢?相比之下,我们买衣服的行为显得原始了些。

不过无论是何种产业,总有踏出去的第一步。在20世纪70年代时推广有机食物的先锋们还记得,当时他们参加了刚起步的有机食品展示会。当时欣喜的代表们围绕着一条全麦面包发出赞叹。从这样微小的第一步开始,世人开始越来越重视食品的健康安全与其道德意义。到今天,拜"从农产到餐桌"(From field to fork)、"从产地到餐盘"(From plough to plate)等口号的推波助澜,许多人都了解了产品履历与产地直销的重要性。但是像"从产地变出裤子"(From plough to pants)或"从试管到长裤"(From test tube to trousers)①等想法,对大众来说都还很陌生。而这些却能在"完美衣柜"中实现。

---

① 译注:把最新潮流信息及商品带给顾客的意思。

12

时尚大厂的自清运动

High-Street Thrills and Spills

为什么你该花更多的钱，
买更少的衣服？

To Die for :
Is Fashion Wearing out the World?

　　当我提议以全新的态度与方法来消费时尚时，总会引起一股不安的反响。大家都害怕这种新觉醒会要求我们跟大众时尚产品说再见，而我们根本不可能不买几件那些模特儿身上穿的让我们如此着迷的单品。朋友们开始担心，我会禁止他们再买新衣服，用警察办案的胶带把他们的衣柜查封起来，禁止他们再踏入服饰店内一步，或再穿着特定品牌的衣服。不过，我和大家一样清楚得很，对大多数的我们来说，要戒掉主流时尚是一件不大可能而且不切实际的事。

　　的确是很难想象缺少了大众品牌的英国时尚会是什么样子。在过去提到英国时尚产业时，在正式的定义中，指的是以英国为基地的设计师及制作者，如今却已经延伸至包括零售商的伙伴在内。许多零售商比设计师还有名气。不过怎么可能不把这些零售商纳入定义中呢？以英国时尚产业来说，一年创造大约 210 亿英镑的收益，其中零售商占了相当大的比例。事实上，在所有英国零售商贡献的国民生产总值中，时尚零售商占了近 1/4。不夸张地说，我们的零售商不仅是巨型的卖家，同时也握有极大的权力，在近期的未来它们不太可能从时尚版图上消失，也不可能轻言改革（任何一个立志推动时尚产业改革运动的团体都深深体认到这一点）。你必须决定的是，你的"完美衣柜"里要不要收纳英国大众时尚的产品？若是你要，又要怎么做才能促使它们开始改革？

　　带着你要买得更好的新决心，你打算留给大众品牌多少空间呢？当它们宣称它们已经着手推动你所期待的改革了，且最终一定会做出有助于人类及地球的正确行动，你要在多大程度上相信它们？当中一些问题的答案，将取决于你个人的包容度，另一些将基于你对一家公司的认知度。不过，有一件事是确定的，那就是：就算你无法完全割舍它们，也不必对它们卑躬屈膝。

擦上环保的胭脂

若是我每被问一次诸如"那么，我应该去哪些商店购买呢？"这样的问题，就可以得到1英镑的话，那么我已经得到足够让我买进所有英国零售商推出标着"绿色""环保""公平贸易"或"友爱地球"的这类产品的费用了，而且这类产品的数量还真不少呢！原因是大众流行品牌也开始懂得要打出环保的旗号了。有时候，它们看起来真像是已经找到了满足获利与道德的平衡点。

事实上有时候不在一家店中买些什么是困难的，因为所有以环保为名的产品都主张要"回馈些什么给地球"，而且往往以一种可以被笼统地形容为"浅绿"的环保形式出现。比方说，大多数零售商都会以购买者的名义，将金额中的一部分捐赠给能拯救海豚或是幼虎的机构，不然就是为你种下一棵树苗，作为"对抗气候变迁"的个人贡献。再不然就是送你一个黄麻做的托特包，让你一劳永逸，永远都不需要再使用塑料袋，因为这样有助于"拯救地球"。

当大型零售商和流行品牌开始决定加入永续环保的行列时，我的确是松了口气。突然之间，我的朋友能够直视着我的双眼对我说："这是有机的而且是公平贸易的喔！"他们会说："我在Topshop买了一件良心品牌人之树（People Tree）的衣服。"不然就是："这个还附简易的缝纫工具组喔，这样我可以自己修补，穿得更久！"（是指 Oasis 的复古系列）抑或是："这是我在超市买到的公平贸易产品喔！"（M&S、Sainsbury、乐购等大零售商正争相采购公平贸易的棉花。）

2005 年 11 月，知名设计师史黛拉·麦卡尼与 H&M 连手推出名家系列的新款式。产品上市时又见万头攒动的盛况，想要抢到货的顾客还非得摩拳擦掌、拉扯扭打一番不可。果然，这个合作系列销售一空的速度甚至打破了 H&M 拉格斐系列的纪录。史黛拉与 H&M 的合作被时尚媒体称为是一次大成功。不仅由于这 12 件服饰真的看得出来是出自这位设计师之亲手，不只是挂上名人设计光环而已，还因为这些产品符合麦卡尼深信的良心价值而备受瞩目。据说她在谈合作案的时候，将使用有机棉列为条件之一。但最后的结果是，只有一款 T 恤是真正使用有机纤维制成的。

这看起来或许不是一件多么了不起的事，但是这么有名气的设计师坚持在一个如此主流的系列产品中使用有机棉，倒是为这家公司开了先例，可能对整体大众流行市场来说也是如此。这件事也告诉我们，自 20 世纪 90 年代早期创始于比利时的 C&A 服饰连锁店试着将有机棉引进店内以来，到今天为止算是有了点进步。这证明了每项创举都需要漫长的酝酿期，只是在早期消费者还没有办法理解而已。当时我们都被在衣服上的"有机"标签给搞糊涂了，因为我们总以为食物才有"有机"可言，但 T 恤、袜子还有裤子显然都

12 时尚大厂的自清运动

不能吃啊。然而，这些日子以来，我们的环保意识有了长足的进展，至此这个概念已经深入人心了。

新观念的影响所及，连时尚媒体都得跟上脚步。此时，大众流行品牌就算只是推出一双有机棉的袜子，也都会从时尚媒体那端得到大力的赞美，并且被表扬树立了"良心"的典范以资鼓励。2007年时，一项重要的消费者调查发现，每四名女性中就有一名会认为自己在买衣服时是一名"良心购物者"（ethical shopper）。当良心时尚运动的老前辈凯瑟琳·汉姆纳特（Katherine Hamnett）决定与环保人士长久以来的大敌——乐购——合作推出一系列主打环保的T恤及牛仔裤，并且要以她花上10多年才调查出来的有机棉供货商的棉花制作时，吓倒了一票环保人士。同时，Topshop 也向对手 New Look 下挑战书，比赛看谁做出来的有机棉产品更多。两年不在 Topshop 消费之后，我又回到了位于牛津圆环的旗舰店，挑了一件在"两周公平贸易活动"期间贩卖、由加纳妇女合作社制作并且使用当地布料的夏季裙装，而且至今我还在穿。

不过，或许从种种迹象已经可以看出，时尚大厂更感兴趣的其实是以绿色口号来包装自身的形象，并不是为了推动永续的环保而进行改头换面的大革命。

还记得在 2007 年吸引了所有焦点的那个包包吗？那个上面写着"我不是个塑料袋"，向全世界进行宣示的超级环保棉质托特包。这个由一线设计师安雅·希德玛曲（Anya Hindmarch）打造的包包，以 5 英镑的售价在 2007 年 4 月很短的一段时间里（两万个包包在一小时内销售一空）在 Sainsburys 出售。我当时就和其他人一样疯狂。不幸的是，当我到收银台前要把我的环保袋收好时，店员帮我把它放进了一个塑料袋里。看来，这个概念还不是倡导得那么彻底。后来这个环保袋被揭发根本是靠剥削中国廉价劳工制造出来的，用来制作的棉花既不是出自公平贸易，也不是有机的。"我们从来就没有说过这个包是完美无瑕的，我们只是想要凭借身为一个奢侈品牌的影响力，让不使用塑料袋成为一种时尚。"一名该品牌发言人如此表示。他还补充，公司并没有要隐瞒包包是在中国制造的。然而，在我看来，这个事件给我们上了很好的一课，要求我们去留意那些顶着环保光环的时尚产品究竟有几分真实性。身为消费者的我们，重要的不仅是要懂得去问关于布料纤维的问题，还要去质疑整个供应链。这个"倡议活动"能影响到什么样的地步？提倡的内容是货真价实的吗？

到了 2008 年 2 月，我感受到媒体评论家开始对于标榜环境友善的运动起了戒心。一件 H&M 的夏季裙装登上了许多"夏日必备"的流行版面，达到了美观、环保（多亏了它采用的有机棉材质），且价格实惠。环保专家瑞奇·布鲁瑟达尔（Rikke Bruntse-Dahl）写道："如果这件裙装的设计真的有所不同，并且是以环境友善的方式染色的棉制成，还加上一个有机或者是一个公平贸易标签的话，我们早就已经兴奋不已了。""对习惯购买 H&M 的顾客来说，选择买这件裙装而不是去买一件非有机、非公平贸易的裙装当然是件好事。不幸的是，H&M 只是无关痛痒地借此来证明，有机棉确实可

12　时尚大厂的自清运动

以用来做衣服。"

大众流行所允诺的良心时尚革命在热热闹闹地炒作了超过18个月后,终究还是烟消云散了。凯瑟琳·汉姆纳特与乐购具有象征意义的合作关系,也在2007年汉姆纳特终止合作时画上了句号。她向时尚贸易杂志 Drapers 表示:"本来我对于这次合作真的感到万分期待,因为我以为能够借此刺激对良心产品的需求。但我最后明白乐购仅仅只是想要看起来有心改革,并不是真心想要实践承诺。"当然啦,乐购否认这项指控。一名发言人表示:"她质疑我们的承诺这一做法是不对的。"最终双方还是劳燕分飞。

曙光乍现

但这不表示时尚大厂进行改革的短暂尝试就此终止。我们这个时代的企业会对其目标与策略不断地进行反思。钻研企业可持续发展议题的专家兼作家杰弗瑞·侯兰德(Jeffrey Hollender)与比尔·布林(Bill Breen)在他们同名的著作中称此为"责任革命"(the responsibility revolution)。他们在书中列举好几个大企业公司,他们推翻了诺贝尔经济学奖得主米尔顿·弗里曼(Milton Friedman)大约在30年前提出的"企业唯一的社会责任就是增加股东的获益"的主张。如今企业的新做法是:将许多对环境有帮助的因素纳入管理中。更有趣的是,大家彼此间还较量着谁能想得出让公司看起来最关切这类议题的方法,谁能发现最启迪人心的哲学。巧的是,在这场责任革命中最出风头的几个品牌和零售商，也正好就是在全球衣柜中最出名的那几个牌子。快速时尚也开始变得有环保意识了吗？

我们可以用全球"生态指数"（Eco Index）作为一个指标。这个指数的计算方法是将全世界两百家衣服品牌和零售商集合起来（它们之中有些真正的大牌，像Timberland、Target、耐克，还有李维斯），然后采用一连串的方法，以六个生命循环阶段来分析一家公司卖出产品的"生态指数"。这六个阶段分别是：材料、包装、产品制造、装配、运送、使用与服务以及产品生命的终结。没错，这种类型的分析法在其他的产业中已被使用过（尤其是在食品业），我们也可以看到科学家已经针对个人衣物在衣柜中的一生，进行各种生态冲击与温室气体排放量方面的研究。我们在第6章已看到一些这样的研究，其中特别有趣的是将一件聚酯纤维运动衫与一件棉质上衣的整个生命周期产生的环境影响进行比较后的结果。不过，"生态指数"与众不同之处在于它的规模，而且它属于"公开信息"（open resource）。

理论上，这是我们第一次看到零售商与品牌巨兽公开这类信息。理论上，所有成功的运作模式都要向其他设计团队开放，所有糟糕、浪费、不环保的模式都要被抛弃。理论上，我们将能够拿某一品牌与另一品牌相比，看看哪家的运动鞋或牛仔裤是最环保的，然后让消费者购买释放最少量有害气体的以及让良心最过得去的产品。然而，这都只是"理论上"。不止一位学者专家指出，要从所有不同的生产阶段中整理出所有相关信息，并且得到时尚大牌的同意，向消费者公布谁才是优良厂商，这简直难如登天。

不过，这是可能发生的。而且若是真的发生了，我们就能在一个全球化的超级市场中，买到经过验证对环境造成的冲击最小的服装。但问题是，我们真的想要这样的结果吗？它们所谓的环保，是否够格在"完美衣柜"中占有一个位置？

有些人视运动鞋为生命，他们把未穿过的运动鞋收在全新的盒子里。在最近一次耐克或阿迪达斯的最新鞋品发布会上就能一探究竟。"粉丝"们排了几天的队就是为了买到第一批的货。虽然我不是其中一员，但是我也知道 2008 年 1 月 25 日是耐克隆重推出"乔丹二十三代"（Air Jordan XX3）的日子。而我会知道这个消息是因为这双以迈克尔·乔丹命名的第二十三代球鞋，可说是有史以来最环保的运动鞋。

在"乔丹二十三代"推出的前一阵子，已经开始一连串的宣传以及造势活动，规模就像是为神圣罗马帝国国王举行加冕仪式那般浩大。耐克开始认真着手解决环境足迹的问题。一如往常，事情总得有个开端。在这个案例中，这个"开端"就是界定所谓的环境足迹究竟是什么。然而，耐克发现自己造成的环境足迹庞大得吓人：大量生产的结果是，供应链制造出来的碳足迹为 136 万吨。同年（2008 年），英特尔和索尼这两家全球电器公司登记的碳足迹量分别为 100 万吨和 270 万吨。谁会想到运动鞋会造成如此多破坏自然环境的足迹呢？

"乔丹二十三代"球鞋是第一双得到耐克环保指数永续计划正式认证的产品。简言之，它所使用的每一个组成部件与生产过程都经过极为精细的分析，好让设计师确定他们使用的橡胶、皮革、聚酯纤维、泡沫塑料及其他材料都是对环境冲击最小的，亦即在生产过程中花费最少的能源，产生最低的浪费及温室气体排放量。减少浪费是关键。时尚产业的排放量可能会高到超乎你的想象，而它在设计过程中产生的浪费也很惊人（在第11章时我们稍微提到过）。2006年时，一份耐克的研究发现，该公司一年花了约8亿美元用于开发新材料，然而它们根本无法运用在鞋子或衣服上。直言之，制造过程中有40%的材料都是浪费掉的，但这些废弃的材料同样需要消耗地球上的石油、棉花、化学药剂、水，并制造出温室气体。

耐克并没有就此打住，相反的，它们想要更上一层楼。它们根据产品的可持续性（sustainability）订定了从"铜"到"金"的三级标准，并表示从2011年春天开始，它们生产的所有鞋子100%都至少要达到"铜"的标准。换言之，以后所有耐克的运动鞋都是"绿色"的了。

然后，在穿上你的新环保运动鞋后，只需要慢跑到玛莎百货就可以找到更多以环保为名的选择（玛莎百货在英国人的心目中具有高到不能再高的地位，就连时事广播评论员杰里米·潘克斯曼[Jeremy Paxman]抱怨他穿的一款玛莎百货的内衣设计变了，都能成为头条）。玛莎百货提示了"在2015年要成为世界上最环保的大型零售商"的目标。2007年时，它公布了100条社会及环境目标。

当然啦,这不是一般的企业社会责任报告;那是一份被玛莎百货命名为"A 计划"的企业社会责任报告。会取名为此,是因为我们已经没有时间再拒绝面对气候变迁及保护资源的迫切性了,可能不会有"B 计划"了。玛莎百货在 A 计划中列出五大类,以消弭在生产线中常常看不见的环境伤害:气候变迁、废弃物、原料、公平贸易与人。如此一来,英国最大的成衣零售商(以量来算),摇身一变成了英国最大的公平贸易棉花零售商,还明确宣示对去皮技术(详见第 9 章)所持的立场,同时与乐施会合作,鼓励消费者把 500 万件衣服回收,而不是丢进垃圾掩埋场,并帮助供货商建立起 10 家"良心模范工厂"(Ethical Model Factories),来生产店内部分品牌的服饰。

2008 年 4 月,玛莎百货的执行董事史都华·罗斯爵士飞往斯里兰卡,为世界上第一家"环保"衣服工厂主持开幕仪式。布兰迪斯工厂(Brandix plant)已有 30 年的历史,经过翻新之后,现在开始使用低耗能冷气,为减少浪费,还装置了雨水回收器。一家生产内衣的姐妹工厂受惠于其种植草皮的屋顶及巨型太阳能板,就连工人都穿上了绿色的制服,不过这点只是为了宣传效果而已。

这类举动对于强调自己是减碳时尚达人(Carbonista Fashionista)的消费者来说,就像是蜜之于蜂一样充满诱惑。他们既爱时尚之美,也热爱地球之环境,对与日俱增的二氧化碳排放量忧心忡忡。为了尽一己之力,他们尽量购买低碳、碳中和(carbon neutral)或甚至是零碳量(zero carbon)的产品。如果这是你对"完美衣柜"里的服饰的期待,那么恭喜你,主打这类特点的新产品正络绎不绝地进入大众流行品牌中。为自己造成的环境冲击负起责任非常重要,也是一个值得奖励的义举。不过在我看来,光这一点还不够。

如同我们先前看到的,一些极具影响力的品牌及零售商都非常积极地将自己"绿化"、减碳化,好让自己能够满足关怀地球的消费者的需求。它们细察自己的供应链,找寻能减少碳排放的具体措施。如同我们先前提到的,许多零售商对于自己高超的物流本领都引以为豪。现在的趋势是,在物流的效率上精益求精,追求更上一层楼。(一般来说,一件衣物辗转飞越的国家,比一个要在世界各地飞来飞去的驻外特派员还多,而且通常是以空运的方式,因此,时尚产业在这一方面很有大的改进空间。)

然而,并没有一个减碳达人(Carbonista)会想花费太多时间进行大规模的碳计算,因为变量太多了,而且你什么都得要知道一点:棉花在生长的过程中是否有使用农药(高度碳排放量)、剪裁机是否使用沼气发电(比石油的排放量少)、最终的成品是用空运还是海运……要计算的变量多如牛毛,因此减碳达人希望这些信息都可以浓缩到一个让人一目了然的标签里。说真的,这样的要求过分吗?

认证标签

我恰好也认为我们都需要从时尚标签中得到更多的信息。当前一般的衣服标签花两秒就看完了,除了纤维成分的部分(自20世纪80年代以来即立法强制要求标明）和清洗方法外，往往没什么需要特别留意的。没有法律规定，比如说零售商一定得在标签上注明衣服的原生产国（就在书写本书的同时，欧盟有一个团体正在倡议对此进行修订）。但无论如何，就算把生产出一条运动裤的大约80人、一双皮鞋的34人、一套手工服装从头到尾需要的90人列出来，又怎么样呢？这些工人可能分散在全世界：布料原产于非洲、在印度进行纺织、在斯里兰卡装配、拉链来自中国⋯⋯

目前的服饰标签有太多可以改进之处，其中隐含了许多不为人知的危机。举例来说：在本书写作的当下，还没有一条法令规定标签上一定要注明是真的皮草，以及是哪种动物的皮毛。皮草产业说它们内部有一条自发性的规定，而且大多数成员都会遵守。不过说真的，光是这样够吗？极可能有些英国消费者以为冬季大衣及背心上面的点缀性皮草都是假毛，但事实上却是真毛（尤其因为混乱的全球衣柜经济就是有办法让真正的皮草变成最便宜的选项）。在美国曾经有过一个类似的情况，《标签法》明确指出，只有售价超过150美元的衣服才需要老实说明用的是不是真的皮草。不过这个漏洞在奥巴马任内已经弥补起来了。在《皮草标签法案》（*Truth in Fur Labeling Act*）之下，现在所有在美国卖出的皮草上都需要加上标签注明。那么，英国的法令在哪里？

理想上来说，我希望所有衣服的标签都能公开附上一个关于衣服生产历史的卷轴，告诉我们这件单品历经了哪些加工步骤。从原料的来源、轧棉、印制与染色、修整、剪裁加工，到真正的缝制过程，以及拉链、扣子、配件的来历，组装的地点，最后的压制、包装、送到港口（或机场）的路程，还有到了目的地后的拆箱、到中央配送中心的路途，甚至最后送进店前所赶的路。我也想知道在生产过程中，它们被施用了何种化学药剂，这些化学剂符合规定吗？尤其最想知道的是那一双双制作出眼前衣物的手，是否能从公司赚取的利润中获得公平的一份，至少要得到能维持生活的工资吧？！另外，在第6章提到的"环境危害单位"也能被印在挂牌上，旁边再加上碳足迹数据。不过，到目前为止，我只能接受信息并不完整但正在逐渐完善的标签。

可喜的是，美国的服装及鞋类大厂Timberland正在努力朝着我的期待迈进。一年贴在鞋盒上的那3000万张标签（百分之百使用回收废弃布料）被称为"营养标签"（Nutritional Labels），因为它们呈现的方式就像法律所要求的食品包装上的营养成分表。Timberland决定要应用在一些鞋子和靴子上，鞋盒上的格子中写着生产此件单品所耗费的能源、公司买进的再生能源量（Timberland自豪地说在加州的配送中心拥有一座世界前50大的太阳能板系统）、公司工厂遵守行为准则的成效（上面写着百分之百），以及在制作产品时雇用的童工数（意料之中，是0）。它还告诉你这些鞋子或靴子是在哪里制造的。这个品牌更进一步采用绿色指数（Green Index）来评估制造过程所产生的气候冲击，逐步排除有害化学药剂和材料使用率，并在这些生产标准之下，推出其"地球守护者"（Earthkeeper）系列。

但一些专家并不认为"营养标签"具有什么说服力,因为在"生态指数"被普遍采用以及其他品牌也都公布它们的生态足迹以前,我们其实没有什么其他数据可供参考比较。到目前为止,我们还无法准确地判断,阿迪达斯、Timberland 或者耐克等品牌中哪一家是最环保的。"至少就理论上来说,这是值得鼓励的第一步努力。"永续专家乔依·梅柯文(Joel Makower)针对 Timberland 的创新如此评价。"在真实世界里,这帮助不大。简单地说,除了标签上的东西,还有太多我们看不到的。"他补充道,看来这个标签让他"意犹未尽"。

我会让一双"地球守护者"进到我的"完美衣柜"中吗?嗯,大概会吧。在环保标签漫长的进步过程中的此时此刻,它看起来还算环保,能得到我的青睐。让我们坦白说吧,零售商们也正测试消费者的真正意向,他们想要知道环保标签是否能左右我们的购买决定。在此,我就要让他们知道我是支持的。

既然有心搜寻,现在提倡环保的活动仿佛雨后春笋一般俯拾即是。而且,现在改良的对象已经不限于实际产品了,还包含了包装。彪马(Puma)干脆连整个鞋盒都不要了,改以名设计师伊夫·贝哈尔(Yves Béhar,他以设计"新千禧年中最梦寐以求的精品"而闻名)设计的"聪明小袋"取代。这个设计和一双耐克运动鞋的鞋盒比起来,少了 65% 的纸板用量,且没有使用染料印刷的层板或纸张!它们的外形意味着在寄送及运送过程中能节省最大的空间!一次可以寄送的货更多,载运次数就更少,便可降低碳排放!但这真的有效吗?我不认为,我觉得噱头比实质效果占得多。

无疑地，你一定也注意到，所有这类创意的主轴都相当一致。它们主打的是生态问题，而非伦理问题。后者需要更结构性地关注产品的供应链，以及社会正义。此波潮流对于社会正义几乎是只字不提（除了玛莎百货的"A计划"外。它采用了公平贸易棉花，并且给付不错的工资），或者顶多只是被列为将来要改进的目标。不过，千里之行，始于足下。毕竟，总体而言，开始有些讲究环保的时尚名牌，总是比完全没有的好。此外，有些品牌正打算研发出兼顾环保与功能的产品。若是你的"完美衣柜"刚好缺一双比如说带着微量碳足迹的登山靴，那么我要恭喜你了。不过，就算这些环保宣传活动带着多么诱人的标签，我还是不会让它们占满我的衣柜。

制造商的初衷可能不是利他主义。从某种程度上来说，我们可以把它们的算盘称之为"开明的自利"（enlightened self-interest）。时尚业也渴望生意兴隆，然而大品牌们可不笨。原料价格不断上涨，但它们可是想要稳住其生产的基础。要维持上百万台缝制机的运转以及棉花输送带的运行都需要电力。发电机在发展中国家要运作所费不赀，而且变量很多。在这样的情形下，采用太阳能板或善加利用废料的"绿色"工厂，其实有可能是有利可图的，而不只是利他而已。类似的还有，减少浪费也就意味着减少成本。这是个一石二鸟的高招，而且刚好投时尚大厂之所需。

另外，也总有一种质疑，那就是对时尚大厂来说，将眼光放在"环境"上比放在"道德"上来得容易得多。但拣软柿子吃的心态，可不是一个"完美衣柜"能容忍的。

洗心革面的耐克与 Gap

总体来说,本书写作的宗旨还是要让大家能安心地回归到时尚世界里。最终,谁都希望自己的衣柜里都是漂漂亮亮的衣服。在第 4 章里,我义愤填膺地谴责时尚产业中的稽查制度时,曾经承诺要公布稽查最认真、进步最大的厂商。这个结果可能有些出人意料,而且并不全然受到欢迎,尤其若你参加过反血汗工厂的活动,就会记得这两个几乎被视为是恶魔爪牙的品牌。

它们正是拥有最佳社会报告与运作系统的两个品牌,分别是耐克和 Gap。老实说,这是一个漫长的过程,包括许多尝试与错误,毕竟这些公司有着一些在时尚历史中最盘根错节、最复杂的供应链。例如,耐克的全球供应链就横跨了 52 国,包含共 80 万名工人。而 Gap 则阶段性地有所进展:1992 年时,它建立了一套外包给供货商的指导原则;1996 年建立起内部的"行为准则";2004 年,为了增加透明度,它公开了大部分的工厂的信息。

耐克也紧接在后,提供了一份包含了旗下所有工厂的名单。两家公司都了解了其他公司还没想通的几个问题。第一,稽查工作必须要在下订单前就进行,而不是在零售商确定这是一家全世界最便宜的代工厂后再来做检讨(这就是所谓的预先检查)。第二,稽查必须是突击的。提早通知的检查根本没有意义。第三,稽查过程必须要由经过训练、清楚知道目标为何的稽查员来进行。第四,需要有一个开放给工人的秘密的、匿名陈情的管道。拥有以上特点，一项稽查行动才有可能有效。据多方说法（耐克在这方面的成果已经被学术界热烈地讨论了），耐克和其庞大的企业社会责任团队花了很长的时间来解决供应链的问题，一直到公司做了一项重要决定后，他们才算是真正有了突破：耐克不应该只是把行为准则丢给外包厂商就了事了，而是必须从下订单的那时起就负起责任，这样工厂才有可能合理地完成它们。我们在先前的内容中，一次又一次地看到设计师在最后一秒从总公司将临时的修改要求传真给工厂，总公司根据采购员匆匆采集回来的最新潮流信息，直到最后一刻才定下大量订单。这对供货商无疑是难以承受的负荷。

看我称赞这两家大型公司在环保及社会责任方面的改进，你大概会认为我疯了。难道我的意思是说，逛一趟耐克专卖店就可以为我们的"完美衣柜"找到一切所需吗？绝非如此，因为就连这些制度都不是完美的。事实上，无论时尚大厂投入多少资源与心力去建立稽查制度并改善生产线的效率，它们永远得面对一个难解的矛盾：它们的企业模式本身太过庞杂、巨大，以至于根本难以施加必要的监管。所以，就算某家品牌的企业社会责任报告颇受同业的好评，它还是有可能登上报纸头条，可能是涉嫌外包给血汗工厂，或是明目张胆地违背内部的行为准则。

耐克的年营业额差不多是195亿美元。读者看到这个数字一定会追问，为什么不从它惊人的财富中挪一点出来，打造一个公平、公正的供应链呢？要这么想是你的事。摆在眼前的现实是，其他大多数品牌的规模都比耐克小得多,它们请不起企业社会责任团队、稽查员、绿色科技人才,或是材料科学家。也就是说,针对英国那些只有几百家店的小型时尚品牌时,更别期望太高了。有的时候,有多少财力决定你能做多少事。

但这些品牌对于保留大众流行的多样性来说是重要的。虽然它们缺乏全球影响力,但它们却了解将"良心"运用在时尚里并不只是一时的风潮,而是一项运动,而它们也受到感召并渴望参与。让我们回头去看看 Whistles。在第 2 章时我们提过它的老板珍·雪弗森。她说:"我们没有一时一刻敢把自己当作典范。我们只是想找到一个对我们来说可以接受的运作模式。身为时尚产业的一员,我们想与个人认为可以接受的供货商合作。我们的理念是我们该付给工人足以为生的工资,反对最低工资,并且我们支持工人有集会的自由。我们希望将这个目标贯彻到整条供应链之中。届时我们就问心无愧了。"

与此同时,正在尝试建立一条合乎道德标准的供应链的英国零售品牌 Ted Baker,加入了 MADE-BY 组织。我认为这是一件非常好的事。凡是通过这个组织认证的衣服,都会别上一颗鲜艳的蓝色纽扣。这意味着这个品牌(在写本书时共有 36 个牌子)是在一个在"对人与环境皆友善的情况下"生产的。照这个组织的说法,MADE-BY 是"被时尚品牌用来证明自己的衣服合乎最低要求的一个商标"。这听起来或许不是多有雄心壮志,但这是一个直接、务实且诚实的标章,不会一副假装什么事都是完美的样子。反之,它告诉我们这整项运动正处于萌芽阶段,也不能保证 MADE-BY 之下所有品牌的产品都是绝对的干净,不过,它们确实都努力朝着这个目标迈进,而且"确保检查生产过程中的大门是敞开的"。其中有一套追踪系统,能让你看到一件衣物在整个生产过程中的某几个阶段是在哪里、由谁制作的(他们希望有一天能让你看到全貌)。从某方面来说,你就是稽查员。

我与这蓝色纽扣的第一次相遇,是在一家位于肯顿市集(Camden Town)的小店内(很遗憾,现在已经关门大吉了)。当时我想找一件夏季裙装,我发现这家店中有几个零星的"良心品牌"、混杂着一些采用有机纤维的单品,但并未表明自己是家"良心商店"。蓝色纽扣的优点就是使得良心商品不一定非得要在良心商品专卖店中卖,也能被突显出来,而不至于最后变成所有"好"服饰都被堆在店中一个像是波希米亚聚集地的区域集中售卖。另外,我也欣赏这个验证系统带有的双重功效,事实上它并不是单纯只以环保为标准。

如果你也对亲自考察服饰的来历有兴趣,请留意还有另一种不只代表着环保,还包括重视社会正义在内的标章:"公平服装"(Fair Wear)。公平服装基金会(Fair Wear Foundation)的网站值得各位花一点心思阅读。这是一家自称"提倡国际验证"的组织,一部分的资金来自于力图改革时尚产业的"清白衣服运动"的荷兰分部。"要解决工作场合中的不公不义并不单单只有一种解决方式,而是有许多种。"它如此强调。我还发现公平服装基金会在面对品牌的问题时非常直率——有家公司坦承使用了家庭代工——而其目标在于矫

12　时尚大厂的自清运动

正、改善。然而，还是有一个问题，就是我发现与"公平服装"合作的品牌中，有像是 Nudie Jeans 与 Odd Molly 等这些现在出现在一些英国独立商店或网络商店内的小众品牌，但是主要的大众流行品牌都不在其合作名单中。

立即行动

在没有标章或是任何其他明显信息的情况下，你将必须靠自己搜查信息了。不要被在购买前进行调查这样的想法吓到了。这么做不仅将减缓你购买的速度，还可以给自己一个机会去检验此家公司做出的承诺，最终判断它究竟是否符合你对"完美衣柜"的要求。别被伪装成绿色的品牌欺骗了。你要找的是有着具体作为、透明、公开，以及有意愿与消费者进行交流对话的品牌。

通常，一名想要知道一个时尚品牌之道德真相的消费者，自然会找到我们在第 4 章提过的道德贸易联盟，它是一个由公司、工会和志工组织组成的联盟，部分资金来自其成员，其中不乏多家有名的大众流行品牌。道德贸易联盟并不以监管其下品牌，或是提供标章的方式来证明一家公司是清白、合格的。它的做法是：与那些承认其供应链有可以改善之处的品牌合作。一家公司是否要采取任何自清措施都是自发的。你很可能会在某个品牌的重大污点或丑闻被曝光之后，听到该联盟的名字。例如，2010 年 11 月，英国第四频道纪录片节目《特搜调查》(*Dispatches*) 播出的一份调查显示，在莱彻斯特成衣工业区出现血汗工厂，涉及的品牌包括BHS、Jane Norman、New Look、Peacock，以及C&A。这些牌子除了Jane Norman以外，其他全部是道德贸易联盟的成员，也就是说都签署过《基本规章》(Base Code)，它严厉禁止《特搜调查》中揭发的违规事项，包括每小时2.5英镑的低廉工资，肮脏又危险的工作环境，其中一处火灾逃生口还被堵住了。

道德贸易联盟在碰到这样的情形时，可说是腹背受敌。一方面它需要给予犯错的成员以警告，鞭策它们亡羊补牢，同时又需要对外保护其成员。在这样的情况中，道德贸易联盟就像是一个得管教脱轨的青少年的父母："New Look是积极参与我们'核心商业实务计划'的成员，宗旨在于找出公司如何减轻施予供货商的压力，并且帮助它们进行更好的产品规划，借此减少有求于外包的需要。许多公司已经与其供货商发展出更紧密的互动模式，这样的进步是基于信任以及坦诚的沟通。"在其成员遭到指控之后，道德贸易联盟办公室发出这份声明。"我们至今还力有未逮，但我们承诺要与我们的成员携手合作，追求更符合道德标准的生产模式。为那些无论是在孟加拉国、英国，还是任何其他地方制作我们衣服的工人们能拥有更好的生活，找出解决之道。"

尽管有人赞同道德贸易联盟这种宽大的做法，但有些抗争者可就不是那么好说话了。他们认为这个联盟为了要扩充影响力，过于袒护零售大户。的确，一家公司要违反规定到什么样的程度才会被逐出或是取消道德贸易联盟成员资格，这点似乎不大明确。以

12 时尚大厂的自清运动

Primark 为例，我们在第 3 章看到它被发现在英国通过一名承包商雇用非法移民，并且只付给比最低工资一半多一点点的钱。许多人都猜测 Primark 会被逐出该联盟，但是并未出现那么严重的制裁。Primark 被要求移除所有在店内及网络上挂有道德贸易联盟的标示，并且要持续一段时间，但它仍是其成员之一。道德贸易联盟的解释是：要逼 Primark 做出彻底的改变，与其采取对抗，不如与其合作，并且指出在"诈领救济金的高级时装"的丑闻后，Primark 已有长足的改善。这样的做法只是证实了一些抗争者认为道德贸易联盟根本手无缚鸡之力的说法。（在 Primark 发生这样的灾难后，该联盟坚称已经严格要求加入两年内的新成员一定得在落实《基本规章》，做出"有目共睹的进步"。同时，若是现有成员被发现违反规章，其会员资格可能会被降级。联盟也加强其惩处力度，如此一来，只要当一家公司被指控违规，即使仍在调查阶段，也能终止其会员资格。）

在消费时尚时睁大你的眼睛，其中一个你我都可以贡献之处，是支持长期监测劳工人权是否被侵害的组织。我强烈建议各位读者支持"欲望战争"（www.waronwant.org）、"标签背后的无名劳工"（www.labourbehindthelabel.org）和"反血汗"（nosweat.org.uk）等机构及网站。此外，若是想要取得全球时尚产业的国际观点以及联署活动的相关信息的话，就请支持"清白衣服运动"（www.cleanclothes.org）——我们在先前都已经提过这些组织了。这些网站提供了丰富的信息，并且会更新需要对零售商施加压力的项目。为了让这些非政府组织的活动发挥最大的效用,有时它们会协同作战。最近的一个例子是"欲望战争""清白衣服运动"和"标签背后的无名劳工"联手发布一份报告:《自作主张:英国大众流行品牌背后的故事》(Taking Liberties: The Story Behind the UK High Street),如此就可以影响到过去无法接触到的消费者或读者。

在"标签背后的无名劳工"的《来清理时尚吧》(Let's Clean Up Fashion)报告里,有另一项实用且我极力推荐的信息(网上可供下载):从2006~2010年间,该组织推出四份这样的报告,最新的一份报告列出了26家主要的大众流行服装店及品牌,并且将它们交叉比对,最后根据它们对"好生活工资"(Good Living Wage)原则的认可度,给予它们从0~5分的成绩。是否愿意给予员工集会结社的自由也是考核标准之一。

"标签背后的无名劳工"自2006年以来,便为劳工争取更合理的生活工资,亦即,一份成衣工人能靠此维持合理生活的工资。这不同于"当地最低工资"或"国家最低工资"。因为所谓的最低工资往往低到让工人仅仅勉强能吃得饱、穿得暖而已。自从发起这些抗争活动以来,这个概念已经逐渐推广普及。现在你会看到的说法是"亚洲标准工资"(Asia Floor Wage)。它的计算方式是以世界银行的购买力平价(Purchasing Power Parity)为标准,而不是等待零售商在旷日费时的计算与磋商中达成共识。利用这个方法,我们得以计算出各地工人的合理周薪,也就是他们需要多少以当地货币计价的薪水，才能买到一个美国消费者花 475 美元[①]可以买到的商品与劳务。

虽然我们对大众流行品牌的不满已经相当明显了，不过，不用期待在短期内会出现什么重大变革，就连在"标签背后的无名劳工"问卷中得到较高分的品牌都大言不惭地表示：它们会考虑提高工资，不过前提是工人"提升其生产力"。没错，我们的大型零售商就是敢这么大言不惭。它们竟然说，若是可以先弭平在柬埔寨、孟加拉国、泰国等地工厂内部的问题，提高当地工人的生产效率，就会考虑提高工人工资。我听了下巴都快掉下来了。首先，如同我们在第3章看到的诺森比亚大学进行的实验，全球装配在线的工人早就已经被逼得喘不过气来了。其次，这样的立场展现了赤裸裸的事实：尽管《国际人权公约》早有明令，许多时尚大厂并不相信合理的生活工资是一项基本人权。

"标签背后的无名劳工"斩钉截铁地回应："我们就摊开来讲吧，成衣工厂中工资低的原因并不是由于生产力低。工资低是因为这个产业的结构造成零售商、工厂、政府、雇主、工人之间紧张的竞争关系；工资低是因为政府没有成功地通过劳工法来保护社会中最穷的一群人；工资低是因为工人一直被禁止组织工会，也不能提出这样的要求。这些是导致工资被严重压低的根本因素。要解决这个问题，就要各方都同意落实工资的发放。"

---

① 编注：这个数字应该指代美国低收入人群的补贴额度，包括房屋补贴和食品补贴。

只有当你对一家公司的结构有了完整的认识,并知道它对生活工资或亚洲标准工资的立场,才可以进一步考虑要不要买它的衣服。要将你从抗争团体得到的证据融汇、串联起来,以厘清一家品牌或零售商真正体现的价值是什么,以及它们的首要目标是什么。

我花了一点时间考虑一条新的牛仔裤能否获准进入我的衣柜中,这个早期被劳工权益抗争者视为大敌的品牌是李维斯,如今它强调自己在企业社会责任方面下了苦功夫,尤其是在环境议题上。它确实所言不虚。2009年,这家享誉国际的丹宁品牌,仅仅靠着修改运输路线就减少了700万吨的碳排放。李维斯还引进一个名为"心系地球"(A Care Tag for Our Planet)的生态标签,上面写着:"冷水清洗、风干,然后捐到好意(Goodwill)"。它与"好意"这家美国慈善商店合作回收旧牛仔裤。李维斯为了凸显其决心,甚至愿意不追随潮流,放弃使用牛仔裤"做旧"的喷砂技术。2010年9月,公司宣布:"是时候禁止喷砂了。"因为经过讨论后,"虽然为了确保制造我们牛仔裤的工人不会受到硅土的危害,我们已经在工厂内设下了同业中最严格的标准及监督流程……但我们承认仍有工厂……没有采取和我们同样的安全措施,因为它们在使用喷砂技术时并未严格施行适当的健康及安全标准,而让不知情的工人身陷危险"。在撰写本书的同时,李维斯承诺推行"减水"(Water-Less)技术,在生产中(平均一条牛仔裤要被洗过3~10次)减少水的使用。这样施行下来,生产150万条牛仔裤可以减少1600万升的用水。

这些听起来非常值得肯定吧!但根据"标签背后的无名劳工"

于 2009 年的《来清理时尚吧》报告，李维斯拒绝回答是否向供应链底层工人提供合理的工资，所以在这份报告中它得到了一颗零鸭蛋。这点使我起了疑窦。"李维斯不接受合理生活工资的原则，也不接受承担支付工资的责任。"我与李维斯供应链社会与环境永续部门副总裁麦可·寇柏里（Michael Kobori）再次确认这个具有风向标影响力的牛仔品牌在此原则上是否有所改变，但是它没有。"那不是我们所追求的事。"为什么呢？我纳闷。"那不是我们所追求的目标。"他重复一次。嗯，那好吧，所以就算李维斯在环保工作上表现良好，但它也不是我追求的目标（也就是说我不会将它购入我的衣柜中）。当然，你可以有不同的感觉。

露肩裙装 923R 号的故事

若是你有什么不确定、不理解的地方，或只是想知道更多信息，请就大方地写封电子邮件或打电话直接询问时尚品牌吧。这么做或许能帮助你下决定。你也可以直接询问店员，虽然依我的经验来看，能借此得到有见解的答案的机会不大。在忙碌的周六下午，你不能指望店员会告诉你一件裙装上的拉链是在哪里制作的。

Reiss 这个牌子被 *Time Out* 评为"有眼光的时尚达人会选择的中阶品牌"。它的目光也对准了快速时尚市场，把季节性服饰的交货时间从 3 个月减为 6 周。有一天我在 Reiss 挑了一件漂亮的长袖连衣裙，要价 120 英镑。这个价位的衣服可不能只是流行性的，它得要符合所有能进入我"完美衣柜"的条件才行。它得通过道德的审查，并且有着经得起时间考验的美感。我问了帅气的店员关于这件衣服的出处，以及这细腻灵巧的亮片是用手缝制上去的还是使用机器。"喔，它们是用机器缝上的啦。"他很肯定地回答。"但是用机器不会缠在一起吗？而且这用一台机器要怎么做到啊？"嗯，这下弄得我们两个人都不确定了。标签上也没有提供线索。于是，乐于助人的店员也无能为力，而我则匆匆记下衣服上面的编号："Suki亮片露肩裙装923R号"，然后我说我会写封电子邮件到总部去询问。

几天后我就这样做了，我以这个编号提出我的疑问：

这件衣服是在哪里制作的？这些亮片是手工缝上去的吗？如果是，是谁的巧手呢？你有付给这个工人一份合理的生活工资吗？你们是道德贸易联盟的成员吗？我写这封邮件问你们是因为我询问你们位于柯芬园店内的员工，但没得到答案。不过他们倒是说许多产品都是在土耳其制作的，但我们在标签上什么也没找到。非常谢谢您提供更多关于此件衣服的信息。诚挚的祝福。

过了差不多一个月（看吧，这就是为什么我说当你以这样的方式光顾服饰店时，能减缓你花钱的速度），我收到来自公关部主任海莲娜的回应：

亲爱的露西：

首先，不好意思回信晚了些。您的疑问被转给了我，并且由我再转向我们的制造团队做进一步的询问。针对您的疑问，敝公司回答如下：

在哪生产的？

这件衣服如洗涤标签上所示是在中国制造的。（糟糕，我跟店员都没想到要去翻这条标签。）

这些亮片是手工缝上的吗？如果是，是谁？

这些亮片是手工缝上去的，接下这份订单的制造商表示这些手工缝制的亮片工作是由一个第三方人士所进行的，他是做这方面工作的专家。

你们是否有付给他一份合理的生活工资以及你们是道德贸易联盟的成员吗？

我们不是道德贸易联盟的成员，但我们确实有定期参访我们的制造商。

至于提到最低工资的问题，制造商已经确认有超过中国劳工法规定的最低范围（付给工资以及劳工保险），制造商的工作环境也达到当地政府设定的标准，每年也定期接受政府的稽查，以确保达到国家的要求。制造商也确认外包出去的第三方付给的工资及工作环境也达到当地政府设定的标准。

希望这些信息能澄清您的疑惑。

这是有帮助的，不过我还需要更多的澄清。比如说，那位神秘的"第三方"，也就是说那位手缝专家，究竟是谁？也许是家庭代工吗？再一次，回复我的工作又落到海莲娜头上：

> 这个第三方的承包商是另一家有设备的工厂（非家庭代工），如同我先前一封邮件内提及的，和我们的制造商一样，它们每年也有接受当地政府的稽查，并且工资及工作环境都有达到当地政府定下的特别标准。

尽管中国政府每年都有稽查，也制定了最低工资标准（我们先前已一再提到，这可能根本无法养家糊口），所谓的第三方仍然是一个谜团，让我决定把 Suki 亮片露肩裙装 923R 号拒绝在我的"完美衣柜"之外。尽管它美轮美奂，但我必须把我的 120 英镑用在其他更值得的地方。

主流时尚大厂在追随良心时尚五六年后，还有很大的进步空间。从许多方面来说，我们尚处于萌芽阶段。以食物产业来做比喻，时尚产业目前还处在那些改革者盯着放在盘子上的全麦面包看的阶段。尽管我们努力地在大众时尚中寻找质量符合"完美衣柜"标准的服饰，尽管我们能善用知识进行精挑细选，但我们必须知道，良心时尚的乌托邦并不在这里。如果我们对我们所追求的价值是认真的，我们必须把眼光放得更远。

原因是，现今至少还有一个根深蒂固的问题存在于快速时尚里。

无论快速时尚如何声称自己已经着手改革，如何在环境与社会责任上承担起更多重担，但事实是，快速时尚的整个获利结构建立在大规模的销售上。店面变得愈来愈庞大，库存亦然。我们应该有、也能够有价格合理的时尚产品，而且我们当然也希望所拥有的衣服不仅仅好穿，还好看。可是时尚大厂的算盘却相当狭隘：要快速、要廉价。而这两者的结合不可能永续长久。

　　大众流行品牌的唯一目标就是吸引我们消费。为了追求这个时尚产品说不出口的目标，那些衣服只能满足追求新潮的我们一时的快感，但不能持久耐用。大众流行希望我们每天有新的欲望，然后把昨天买的那件丢进衣柜或垃圾桶里。简而言之，若是你期望快速时尚可以充实你的"完美衣柜"，那还有得等呢。

13 从五斗柜出发拯救世界

Change Your Knicker Drawer, Save the World?

一件衣服采用什么纤维制成至关重要。纤维材料不仅关系到这件衣服该怎么洗、怎么烫,更关系到它的制作过程,因此牵涉到更广大、复杂的社会与环境问题。以棉花来说,棉农的命运与棉花的种植与采收休戚与共。但全球的棉花贸易并不真的希望你想到这点。如同我们先前所见,在全球贸易市场中,棉花是没有面孔也没有历史的商品。但这可不是说棉花产业不想做你的生意喔。棉花大户巴不得你增加对传统棉花的消费,买得愈多愈好。最好你的衣柜、洗衣篮里全部塞满棉花产品。至于棉花的来源,它们也希望你最好少问为妙。

在很长的一段时间里,乌兹别克斯坦的棉田以及发生在那里强迫捡拾的事一直困扰着我。我要怎么才能确定我的衣柜中的服饰,没有一件是用来自乌兹别克斯坦、由一群本来应该在学校里念书的孩子们采收的棉花制成的呢?2007年时,我决定在一个讨论让时尚产业更具有可持续性的会议上,询问一群由主要零售商组成的代表:他们在这方面做了什么?"你们为什么没有反对使用乌兹别克斯坦的棉花,并且也禁止供应链使用呢?"我鼓起勇气这么问。然后,我又问他们要如何保证在自家的衣服中没有使用乌兹别克斯坦棉花。与会者的脸上露出一副这是个蠢问题的无奈表情。除了一位来自一家主要零售商的代表,向我保证会拒绝任何一桩明显采用乌兹别克斯坦棉花的交易外,其他人的意思都是:"别傻了,面对事实吧!"举例来说,一家大型超级市场的代表告诉我,棉花在国际市场上流动,而它们不会费时费力去调查它们的来源——游戏规则不是这样定的。甚至,有人还说这个问题根本不重要。我强忍着怒火,伺机追问更尖锐的问题。

事实上,还不用轮到我来发问。由于 2008 年夏天英国国家广播公司的《新闻之夜》揭发了"普雷速斯棉花"(Plexus Cotton,一家利物浦的棉花贸易公司,偶尔也买卖公平贸易棉花)、乌兹别克斯坦棉花原料,以及英国大众流行品牌之间的往来关系,英国消费者一下子全都知道时尚大厂用的棉花全部来自于乌兹别克斯坦的孩子之手。当《新闻之夜》告诉"普雷速斯棉花",乌兹别克斯坦在政府的支持下滥用、剥削童工时,该公司响应:"乌兹别克斯坦棉花仅占我们棉花整体来源中的极小部分。乌兹别克斯坦政府已经明确地向我们保证,他们已经禁止使用童工了。"环境正义基金会予以驳斥,乌兹别克斯坦政府对每个人都做过类似的保证,但不幸的是,该政府仍接二连三地被目击者爆料再犯。然后,《新闻之夜》还联系了在孟加拉国的成衣制造商,并证实他们的确是使用来自乌兹别克斯坦的棉花,并且"可能已经用来制造 Asda 旗下品牌 George 的衣服了"。

精彩还在后头。仅在几周前,零售商还认为它们可以睁一只眼闭一只眼,但它们现在恨不得能更快地与乌兹别克斯坦棉花划清界限。乐购与 Asda 开始对其棉花供货商采取追踪监视系统,沃尔玛则加入抵制乌兹别克斯坦棉花的行动。他们一家家地低头认错。总计有 40 家国际零售商同意阻止其供货商使用来自乌兹别克斯坦的棉花。如同你能想象到的,这引起了一阵轩然大波,尤其对接收来自英国的大量订单的孟加拉国成衣工厂来说，更是晴天霹雳。这些零售商正是靠着这些廉价棉花来赚取蝇头小利的。"若是我们无法从乌兹别克斯坦进口棉花，意味着我们每磅至少必须多花6分钱从美国进口。以一件成品来说，最终就是增加20%的成本。"一名孟加拉国制造商向路透社如此抱怨。

环境正义基金会认为，乐购和Asda采用的追踪监视系统确实是有效的，但总体而言，这会不会可能是一场得不偿失的胜利呢？根据与路透社联系的那家孟加拉国制造商表示，那么一来，他唯一的选择便是转向美国，购买"干净的"棉花。但问题是这些棉花又有多干净呢？像我们在先前所见，美国棉花产业借由倾注几十亿美元的补助款，狠狠地关上了非洲供货商的门路。

我们得更直接地问，要是这几家大型零售商都不再使用乌兹别克斯坦棉花的话，那么谁会继续向其购买棉花呢？我们最好别忘了，乌兹别克斯坦仍位居世界第三大棉花出口商，其中3/4的棉花出口至中国及孟加拉国，进行成衣制造。我相信仍有一定量的乌兹别克斯坦棉花进到了普通英国人的袜子柜当中。

当然你可以选择相信大型零售商，然后希望它们能有效地监督、管控供货商。但同样地，你也可以将用来购买棉花的钱，尤其指那些花在基本款——睡衣、袜子和内衣等这些会被你放在内衣五斗柜里的服饰——的钱，亦即所谓的"棉花消费"，分散使用在不同的地方。这些服饰往往与流行趋势无关，虽然我们一直以来都被洗脑说它们也具有流行性，因此不知不觉胡乱买了不少。而我的策略是，花多一点的钱，买质量更好的衣服，延长其使用的时间。但关键在于，我拒绝传统的棉花，转而支持用心改善生态与社会冲击的棉花。那些黑心棉花可不会在一夜之间就像被丢到洗衣机中的袜子一样消失不见。其中令人揪心的事实是：棉花是全球上百万人民赖以维生的财源。你在"完美衣柜"中要达成的责任是：买进更好的棉花。幸运的是：并非所有的棉花都是以同样的方式种植和生长的，我们仍有选择。

有机的

我们都看到有机棉在大众流行品牌间已经沦为一种泛滥的老梗：在 2009 年时，消费有机棉的前十二大品牌及零售商包括耐克、沃尔玛、H&M 和李维斯等大牌。不过，虽然似乎张三李四都徜徉在有机棉 T 恤中，但实际上并非如此。尽管有这些铺天盖地的大肆宣传，有机棉仍然只占全球棉花的不到 1%。这太可惜了，因为相较于传统的棉花，有机棉的优点太多了。有机生产系统以维持并增加土壤肥沃度为宗旨（土壤肥沃度的下滑确实已经是世人的心头大患），其禁用有毒且永久残留的农药及肥料的规定降低了棉花的毒性负担。与其采用单一栽培和使用化学农药，有机农耕实行某些更传统的做法，譬如，轮作能使土壤内的氮固定。凯瑟琳·汉姆内特（Katharine Hamnett）率先在英国供应链中使用有机棉，也取得了相较于传统棉花的重大优势。"它增加了 50% 的收入，"她曾表示，"农民投入的成本减少了40%，还可以得到20%认证有机棉的补贴。这让农民能够喂饱家人并让孩子可以安心念书，还可以凿井，并担负得起医疗保险。农业也恢复了一线生机。"汉姆内特指出道德拼图中另一块重要的部分。如同我们已经留意到的，棉花价格近来不断攀升，导致一些零售商发出警告，表示超廉价衣服的时代已经过去。不过，不必特别愤世嫉俗也猜想得出来，就算时尚大厂们把价格抬高，多出来的盈余也不太可能会分给位于这条非常长的产业链末端——发展中国家的棉农手中，因为这不符合这个系统的运作逻辑。因此我会选择到愿意付给农民更好价格的店家消费，这其中包括被认证的有机棉、公平贸易棉花，还有一些位于转型阶段的过渡期棉花。

今天的消费者很容易就能买到有机棉产品，因为这些衣服上会贴有易于辨认且有公信力的认证标章。事实上，运用在衣物上的标准与标志达上百种，当中超过半数与棉花有关。在英国最常见的一种是土壤协会（Soil Association）的认证标章，由于其严格的门槛，以及比其他认证标准多出更多的要求与规定，通常被称为是有机认证界中的"劳斯莱斯"。虽然可能更常看到此标章出现在慢工出细活的奶酪上，但自2003年起也有纺织品开始得到它的青睐。而棉花又是所有材料中最具代表性的，全球22个国家中共有17万名农民现今都生产着符合土壤协会标准的棉花。它也有额外的标准：比如说，在土壤协会定义下的有机棉花标准之下，你不能为了栽种棉花而将原先的生态系统破坏掉。不过对土壤协会来说，真正重要的不是像多数有机认证计划一般只认证纤维的质量，它保证的是整个生产过程，譬如印染，都必须是对环境生态友善的。

更好的棉花

对任何转而栽种有机棉的农人来说，都有一段漫长的阵痛期。我们都晓得棉花有多么容易受到害虫及疾病的侵害。不用杀虫剂也就意味着农人需要采用其他的办法驱走害虫（可能会使用黑蚂蚁，或是天然的防虫剂，如印度苦楝树）。这需要花上一段时间进行转换，并且在此过程中逐步停止使用农药。罗马不是一天造成的，有机棉田也不是一夕之间诞生的。它需要花上3年的时间追踪农药是否已完全消失。在这个期间，农人不能得到对有机棉的补贴，但也有些计划试图改善这样的限制。与其坐以待毙，或被迫以和传统棉花一样的售价贩卖日渐减产的棉花，有些农人决定试试有机一途，并且努力争取在成为百分之百的有机之前，能以"过渡时期"或"准有机"的名义出售，并得到一定的补助。2008年沃尔玛承诺买进重达1200磅处于过渡时期的棉花。同时，准有机棉花则是被日本跨国公司伊藤忠（ITOCHU）通过位于印度的Raj生态农场（Raj Eco Farms）大量收购。若是在店中看到过渡期或是准有机的棉花，我会购买，但前提是要确认过这个品牌付了合理的津贴给农民。若是没有做到这一点，那么它就和其他棉花没有两样。

类似的还有其他加入"优质棉花组织"（Better Cotton Initiative）的品牌，它们在2010年时在西非、亚洲和巴西迎接了第一次收成。

有别于只栽种有机棉花或推动公平贸易，它专注于推动低成本的改良方式，主要是减少农药的使用。同时，"非洲产制棉花"（Cotton Made in Africa）则是由对棉花有兴趣的德国企业（尤其是庞大的 Otto 服装集团）与贝宁、布基纳法索的当地纺织商彼此合作的倡议活动，主要的目标是传授相关的农业知识给当地农人，并适度减少农药用量。

科学怪裤

对许多抗争者来说，认证有机棉最主要的价值在于，它为泛滥的转基因生物（genetically modified organisms）筑下了一道堡垒。但也该一提的是，有另一派的说法认为基因改造棉花是一种解决方式，而不是个问题。对热情的支持者来说，基因改造或转基因纤维，就像是一张必杀王牌，它不需要使用那么多农药就可以保证有更好的收成量。其支持者说，对像非洲和印度这般条件的地方来说，它简直是天上掉下来的礼物。

想当然耳，支持基因改造的人自然不少，尤其是在农人饱受螟蛉侵害而无计可施（Bt 棉乃由美国农业化学巨子孟山都[Monsanto]所研发，号称不需使用农药就能控制三种包括螟蛉在内的棉花害虫）①，最后只好不惜一切代价砸钱在杀虫剂上的印度。更何况，使

---

① 译注：Bt 棉花因其棉种中植入一种叫作"苏力杆菌"（Bacillus thuringiensis）的黄豆菌基因而得名。

用转基因技术之后收成也会更好。因此 2002 年 3 月,印度不只是开放对基因改造作物进行试验,还成了全世界第六个批准基因改造作物商业化的国家。现在 80% 的印度棉花都被认为是转基因的。印度不是唯一一个受到基因改造棉花吸引的国家。在书写本书的当下,全球有 43% 的植棉土地,共 1500 万亩的土地上种植的都是转基因棉花。直到印度开始种植 Bt 棉以前,中国是全世界基因改造棉成长速度最快的国家。所以或许你对于科学怪裤(Frankenpants)这样的想法感到不悦,但非常有可能你正在穿着它。

有机爱好者们想到他们拥有的棉质衣服中,多达 50% 是来自基因改造棉时,会被吓坏的。但我最担心的是,基因改造棉并不如这些处于绝望的农人们所期望的那样,是一份天上掉下来的礼物。

印度的研究显示,就算种植基因改造作物的农地能比种植非基因改造作物的农地多出了 60%~90% 的收成,但每亩地的净收入依然很低。"这很简单,"康奈尔大学的隆海瑞(Ron Herring)说,"你可以想象,当一名有着中等大小农地的农民靠着获利更高的 Bt 混合技术取得大量收成,但一天仍赚取不到 1.5 美元时,那么对拥有量小(尤其相较于中国)、低收成的印度农民来说,岂不是更禁不起收成量上的波动?!"至于 Bt 棉花与大量印度棉农因负债而自杀两者之间有什么关联,至今没有人弄得清楚。孟山都支持的一份研究报告指出,Bt 棉降低了棉农对杀虫剂的依赖。然而,其他调查却认为,1998 年印度第一次出现农人因为负债而自杀的惨案时,也刚好是印度政府考虑推动 Bt 棉花之际,两者应该不会是巧合。那一年,

500名农人自杀，来年自杀人数上升为600人。自杀人数的确似乎随着转基因作物的普及而有攀升的趋势，但这段时间也见证着全球棉花价格的下跌。于是一些专家便下结论表示，基因改造棉花也未能解决印度棉农的困境。印度的小农将全身家当与性命都押宝在棉花上，但生产出来的却是廉价棉花。会有人告诉印度上百万赤贫的棉农，情况对他们愈来愈不利吗？这张王牌（转基因）难道已经失效了吗？

公平棉花

为了避免"完美衣柜"中的棉制品有一丝丝的瑕疵，我不仅只买有机棉，还要是公平贸易的。这样的想法始自2007年，英国举行第十四届公平贸易双周活动时，我人在马里的吉坦（Djidian），坐在一棵大树下参加一个村里会议。那次经验让我知道，并不是所有的棉花交易体系都是一样的，而且，身为一名消费者，我能发挥一定的影响力。我动身与一些农人碰面，去了解在公平贸易系统下是怎么种植棉花的。男人们抱怨着一个最困扰他们的问题。"你让女人们也能来种植棉花，"村内年长者之一凯塔先生（Mr. Keita）如此说，"她们能来种棉花也就算了，现在她们还能在会议中发言了，然后就一直说个不停。"凯塔当时显然因为这点感到受了委屈，在极大程度上（并且在他看来是不该鼓励的）则代表了对传统的背离。可是，平等，在公平贸易协议中，是必须存在的一个部分。任何村民，无论男女，都可以种植棉花，并且在会议中享有发言权。

接着我被带去参观当地村民用他们卖出棉花得到的第一笔公平贸易额外收入（premium）盖的谷仓。把这笔新的额外收入用在盖一座谷仓，听起来理所当然。在之后我看到了一间用下一笔额外收入盖的学校，这就更值得称道了。无论是谷仓还是学校，都至关重要。2001年，当棉花价格崩盘时，村民们被迫将谷物贱价卖给美国商人，因为当时村民没有储藏的地方，而后来也只能用分期付款的方式，以夸张的高价将货买回来。当由公平贸易棉花制成的产品愈来愈登得上时尚版面时，额外收入对农民的帮助往往不会吸引大众的注意。不过，只要西方零售商及消费者仍对它感兴趣一天，额外收入就会源源不断地来到。

你会知道一件T恤或睡裤是用公平贸易棉花制成的，那是因为你认出上面带有的公平贸易标志。事实上，你大概是从其他产品上先学着认得这个标志的，毕竟在咖啡、香蕉与足球上都能看到它。公平贸易针对棉花设定的标准诞生于2005年，当时公平贸易基金会开始为一些少量的非洲棉花挂保证，作为一种支持我们在第7章中提到的"棉花四国"——贝宁、布基纳法索、乍得和马里——的方法。这些国家自从棉花价格一路跌到底后，事实上已经接近破产。公平贸易基金会需要与生产商以及拥有国有棉花加工设备的西非政府机关煞费苦心地进行协调，最终花了10年才研拟出这套标准。公平贸易的标章只保证到棉花种子的部分（到进行轧棉步骤以前），并且致力于保障生产者能得到与他们的付出相对等的回报。

然而，毋庸讳言，公平贸易标章也有一些缺点。这个标章主要针对的是纤维，一件挂上公平贸易标志的T恤一定要含有至少50%确定是公平贸易的材质（也就是说另外50%可以再混入徕卡或是其他同样具有伸缩功能的材质），但是用在衣物中的棉花必须百分之百是来自公平贸易的。但是，就算你在一件T恤或套装上看到了公平贸易标志，也无法得知任何关于生产此产品的染坊、纺织厂或工厂的信息。

不管怎么样，我从马里回来后便致力于推广公平贸易的棉花，深信若我将内衣柜改头换面一番的话，多少也能发挥些贡献。可是时尚产业是善变的，在包括超级市场在内的零售商竞相争夺公平贸易棉花最大订单的热潮过后，新奇感似乎渐渐退去。不久前我开始看到挂有公平贸易标章的T恤，标价3英镑，被挂在寥落的旧货区。

在见过仍然得靠着公平贸易的信誉存活下去的农人后，我认为这不只可耻，简直让我气急败坏。因为看到公平贸易衣物被减价而感到失望，这也许不太理智，毕竟额外收入及价格是早就已经签约确定的。但是当我看这样的事发生时，我知道这是个不祥的预兆。公平贸易的成败取决于消费者是否了解给予农民的额外收入的作用与意义，以及这种高质量商品的社会效益。但这些便宜货却毁了它，这样的做法使它失去了公信力。非常确定的是，大型零售商已经不再互相争着是谁订下那笔最大的订单了。或许上述现象的真正原因在于，那件T恤上面的粉红色鲑鱼花样退出了流行榜，而不是公平贸易出了问题。但根本的问题是，为什么要用公平贸易棉花制成以流行趋势为导向的产品呢？2009 年及 2010 年时，尽管全球棉花即将发生短缺，但是一捆捆的公平贸易棉花仍然被搁置在西非港湾的码头上。其实棉花仍然供不应求，只不过短缺的是不用付公平贸易溢价的棉花。

公平贸易棉花不应该只是出现在圣诞节礼物或是慈善活动的纪念汗衫上，只有在需求与供应稳定的情况下，公平贸易棉花才能发挥最大功效，因为这样才能够保证农人有一份足以养家糊口的收入。2010 年，即公平贸易基金会为棉花颁布标准的 5 年后，开始重新定位公平贸易棉花，不是作为快速时尚的附庸，而是作为一种高质量产品。我们购买公平贸易的产品是因为质量。棉花专家及品牌所有人艾比盖儿·博娣（Abigail Petit）与印度专门生产有机与公平贸易棉花的制造商 Agrocel 合作，并指出："一件质量好的棉花衣物内含 500~600 克的棉花，相比之下，一件质量差的 T 恤仅含 50 克棉花，其他部分的纤维都是靠化学合成与染色的。花钱买质量是值得的。你付愈多钱就买到愈多的棉花，而且买到的产品也经得起多次洗涤。"也许我们在买衣服前，应该开始先称称它们的重量了。不过，对"完美衣柜"来说，衣服除了质量之外，在环境与社会正义方面也马虎不得。总而言之，我们可以多付出一点在不糟蹋环境与相关工作人员劳动的产品上，然后珍惜它们，物尽其用。就算是最普通的纤维，也应该得到我们的敬意。

道德纤维

也许你早已受够了棉花与人造纤维垄断,想要寻找一种更新、更具革命性的布料。要在衣柜中实践这项革命的快捷方式,就是多加利用生态纤维(eco fibres),从和平丝、大麻丹宁(hemp denim)、荨麻编织衣物(nettle knits),到回收的树皮,以及采用在地技术与传统手工织法为顾客量身定制的布料。此外,还有来自其他废弃物的新奇纤维。虽然其中有些听起来太过光怪陆离,譬如蟹壳、鲑鱼皮,甚至牛奶纤维。但这些材质都有一贯的特色,亦即其生产过程不会破坏生态的平衡,而且要比传统纤维更环保。在从原始纤维(raw fibre)或再生原料到最终成为布料的过程中,应该使用较少的水与化学药剂,遗留较少的碳排放与污染。

天然纤维来自植物或是动物。从时尚服装的角度来看,它们具有下列优点:第一,它们最终是能够百分之百生物分解的(在英国掩埋场里倒不一定);第二,它们具有"高透气性",这点对衣物来说一向是加分的;第三,低耗能的种植过程。比方说,生产1吨黄麻纤维,只需要生产等量合成纤维的10%的能源。这很合理,因为黄麻主要由小型农业的农民进行耕种,投入的主要能源是农民的劳力,而不是以化石燃料为基底的农药。

在许多天然纤维的例子中(虽然不是所有的),原材料来自土地,因此不需要实验室、专利权,更不用投资上百万美元来进行研发培育。就好像被妥善种植的棉花能够对生产社群产生正向的改革作用,其他的天然纤维也一样,能够为上百万靠着栽培及加工它们维生的人们带来积极正面的影响。对于小型耕农来说,它是一种恩赐。根据统计,在孟加拉国和印度有 400 万名小型黄麻耕农,在中国有 100 万名蚕丝工人,在安第斯山脉则有 12 万个牧养羊驼的家庭。

然而,对于那种轻易为自己冠上"自然的"（natural）或是"生态"（eco）高帽,却没有交代清楚生产细节,也没有第三方认证的产品,你要多加留意了。竹纤维的莫名走红就是一个很好的教训。自大约 2008 年以来它越来越受欢迎,甚至有人形容它"比绿色和平组织还更环保"（引自强纳森·法兰岑［Jonathan Franzen］）,生态环保界为之疯狂。竹子是可再生的,而且因其神奇的根部结构,它又是碳中和的。它长得很快,收割后新作物转眼又如雨后春笋般地冒出来。不仅如此,它还不容易生病,多样优点族繁不及备载,也的确蓬勃发展,甚至登上了大众流行的舞台。不幸的是,太多人买它就是因为它听起来有环保功效。我拥有的 4 条紧身裤、1 条睡裤、1 条健身内搭裤、1 件背心,还有 5 双袜子就是明证。但乱买的结果一点也无法帮助我们达到以环保纤维取代棉花的目的。最终的结果只是我们买了一大堆不知来自哪里的竹纤维。既然说是竹纤维,那么它就应该来自于竹子,不过,用显微镜看纤维时,却常常不见任何竹子的细胞。因为,它一般是通过湿纺的方式加工成类似嫘萦——又称人造丝,同样也是来自植物纤维——的纤维。或许你还记得在第 6 章时我提过,人造丝的制成需要使用大量有毒的化学药剂。美国和加拿大的管理人员齐力将大约45万件衣服及织品上的标签,从"竹制"改为较不具环保号召力的"嫘萦",理由就是怕消费者被误导。

然而,尽管对此感到恼怒,但我不希望一竿子打翻一船人。竹子的确还是有些优点的。它在成长时能吸收大量的碳,并且多亏其特殊的根部构造,它不需要再播种。对需要多样化耕种经济作物的农民来说,这可说是两全其美。而且,若是机械化地将它浆成麻布,也不需要用到有毒的化学药剂,只不过这是个昂贵的加工过程。事实上,你仅会在高端一点的产品中找到真正的环保竹制品,而且要价不菲。不过一如既往,我们不该以价钱来决定一切。要能进入你衣柜的竞争者应该也要带有标章,以竹制品来说是ISO 14001(这听起来不是一个很酷的代号,但它代表着在加工过程中做到环境管控,且应该出现在品牌或零售商的网站上),还应该要有另外一个标章,通常是Skal或是Oeko Tex。Skal通常用在衣服上的标章是"EKO",它为所有的天然纤维,包括竹、亚麻和大麻在内,发展出一套标准,保证原始纤维都是在"可持续发展的"过程中制造的,而不是来自某些使用化学农药的巨型单一种植场。它要求巡访农场,对农民、工人及作物情况进行检查,并且在实验室中对植物组织进行化验。

在我个人的"完美衣柜"中,我也限量开放给另一个方案:再生的天然纤维。这会把纯粹主义者吓得大呼万万不可,因为再生纤维需要一定的化学加工,也会有一些废弃物及碳排放的产生。不过,其实它们都是由欧洲巨型纤维制造商兰精(Lenzing)在严格监管下生产的。比如说，取自木浆（通常是桉树，俗称尤加利树）的天丝棉（Tencel Lyocell），以及取自榉木的莫代尔纤维（Modal），这两种纤维的原始纤维都是在兰精公司旗下的一家奥地利工厂，经过化学溶解而来的。虽然它们称不上什么珍宝，不像在农村里土生土长的黄麻，但也有可观之处。事实上，喜好它的人还将它比喻为是超细致的棉花，甚至有人将它比拟为丝绸。虽然它不能拯救地球，但它的属性还是比聚酯纤维和棉花更好，而且其多样性与广泛的应用性可以大大提升衣服的质量，使其更耐用。简单来说，有了它，你可以少买点衣服。

大麻妙用多

其他的环保纤维几乎都很古老。以大麻来说，它的过去都可以被拿来当作机智问答的题目了，像是：亨利八世通过一条法案，惩罚拒绝耕种哪一种作物的农民？哪一种以"H"开头的作物连乔治·华盛顿和托马斯·杰弗逊都种植过？人类在漫长的历史中，自然有机会发现大麻的实用价值。考古学家在中国发现了人类在4000年前种植过大麻的证据。身为一种生长速度快、易种植，并且能用来作为纤维的作物，在过去一向被人类大量使用。但近年来，因为其亲戚大麻烟（cannabis）被视为毒品，大麻也连带受累。20世纪30年代时，美国报业大亨兰道夫·赫斯特（Randolph Hearst）因为在木浆及棉花籽油上有不小的商业利益，特别热衷于大量编造有关大麻烟的负面新闻，导致美国民众人人闻大麻色变，对大麻服饰也有了负面印象。总而言之，原本在全球成衣产业当中首屈一指的经济作物的大麻，一下子沦为小混混的迷幻药。

如同我们看待其他的材质一样，我们不能光看到种植的一面，必须要看得更深，毕竟没有一种纤维是不需要任何加工就可以使用的。在成浆、纺织、纺纱前的纤维梳理等步骤中，我们要问的是，这些加工过程注意了环保问题吗？比如说，多数的大麻来自中国，在那里大部分的加工会使用重剂量的氢氧化钠和酸来进行清洁。或许，其累积的碳足迹没有像棉花那样严重，可是难道我们只要是没那么糟就满意了吗？一件含有大麻的服饰若是要能够进入"完美衣柜"中，在加工过程中使用的就必须是天然酵素，或是以水来梳洗纤维。

按照"深绿"环保人士的标准，由于棉花需要大量的水与农药，会对环境造成无法控制的灾难，因此应该完全禁止使用。因此环保人士总是在时尚业中大力推广运用大麻纤维。他们能列出的大麻纤维的好处如下：它耐久、有弹性，种植时不需要化学农药，修长的根系会吸取土壤深处的养分等。所有的一切都意味着大麻在贫瘠的土壤中亦能茁壮成长，还有助于保持水土。然而，问题在于，"深绿"环保人士对时尚美感并不在意，而且大麻制品的模样总是不太吸引人。松垮如布袋的裤子、灰暗如土的裙子，让一般消费者望而却步。

不过，值得庆幸的是，近来大麻织品的时尚感已经有大幅的提升。现在大麻已经可以被"棉花化"。在去除绑住纤维的天然木质素之后，大麻也能够适用于改良过后的棉花或羊毛加工机具，进行纺织及加工作业。然而，若是我们扪心自问，应该还是得承认，纯大麻衣物还是大多出现在蓬头垢面的嬉皮士身上，很少精英人士会穿这种材质的衣服。最受欢迎的大麻服饰仍然是进行过混纺的（通常是和其他的天然或环保纤维进行混纺，像是丝或有机棉）。但这可能即将改变，因为有一位加拿大科学家发明了一种炙手可热的大麻纤维，几乎可以与棉匹敌。它的加工过程是环境友善的，并将大麻与其他以亚麻为基础的纤维转化成具有类似棉的模样与特性，而环境冲击远比棉花小。其名为 Crailar，在一些圈子中又被称作是"超级大麻"（super-hemp），而且它并非一定要被混纺后才能使用。地球的未来就在这里，在那些愿意尝试新纤维的智慧、前卫的设计师的手中。

精挑细选
真时尚

Buying
Better
Clothes

若是流行的廉价时尚的卑劣行径与标示不清的产品已经令你彻底失望，那么"良心时尚"保证能让你耳目一新。在良心时尚里，你不会看到内容空洞的标签，没有貌似廉价的打折商品，取而代之的是，你会发现一种近似强迫症的坦承，公开关于原料出处、制造工法及布料的每一个细节。从在英国使用剩余精纺毛料的品牌，到利用取自亚马逊野生橡胶汁液做鞋底的运动鞋，到从顶级奢侈品牌缝纫间抢救出来的塔夫绸（taffeta）做成的舞会礼服，这当中的每一样，都比先前提到的时尚大厂有着更吸引人的故事。在它们身上，我们可以看到时尚其实也是有理念、有想法的。这些来自个人工作坊或良心供应链的产品，常被形容为"绿色""环保""永续""良心""在地""传统""对动物友善"或是"素食不伤害动物的"。

良心时尚是什么？

事实上，很多评论家还搞不清楚时尚产业所说的良心时尚究竟是什么。《金融时报》时尚编辑凡妮莎·弗里德曼（Vanessa Friedman）在参加完 2009 年于哥本哈根的一场"永续时尚会议"（联合国气候变迁会议衍生出来的）后表示："现在你可以好好笑一番，因为会议中的每个人都在笑。虽然我会做堆肥，也会做资源回收，但却不是那类特别'环保的'人。我在笑这个主题本身。'永续时尚？'朋友和同事都呵呵笑着，'那是什么啊？'好问题。事实是：哥本哈根沉浸在此概念中两天后，并且在那之后又想了一周，还和许多时尚界中各式各样的人士进行讨论,我可以诚实地回答……没有一个人知道。而且当你愈试着想搞清楚那是什么,就变得愈搞不清楚。"

她的抱怨不无道理。在这个领域里,一直有弗里德曼所说的"字典定义模糊"的问题,这是不可否认的。但另一方面,时尚界其实一向喜爱简短有力的口号:"粉红当道!""再短一点!""戴顶帽子吧!"与这些口号相较之下,任何再添加上去的说明都是多余的。正如你所知,我对于"完美衣柜"的想法是要做到环保及社会意识的完全结合,我将此定义为"良心的"(ethical)。我承认这不是个听起来多美的字眼,但我想不到任何比这更好的了,你有吗?具体地说,良心时尚是不浪费、使用有最佳生态履历的原始材料、易于分解回收的时尚设计。简言之,就是要把可持续性(sustainability)放在首位。而且,我相信一旦这个概念开始普及,并深入人心,它就会成为优良设计的基本标准。届时,它究竟是不是还叫"良心时尚"就不那么重要了。

与快速时尚相反,良心时尚的产量往往都非常小,而且一般需要花更长的时间制成。许多较不知名的设计师也自己制作衣服,或者在衣服制成时亲自在旁参与,设计师也对供应链负起责任("责任"为关键词),要顾及制造者及手工师傅的感受。没错,"良心时尚"一词指代很广泛:它可以涉指布料的使用方式、低环境伤害的生产方式、在地或是传统的工法、严格的动物福利标准、公平互惠的贸易关系。而一个完整的良心品牌应该是一个包含所有与社会及环境正义在内的综合体(不只是用有机棉花仓促做出的东西)。它应该有一个能顾及方方面面的立体的道德蓝图,而不只是一个仅做口头表态的平面口号("我不是个塑料袋"的袋子又再次在脑中蹦出来)。简而言之,良心时尚必须将所有的环保与社会冲击,与时尚业中最核心的设计美学放在同一天平上做整体的平衡。在我看来,这其实难如登天。

然而,在过去五六年里,良心时尚的概念已经越来越蔚为风尚。回响相当热烈,很多受过启蒙的设计师了解到,在未来的时尚中,美感与道德必须携手并进。这些人也相当熟知劳工权益。此外,以伦敦时尚学院(London College of Fashion)的"永续设计中心"(Centre for Sustainable Design)为代表的机构,则致力于把新观念在下一代的设计师与采购师中扎根。尤其是,全世界到处都有良心或是环保时尚的时装周,包括巴黎、哥本哈根、温哥华、印度、巴西,还有纽约时装周中的环保秀。在伦敦时装周里则称为"Estethica"。已经人满为患的萨默塞特府艺文中心(Somerset House)突然大开门户,展示许多具有环保意识的设计师作品。就连在当红美国电视节目《决战时装伸展台》(Project Runaway),时尚设计师们在这个节目中每周接受挑战,相互较劲)中2010年第八季的优胜者葛雷晴·琼斯(Gretchen Jones)正是节目中唯一的具有环保意识的设计师。在竞争激烈的决赛最后,担任评审的设计师迈可·寇斯(Michael Kors)与时尚编辑妮娜·贾西亚(Nina Garcia)皆强调琼斯代表的是"时尚界的新方向"。2010年时,纽约具有影响力的Barncys百货女装部总监茱莉·吉哈特(Julie Gilhart)激动地表示:"良心时尚不只是一个潮流,而是一场运动。"

我认为,这个运动的重要性正在于它与主流时尚的差异性。时尚产业需要一个异于主流的声音,来证明用心设计生产的服饰能达到怎样的标准。若是没有这样的声音,快速时尚便没了监督与制衡,就出现我们看到的严重污染、浪费,以及对人性的戕害。

购买良心

在第 5 章时,我试着再次唤醒大家在买衣服时要注意花费,并且勾勒出一个预算的概况。我的结论是,一份完美的预算,也就是指花在拥有"完美衣柜"上的预算,(若是可能的话)大约应该是生活总预算的 6%,而且要花得更小心谨慎。我要你承诺不再为了贪小便宜而乱买,而是买进更少量的衣物,光顾不同的店家。有些消费者可能会将此误解为,我鼓励大家去买非常昂贵的奢侈品。理论上来说,这似乎代表了一种良心投资,因为这些衣服更能保值,一件的价值可以抵过好几件便宜但污染程度高的劣质品。然而,这只是一个理论,而且还不是完全无懈可击。如同我们所见,奢侈品牌已经投入一个更快速、更追随潮流的新奢侈形式(我们称此为"快速奢侈")。因此,就算你可能说服自己某个"必买包"可以用一辈子,但事实上它很快就会退出流行。大概几周后,你就会看到取代它的下一款包出现在流行杂志上了。而且我保证,新款将会使旧款黯然失色。虽然奢侈品牌常常将自己定位为永续时尚王位的法定继承人,但我实在看不太出来有什么能证明这点。奢侈品牌想要强调其供应链中的传统技法：手工艺以及在小型订做工作坊中的欧洲工匠。然而，奢侈品牌的款式中，有很大的部分也已经被外包出去了，并且可能不如你想象的那样会受到什么严格的管控，那儿有着不能说的秘密。再者，多数的奢侈品牌只是现在才刚开始朝着环保及社会公义的明灯前进而已。

在"完美的衣柜"中，我们找寻的是能够显现出更多承诺、更多进步的解决办法，这意味着我们至少得花一部分的预算在购买有良心的时尚产品之上。但是关于良心时尚常见的抱怨是，那太贵了。然而这样的说法有时是不公平的。在这些良心品牌中也有着不同的价位。这些衣物的类别范围从棉制的基本款到有特色、以创新时髦挂帅的都有，它们要不是单只有一件，再不然就是只有非常小的产品量。比如说，你只要在伦敦时装周 Estethica 秀中，就能发现不断在为可持续性设计领域开疆辟野、发明新款式的设计师们的时尚作品。我爱看这些设计师将生态概念、环保行动主义与美学结合在一起的巧思。（是只有我这么认为，还是"一般的"时尚与之相较起来，是真的显得空洞呢？）例如，我在 Estethica 中第一次碰到良心时尚中的佼佼者，英国年轻设计师艾姐·参迪顿（Ada Zanditon）。她的几何式剪裁、贴身的样式，以及万花筒般的印花曾经被 *Vogue* 大力推崇，而她同时也是仿生学（Biomimicry）的爱好者。（为了有助于解释这个新兴的科学，可以来想象一个白蚁堆：为了减缓加热或冷却建筑所造成的温室气体，建筑师采用仿生学。他们观察到白蚁是利用许多隧道建成复杂交织的窝,并用这样的方式来调节空气。或者说你想要建出一个更好的太阳能电池,你就仿效着一片叶子的构造①。据说最终这种不起眼的方法,能带领我们做出不带有浪费与毒素的设计。)据我所知,参迪顿是第一位从仿生学中汲取点子并且运用到时尚中的设计师。她绝对是第一位以螺旋体(extremophiles,更精确地说是以北极浮冰上的细菌)为灵感设计出一系列服饰的人。但老实说,这些主题是不可能被转化到 Primark 或 Peacocks 的服饰上的。这些具有高度创意的服饰总是会在价格上体现出当中具有的设计力及原创性。连身为超级仰慕更具有创新性的生态时装品牌的我,也只拥有寥寥几件真正可称得上是这个类别的衣服。

现实地说,多数的我们买得下手的良心时尚,还是趋向偏低价位。已经能够找到许多在 100 英镑这样价格范围内的服饰,但是你别指望十几、二十几英镑的价位。原因很简单,因为一般来说,这样的价钱便宜到无法对环境及社会正义做出保证。不同于主流品牌,良心品牌反映出来的售价,并不是靠着向下游供应链施压得来的。就算你买的是一件功能性的衣物,好比说一条睡裤或是一件 T 恤,你最终付出的价钱还是较主流品牌来得更接近商品的真实成本,这通常被称为是一份"回馈津贴"(premium):你付钱购买公平贸易商品,然后金钱回到种植出做成布料的有机棉花的产地里。若是你想一想,将制成一件衣物的真正成本称为一种"津贴",岂不仿佛

---

① 译注:人造叶子的概念主要是模拟真实叶子的光合作用,人工叶脉部分的材质浸在水中后,经阳光照射,水被分解为氧气和氢气,可储存起来作为发电之用。

这项条目本来不该存在一样？这太荒谬了。与其去质疑良心时尚为何要包含"津贴"这项成本，更应该去问的是：为什么主流的时尚零售商们在标价牌上的价格可以不包含产品的真正成本，并且赋予生产者以公平的工资呢？

像买电一样买衣服

从多方面来说，价位（无论或高或低）与时尚潮流度，皆不是用来判断一件衣服是否值得你购买的好指标，而是应该将钱花在能够带来正面道德效益的产品上。我不会在本书中提供应该要向谁购买及去哪里买的店家和品牌名单。第一个原因是，现在已经有好多良心服装的指南及名单了。再来，若是我这么做的话，这本书会厚得像本电话簿一样。最后则是因为这个领域里的变化太快，新品牌真的如雨后春笋般不断涌出，同时也会有阵亡的品牌。因此，与其列出名单，我更倾向于提供你在选购良心品牌时的基本策略。

这个策略其实相当平淡无奇，不过我还是野人献曝了：在采购良心时尚时，想象你在找寻一家最重视绿能环保的电力供货商。我知道这听起来有点怪，所以解释如下：想要对生态有所贡献的消费者，往往会换用一家承诺能提供再生电力以降低碳排放量的电力公司。然后又因为消费者有着如此高的需求，以致多数的电力公司，甚至是非常大型、主要贩卖来自火力发电站电力的公司，都愿意付

14 精挑细选真时尚

给绿色关税[①]。但再仔细一看,就能看出有些承诺相对空洞。事实上,有些公司销售的绿能比例,正好达到若不这么做法律上就得付更高额关税的标准,再不然就是通过一连串补偿及碳交易的方式来达成协议中绿色环保的部分。换言之,该电力公司根本就没有改变它本来的所作所为。因此,当消费者在寻找一份真正的绿能关税时,要找到的是那种真正投资在生产方面、真正建造风力涡轮机或太阳能板或是两者皆造的那种有诚意的公司。与此类似,最佳的良心时尚品牌就是那些真正投资在其供应链上,并且从中获得正面回馈的公司。这些公司生产出来的衣服,不仅仅是好看而已。

一件衣服带来的改变

"完美衣柜"需要的不只是环保意识,它需要的是革命性的品牌。那些真正实现诺言的品牌,不只给予身为消费者的你一些穿起来好看的衣服,还赋予了你一种正直的光辉。这份光辉可能是一种促进发展的工具,可以用来消灭贫穷或是提升女性权益。我们在整本书中已经看到,在时尚大厂里,不一定能够种瓜得瓜;最称得上良心时尚的品牌,是那些尽心尽力想要矫正这种失衡,并且确保发展中国家的企业在未来可以凭着更多优势(而不只是靠着廉价劳工)来竞争的品牌。

[①] 译注:green tariffs,又称环境关税,在国际贸易中征收因污染行为而产生的税,亦分为出口及进口税两种。

始自 1995 年的公平贸易先锋"人之树"（People Tree）是一个做出改变的时尚品牌的典范，其宗旨便是要将发展中国家的成衣工人放在产业体系的中心位置，而非底层。结果，此品牌的供应链表现相当不俗。它向 20 个发展中国家的 70 个公平贸易团体取得资源，来制作时尚产品，这完全颠覆了传统时尚产业的运作模式。你还记得在本书的前面几章，我们看到大有名气的品牌将设计送进成衣工厂之后，工人们不过只是全球装配生产在线的一枚小小螺丝钉。他们的历史、传统和技艺，皆被埋没。任何在设计方面要做出的修改指令，通常都是在最后紧要关头的时刻，一律由总公司以传真的方式来下达。"人之树"反其道而行，取而代之的是，其创始者萨菲雅·米尼（Safia Minney）将掌舵大权交给第一线的工人的手中。他们擅长什么？每个国家、地区的传统工艺或编织缝纫技法是什么？产量有多大？在了解了这些问题之后，她将工人的要求提给西方的合作设计者。这些成衣工人往往都是具有高超技巧的女性刺绣师与裁缝师，她们所具备的精湛技巧要么是被主流时尚忽略，要么就是被制式化了，"人之树"给了她们一线生机以及一份公平的收入。

公平贸易中很大的一部分是要增加实际生产者进入世界市场的管道。尽管在商机无限的西方市场中充斥着想要购买美丽商品的消费者，但对位于发展中国家的工匠来说，除非他们成为时尚产业中的一分子，否则仍然是无利可图。而米尼认知到了这一点。"在时尚中，我们想要的不只是机械化的解决方式，"她说，"因为坦白说，正是这样的机械化让工人丢掉工作。印度已经有 1000 万名具备手工纺织能力的工人失业。但是，只要有100英镑这样相对小型的投资，就可以让某人买一台织布机，然后做出一块布料。因此身为一个商标，我们想要买到的是来源正确的棉花，将它们放到这些织布机上。"而且对于我们先前提到的爱地球时尚人士来说，一个很具有吸引力的额外正面价值是，若是你想要降低温室气体排放量，支持传统的手工产业正是最好的解答：每使用一台手工织布机，每年可减少1吨二氧化碳的排放；若是在织布机上使用的是有机棉，那么每英亩地便可再减排1.5吨二氧化碳的量。

说到来源正确的棉花，"这是在投资一种能力，也是在建立自己的生产线。"米尼如此说，同时她也强调每个人都可以购买一些有机棉花的事实。不过对一个时尚品牌来说，花大钱确认种植正确的棉花则是件完全不同的事。"我可以为了配合他们能种植的棉花而设计出一个系列。"——在此指的例子是在印度古吉拉特邦（Gujurat）灌溉长出的长纤维棉花（因为它的纤维特别长）。我们已经知道称职的良心品牌不会随便买进来路不明的纤维，不过我还是无法正确地判断一个像"人之树"的品牌能做到什么样的程度。"我们不会就这样呆呆地被一个只看重利润的商人牵着走，"米尼说，"有许多大品牌的公关部门都口沫横飞地高谈慈善活动，或小量的有机、公平贸易棉花，但是它们很少真正与供货商携手合作谈生产方式与交易条件。"而她的品牌做到了。她在古吉拉特邦与棉花公司Agrocel合作，将滴水灌溉法引进大量村落中，借此减少了60%~70%的用水。顺道一提，尽管我们在夏季碰到大量降雨（2010

年的雨季比通常结束的时期又拖了一个月），但其实这里是一个沙漠地带。"因此通过滴水灌溉法，我们可以增加棉花纤维的长度，并且生产出高质量的上等布料。"她用力扯着自己身穿的一件棉质套装边缘。套装上面有着可爱的花朵图案。"在5年前我们还生产不出这个重量的棉，这关乎对纤维质量的执着以及持续的改良。没有这个，就没有创新。但是你看，如果我是一名主流品牌的设计师，就算我可能对此有兴趣，但我的老板不一定会有。如果我18个月后还能保住饭碗就要偷笑了。"

这点说得好：只有良心事业才会让它的员工花时间去和农人讨论种出下一季要使用的正确棉花品种，或是找出一种特别类型的绵羊。这些都有不小的花费。"出资打造像这样的公平贸易供应链，意味着公司每年得投入营收的10%，"米尼说，"我们已经这样做了15年。"这显然不是一个一蹴而就的计划。

然而，若是这样努力生产出来的衣服不能普及、大众化，那么所有的苦心经营就实在白费了（很遗憾，这正是以前对公平交易衣物常见的批评，而且不无道理）。坦白说，任何一家称职的良心品牌都该具备一定程度的设计能力与时尚审美度，这也是品牌得以可持续发展的必要条件。毕竟若是没有一定的订单量，你什么影响也发挥不了。就算是一名善心的时尚人士也不会购买一件"良心"但难看的长袍。"人之树"显然找了一些时尚界的有名人物，像是贾拉妮·史托克（Gharani Strok）以及克莱门斯·里贝洛（Clements Ribeiro）来设计系列作品。近期它亦得到劳拉·艾许莉（Laura

Ashley)的许可,重现其复古印花。

走向旷野

有时候,要以正确的产品来打开商机,需要经历不断的尝试与失败。毕雅·萨丹哈(Bua Saldanha)就是一个例子。她是一名对亚马逊野生橡胶特别感兴趣的运动分子,这也将她领向了时尚产业。想想亚马逊遭到滥垦滥伐的可怕程度,很容易让人认为在亚马逊的一切都应该是禁止利用的,但推广永续森林工业并且使之运行下去,也是重要的。能从森林中得到更多收益,对树木本身与当地居民都是好事。亚马逊是世界上唯一一个有野生橡胶树生长的地方。"这和采集自大片单一栽培耕地的橡胶是完全不同的情况。在单一栽培的情况下,人们的工作环境通常相当糟糕,而且森林也容易变成只种橡胶树的地方,"萨丹哈解释道,"来自亚马逊的橡胶是在周围还有着其他不同树种的环境下生长的。这是一个拥有生物多样性的自然产地,从树上刻痕取出汁液需要技巧、传统的知识,与丰沛的耐心。"

你可能会问,且不论花哨的奇装异服,为什么我们的衣柜还需要给野生橡胶让出位置?嗯,萨丹哈以开发并且为野生橡胶找到一个市场作为她的职业生涯目标,她甚至举家搬到亚马逊雨林里面的孟德斯保护区(Chico Mendes Reserve,这个地方是以1988年时遭到枪杀的生态保护家孟德斯命名的,他也是萨丹哈的恩师,还是橡胶采集者的佼佼者）。她发现，采集出的野生橡胶可以被用来做成一种看起来非常类似皮革的材料。她与奢侈品牌爱马仕合作，携手卖出了上千个包包，主要是卖给日本女性。然而，出现了一个问题。在大概过了1年多后，顾客开始退回包包，并不是因为包包出现了什么瑕疵，恰恰相反，问题出在完全看不出来用过的痕迹。"顾客抱怨外皮不像皮革一样，能留下用过的岁月痕迹。然后店员必须向顾客解释这个包包使用的不是真正的皮革。"后来萨丹哈与一名材料科学家在加工处理过森林的橡胶后发现，它可以被用来做成鞋子。当时在她所处的地区共有20个家庭靠采集橡胶维生，维护着300多公顷雨林的安危。"我梦想着有一天所有人都使用这个产品。"她满心期待地告诉我。2010年时，她离梦想更近了一步，她与良心运动鞋品牌Veja谈成交易，现在亚马逊的橡胶就使用在每双Veja运动鞋的鞋底中。

我希望萨丹哈会继续研发出一款用野生树液橡胶制成、看起来像皮革的皮包。我不会因为一个包包不是真皮的就把它退回店里，事实上我会因为它不是真的皮革才买它。你看，我还是对使用皮革心存顾忌。我喜欢皮革配件啊，但是它们在道德上站得住脚吗？

显然，在皮革产业中出现许多表示要匡正自己行为的声浪。采用植物染色的环保皮革也变得愈来愈普遍。"塑料皮"（Pleather）因为来自于聚氯乙烯（PVC）而饱受批评，但是当你将之与生产传统皮革时造成的污染及能源消耗比较起来时，它真的有那么不好吗？皮革工业真的能减少其环境污染吗？据报道，最大的高质量皮革制造商之一，ISA Tan，在越南投资了一家"气候友善"的工厂，在那里用来生产 1 平方米皮革所需的能源耗量，从一般的 52 兆焦耳下降至 33 兆焦耳。这样算得上是大幅的跃进吗？在那里还有植物染色的皮革，这将通常被视为在皮革加工过程中有毒部分的这根刺——染色（如同我们先前看到的，这往往需要用到铬合金，它之后会分解成铬，地球上最具污染性的物质之一）给挑出来了。但是从环保的角度来看，植物染色并没有长足的进步。这么做真的对环境比较好吗？通常情况下，整个生产的流程必须有配套措施：就算是植物染色的皮革，也必须要在一个遵循高度环保标准的工厂中进行制造。植物染色的皮革未必就没有破坏生态的危险，因为你还得要确定工厂会妥善处理剩下的污染物质。

然而，我还蛮赞赏的是向英国各地的小型皮革工坊购买皮件的做法。在全英国各个角落，你都可以遇到这类小皮革作坊。别被像是"皮革匠""手工皮革压花"，还有"工作坊"这样的名称给吓倒了。这就是传统手工业！来看看使用有机皮革（肉品工业的副产品）并且用橡木来进行染色的英国公司：位于德文郡的 J & F.J.Baker 是英国唯一仅存的采用橡木桶制革的公司。这里的皮革产品很漂亮，有着饱满的颜色，而且从动物一直到被制成皮带或手机座，整个过程都可以被追溯出来。当然了，这些传统的手工制作者不可能大量生产；手工就不可能量产。但你会发现有愈来愈多时尚精品店的老板皆回答得出他们的皮革是从哪来的。（这种"新森林里的孩子"[Children of the New Forest]① 之路正在吸引关注——2010年圣诞节时,我在模特儿劳拉·贝莉[Laura Bailey]为 Vogue 执笔的博客中,看到一件令人惊艳的手工制作的有机手环。)

于是在我的"完美衣柜"中仍然会有动物制成的产品,不过我对于这些产品的来源会更加谨慎小心,留意它们来自哪里。我想要确定这些皮件真的是副产品,整只动物都有被好好利用。比如说,事实上每年英国被宰杀的绵羊有1400万只,但只有7万张绵羊原皮被送到英国仅存的几家鞣皮场中进行鞣制工作。这真是何其荒谬!为什么这些皮要经过中国,再到澳大利亚,然后做成UGG靴子呢?为什么英国不制作自己的绵羊皮靴子呢?

买一个故事

我衣柜里最能让我津津乐道的衣服,毫无例外,都是那些明确能被证明为"良心"产品的。至少,我不必因为自己不完全确定珍爱的手提包或牛仔裤的产地,而支吾其词或避而不谈。我这么做不是想骄傲地展示一番我在购物时有多高尚,而是因为我对于所购之物背后的故事相当感兴趣,并且敬佩其设计师的巧思。事实上,我

---

① 编注:Children of the New Forest 是一本出版于1847年的英国儿童小说。故事发生于英国内战时期。贝弗利的四个孩子因为战争而成为孤儿,他们为了逃避圆头党的压迫而躲进了一处名为新森林的地方。在那里,他们逐渐学会了如何与土地为伍,以土地为生。作者引用此书名,意指手工皮革业正是"新森林里的孩子",它是动物、环境友好型的行业,却也寥寥无几。

从形容我衣柜中拥有的良心产品中所得到的享受，就和我穿着以及拥有它们时的感觉是一样的。说真的，它们目前所占的衣柜比例只有20%，但它们都有着与众不同的特色，共同组成一幅良心时尚的美丽图景。

比如，我有一双 Terra Plana 的鞋子，是以漂亮的深绿色回收布料拼织而成的，其中的原料在接合时并未使用溶剂，而且鞋后跟使用的是"森林管理认证"（Forestry Stewardship Certified）的木头——这个设计小组尽了最大努力在生产过程中不浪费，也不使用有毒物质。现在我可以骄傲地搭配出几套完整的"良心"服装了。我有一件来自一间小型订做衣服的英国品牌 Anatomy 的大麻制高腰 A 字裙，我会用一件同样环保的丝质衬衫搭配它。我还有一件来自年轻品牌 Goodone 的贴身裙装，比较瘦的时候大概可以成功穿上它。这件裙装是由废弃的运动衫巧妙组成的（在冷天时，反面内里的软毛绒非常保暖），但这只有我知道。还有一件来自高端丹麦环保品牌 Noir，类似军装的高领长大衣，其粗犷的外表掩饰住了它是由最柔软的有机纤维制成的事实。但是，我的最爱是一件量身定做、由英国羊毛制成的合身软呢马术外套。因为它不只是合身得像一双手套，还是独一无二的，是一个经典的乡村兜风造型。我无时无刻不想穿着它。此外，它同样来自 Anatomy，由该品牌的创始者克莱儿·马考莉（Claire Macauley）设计，制造于一间英国织品工厂。我把它当作我的传家宝。

我向良心设计师们学到的最重要的一课，就是如何买到他们的巧思。在购买良心时尚时，你买进的不见得只是一件服饰的剪裁与款式，同时也买进了一种新视野。以意大利设计师欧索拉·德·卡斯特罗（Orsola de Castro）创立的品牌 From Somewhere 为例，她将时尚中的废弃物通过匠心独具的"升级改造"（upcycling）手法，转化为奇特、可穿又美观的服饰。购买她的服装意味着支持她对时尚产业中的浪费问题做出的革命性改良。"升级改造"可不只是回收喔。除了几个特例，一般来说设计师不会将自己定位为垃圾回收员。事实上，他们不希望自己的设计理念与著名的垃圾收集者"温布尔登公地的好心尖鼻怪"（Wombles of Wimbledon Common）[①]联系在一起。直到现在我还记得在一场以永续风格为主的时装秀中，当主办单位播放出"尖鼻怪"主题曲时，设计师们感到很窘迫。这不是他们要的形象。如果是处理汽车零件或纸类的废弃物，回收是行得通的，但是在时尚业中可不行。这不是因为时尚界的人都眼高于顶，而是因为设计师们对于回收来的材料所进行的加工，和传统的回收有些许不同。传统的回收不外乎是分子重组，将一种材料进行再加工后，变成一种次等的物质，仿佛回收就是规定要将原材料在价值链中下降一等。但"升级改造"却是将先前使用过的材质向上提升一个层次，通过设计为其增添价值。德·卡斯特罗的服饰的原料来自工厂的废弃布料、多余的库存、工作坊以及设计室剩下的布料。没错，这些回收布料并非来自旧货回收——这些碎布主要包

[①] 译注："好心的尖鼻怪"是英国著名的系列童书，首次出版于1968年，主要描写一群住在地洞里、喜爱清理垃圾的环保小尖兵。

括高档的运动衫，或是某全球知名品牌的极品克什米尔羊毛——但是当我穿着我所拥有的 4 件 From Somewhere 服饰中的任何一件时，我如假包换地穿着废弃物。这让我感到有种颠覆性的愉悦。

From Somewhere 还有另一项卓越之处，那就是它也是少数几个进入到大众流行领域的环保品牌之一。不可否认的是，许多其他的品牌要么是不想这么做，要么就是它们的技术并不适合进行大量的生产。要做到这点的关键，就在于它找到了在主流工业中被遗忘的废弃资源：负债库存。每一批衣物（记得，我们在此说的是数以万计的量），一家大型的时尚制造商一定会预留备用的储藏布料。因此，就一批基本款灰色上衣来说，会产生出成千上万尺剩余的布料（制造出这些布料也是需要水、电资源的）被堆放在仓库中，而这些就是负债库存。若是市面上的主要产品出了些什么问题，而且问题是在后来才出现的，成衣制造商便会召回市面上的产品，并利用负债库存重新生产一批。实际上这样的事不常发生，于是出现了一个问题：那数以万计、一捆捆被报废的布料怎么办呢？答案是，它们会被保留到产品已经成了过季商品而失去了价值，之后被送至亚洲的工厂，通常是被切碎成布条或是打烂用作汽车坐垫内的填充物。欧索拉·德·卡斯特罗嗅到了一个机会，将这些库存从位于斯里兰卡的乐购仓库中抢救出来，并且将它们设计成一件简单的直筒裙装。"我想要的是一些能在工厂生产线简单缝制成的东西，只不过用的是负债库存。"她解释道。结果这款裙装成了乐购在线销售最亮眼的衣服。当然了，这并不符合所有人的品位，不过这展示出一名良心时尚设计师化腐朽为神奇的巧思。

我在此只是列举了几家成果最丰硕的品牌,还有许多其他类似品牌,而且我会建议你将衣服的预算及空间尽可能地保留给它们。拥有一件能产生如此强大影响力的衣物,是可喜可贺的。我不是说你应该为此自命不凡,而是应该为自己推动的正面价值而感到骄傲。良心品牌所寻求的,远远超过仅仅是将一系列时髦的衣服在对的时间放到店内架上。为此,我们应该给予良心品牌更多一点的爱与实质性的鼓励。

买得对

在找到这么多在各方面都有相当付出与突破的品牌后,我们需要支持它们。没有我们的支持,它们不可能生存得下去。每当一名注重生态环保的时尚爱好者没有把实践"完美衣柜"的目标放在心底,而将一部分的购衣预算花在快速时尚时,某家良心品牌就会感到痛楚,因为经营良心品牌是昂贵且艰难的。问问2005年春天出现的品牌Edun就知道了,它清楚表明自己的主旨是要将时尚产品带回到受到贫穷摧残的非洲大陆。该品牌的重心在于"社会意识",而不在环保或道德主张。它大胆地尝试了几件事。首先,坚持一流的款式。罗岗·桂格瑞(Rogan Gregory)曾任其设计总监,他在20世纪90年代早期就靠为Gap设计1969系列剪裁牛仔裤而声名大噪,接着他在2004年推出自己的顶级牛仔裤与自己的品牌

Loomstate。他与 Edun 合作后,也推出同样时髦、高价位、高质量的牛仔裤,同时还有夏季裙装、刺绣夹克、颈后系带的上衣等,所有你看了就会欲罢不能想要穿上的服饰,只不过都是采用来自非洲或印度的布料,并且供应链的信息完全透明。起初这些大多都是在葡萄牙制造的。在良心时尚运动的早期阶段,葡萄牙开拓出了一个广受好评且生产力强的生产基地。葡萄牙易于监控,并且以良好的工作条件闻名,与英国也便于运输。为了实践真正的平等,Edun 一心想要在非洲进行制造,尤其是在莱索托。该国当初曾提供时尚企业关税优惠配额,但优惠终止后,这些企业纷纷出走,导致该国经济陷入困顿。

我必须老实说,我觉得 Edun 的产品为早期的良心时尚带来了一丝清新的气息,我的衣柜就是证明。我的 Edun 衣服包含两件有着美丽花纹的夏日背心、一件紫色长衫或曰裙装,还有两条牛仔裤。

还有另一个重大因素让 Edun 走红:它的两位老板正好是艾莉·修森(Ali Hewson)和她的先生波诺[①](Bono)。波诺的盛名意味着这个品牌的理念有机会被从来没听过莱索托的人所接受。事实上,相当程度来说,Edun 是波诺的"要贸易不要援助"(trade not aid)理念在非洲的延伸,以继续推动社会及财政的公平。"如果你除了'救命'之外什么都不会喊,你要怎么为一个时代发声?"他在 1986 年时即已提出这样的疑问。就他们看来,"赋权"

---

① 译注:英国音乐团体 U2 主唱。

（empowerment）是一个关键的步骤。"人们在阅读衣服上的标签。"艾莉·修森说。罗岗·桂格瑞参观非洲的工厂，教导工人如何缝制较复杂的衣物，这么一来他们就不用一辈子都缝 T 恤。但这并不容易。如同作家克雷格·麦克林恩（Craig McLean）对该品牌写的侧记中所述："即使夹带着世界最知名摇滚明星的影响力，还是不足以让 Edun 成为修森所希望的，兼顾利润、道德与美观时尚于一身的品牌。2007 年时，三位股东必须额外援助公司大笔款项，2008 年桂格瑞离开公司。随后，Edun 几乎销声匿迹。"

然后它又东山再起了。2009 年 5 月，Edun 吸引了另一位有名（有钱）的支持者。奢侈品集团 LVHM 成了拥有它 49% 股份的股东，Edun 回来了。虽然它会以什么样的形态出现还很难说，不过我迫不及待地想看看这个奢侈品同盟会对这个致力于挽救非洲时尚命运的品牌带来什么样的影响。不过，Edun 的第一场产品发布会差不多会是在本书出版时登场，多数媒体的焦点还是会围绕在它的审美上。它能否再次震撼时尚界呢？

买得慢

"慢时尚"（Slow fashion）是值得鼓励的。就好像衣服与食物一样都可以是"有机"的，慢时尚也在饮食界有同伴。你可能已经听过"慢食运动"（Slow Food movement）了，那是意大利记者卡罗·佩特尼（Carlo Petrini）在 1989 年时提出来的概念，当时，麦当劳在罗马具有历史意义的西班牙广场开幕。"慢食运动"从诞生起就是作为对快餐的反抗。佩特尼担心他的文化会快速地遭到跨国公司的吞噬。在1989年时,这类担忧已经算不上什么独特的观点,但是佩特尼后来的回应却是前无古人的。他发起的"慢食运动"旨在"重拾在地饮食的滋味,并且终止快餐对美食的伤害"。吊诡的是,慢食运动现在正在加紧脚步。它现今出现在各种抗争活动、教育以及消费之中。处在一个全球共有16亿手机使用人口、前十大快餐连锁店在全球共有10万家店的年代——并且如同作家卡尔·欧诺黑(Carl Honoré)告诉我们的,就连莫扎特的奏鸣曲都出现了文化上的快转:他发现自己最爱的曲目从前的演奏时间为22分钟,但现今多数的交响乐团只花14分钟就演奏完了——人们越来越欣赏"慢"这个概念,似乎唯有如此才能恢复一点点平静与清醒。

接受这样的概念,表示你在计划"完美衣柜"时已经跨出了成功的第一步。我曾经是冲动购买女王,"慢时尚"对我来说做起来有点困难,因此当我决定要做此实验时,相当忐忑不安。2010年5月,尽管我知道要等两个月才能取到货,我还是花了70英镑,买了一件由加纳当地的蜡染工以及裁缝合作的品牌Choolips推出的名为Coco的夏季裙装。这与我之前购买快速时尚的经验实在是有着天壤之别。我确定若是我告诉朋友我为一件夏季裙装等了两个月,他们一定会觉得我疯了。然而,这么做确实有正面的效果,尤其是我感觉自己在这场进步运动当中贡献了一点点心力。并且,裙装在制作过程中的每一个步骤,我都会收到更新的信息:"今天下午我们就会下订单给我们位于海岸角的蜡染师茉莉安娜·穆斯塔法。她会收到所有她需要的材料的钱……纯白的棉花、染料、蜡以及付给她的工人的工资。她下周会给你的布匹挪出一个生产时间,然后你的布料将会进行印花染色,到时候我们会通知你所有正在进行的细节。""今天我们计算出了需要印制你的布料所需的棉花量,我们需要印制3.2米的布。"这类的信息持续出现,直到茉莉安娜的工作坊的作业完成,然后我的夏季裙装就随着所有其他Choolips裙装一起从西非出发了。当它在7月21日抵达时,我对于即将见面感到兴奋不已。那是一件深蓝色、上面有着黄色蜡染图腾、在后方有着系绳而非纽扣的裙装。我不断地将它拿在手中翻来转去,想看看它是如何被制成的。我仿佛认识这件裙装一般,知道它所有的事。这是我所拥有过最奇特、最美好的时尚购物体验之一。

环保与美不可兼得?

不过,我怀疑良心品牌的设计是否会吸引时尚杂志的版面。对于良心服饰"够不够时尚"的疑虑始终存在。良心产品常常由于被时尚媒体认为还上不了台面,或是被认为还是摆脱不掉那股放浪不羁,或太健康以至于奇怪的感觉,而不被列入考虑。没错,与其问自己怎么样才可以更符合道德标准,掌管时尚大权者要问的是,为什么道德不能够更时尚一点呢?这种紧张自然也转移到了消费者的身上,让我们担心抛弃主流时尚美学到底是不是明智的选择,害怕因为离开了时尚大品牌们对趋势潮流的权威掌控,最后会落得让自己看起来荒谬不已的下场。

嗯,或许终于听腻了这样的怀疑,我和几位对环保时尚有兴趣的朋友,决定对良心时尚进行一番实地测试。这个团队的成员包括我、电影制片兼生态保护者莉薇雅·佛斯(Livia Firth)、原料采购专家约瑟琳·怀波(Jocelyn Whipple),和我先前提到的设计师欧索拉·德·卡斯特罗,我们决定我们的测试要加码玩儿大的。环保性的时尚常常都只有在一群志同道合的观众面前才有机会短暂亮相,比方说那些在国际时装周中非主流的良心服装秀。但我们想要的是那种会受到时尚圈另眼相看、被展示在高规格的舞台上,也就是能在国际级红地毯上展示出来的机会。于是就在"2010年金球奖"提名名单出炉时,我们发起了"绿地毯挑战赛"(Green Carpet Challenge)。我们将会在颁奖期间进行评选,最后在 Vogue.com 网站中公布。

当然了,无论我们多么热烈地主张良心时尚,我们不能就这样随便硬挤上红地毯。我们还有一位有力的内应。事实上,绿地毯挑战赛多亏了莉薇雅的丈夫的推动,他正是靠着在汤姆·福特(Tom Ford)执导的电影《挚爱无尽》(*A Single Man*)中的精湛演出而获最佳男主角提名的演员柯林·佛斯(Colin Firth)。(顺道一提,柯林来年在另一部电影《王者之声:宣战时刻》中以同样的杰出表现再次获得提名,因此我们在2010年及2011年皆举办了绿地毯挑战赛。)

"我不希望被误解为对红地毯上的活动感到不满意,"一向有话直说的莉薇雅说,"它们当然都非常有趣且令人陶醉,而且能够与因为工作上的杰出表现受到肯定的另一半一起参加这些活动,不是太棒了吗!不过我的确感到有些紧张,因为坦白说,我不是那种会花上一堆时间想着我要穿什么,或是在接下来一周要穿什么的人。颁奖时,旁人对你的穿着的指指点点真的很吓人。不过我后来想到,我可以把这当作是一个用来推广我有心推动的事业的机会:永续风格与良心时尚。"莉薇雅并不希望牺牲美感。我记得当我们在寻找全世界的环保礼服时,看到一位钢琴演奏家穿着一件用回收的"利乐包"做的"道德"礼服时都吓倒了。我们在找的不是一眼看上去就知道那是回收垃圾制成的服装。"要记得,我 40 岁了,还是两个小孩的妈,不是年轻女演员,"莉薇雅警告着,"我不想穿着暴露,也不喜欢奇装异服。"

对于国际电影奖项的看法因人而异。有人认为那是冠盖云集的盛宴,但也有人认为是无趣又空洞的作秀。幸好,我是站在前者的立场。不过无论是哪一场红地毯秀,金球奖(它恰好有一条最长的红毯)、美国演员工会奖、英国学术电视奖,还是洛杉矶柯达剧院里最众所瞩目(所以评论或许也是最狠毒的)的奥斯卡奖,全都吸引着全球时尚媒体的目光。这代表着机会,但同时也担着一定程度的风险:在红地毯上被抨击的穿着会被笑个好几年,永远会被时尚杂志翻出来,上面写着:"她在穿什么啊?"看看比约克在 2001 年奥斯卡时穿着玛扬·佩卓斯基(Marjan Pejoski)天鹅装时的下场就知道了①。

所以我们从另类时尚中最安全的一环入门——复古衣翻新(以下会有更详细的说明):莉薇雅穿了一件改造过的美丽婚纱出席金球奖,在那之后我们召集了新锐设计师,在只能用新式环保材料并必须遵循良心时尚概念的条件下进行设计。材料包括和平丝与牛奶纤维等。为了供应既带着引人入胜的故事背景,又具有无懈可击的设计的高端礼服,我们列出了一份囊括美国及欧洲设计师在内的名单。

在3个月内,为了推广良心时尚,我们参与了10个大型以及许多小规模的活动。有时候当我熬夜不睡,坐在家中沙发上盯着现场直播,匆匆一瞥出现在电视上的礼服时,紧张得连心脏都要跳出来了。对一件远在地球另一端的套装提心吊胆,还真是蛮不可思议的。惨剧难免发生:我们总是在与时间赛跑,有一次就没有留下足够的时间来为棘手的牛奶纤维布料进行修整。莉薇雅走到一半脚受伤了,她只好改穿平底鞋,还要应付那一堆拖地的褶边。

但总体来说效果是惊人的,并且广受好评。几个场合中的服装登上了许多报刊的头版,但显然没有人意识到它们原来是用环保材质制成的,这正是我们的目的。这些礼服的质量、样式、剪裁和线条都无懈可击。于是我们不禁去想,它们怎么会不普及呢?

次年,莉薇雅带着焕然一新的信心,穿着一件或许有点夸张的

---

① 编注:2001年奥斯卡颁奖典礼时,冰岛女歌手比约克穿着由马其顿设计师设计的"天鹅"礼服,被时尚媒体评为"怪异穿着"。

嬉皮风礼服,参加了 2011 年的金球奖。这件礼服由田纳西设计师杰夫·加纳(Jeff Garner)制作,挂名 Prophetik 牌,以和平丝及大麻制成,以传统的靛蓝技术进行染制,浪漫得无以复加。事实上,这名设计师甚至在自己的农场中种植可以用作蓝色染料的植物。在外人看来,我们是要在最光鲜浮夸的颁奖典礼中,表明我们舍机器、就天然的立场。但我们真的很欣赏的一件事实是,杰夫·加纳的目标远超过仅使用无毒的染料,他亦试着重现染料与文化之间的联系。"用化学方式染出蓝色的技术一直要到 19 世纪 70 年代才成熟,"他解释道,"从此之后,化学染色就开始大行其道,并且毁了印度的靛蓝染经济。事实上这对印度独立运动有着深远的影响。到了 1914 年时,全世界的产品只剩下 4% 仍然取自植物染料。"而这类背景故事通常不是像 OK! 那种八卦杂志会大费周章报道的事。

当然了,我们也清楚地知道,这类小规模的实验将不会改变时尚的全貌,"绿地毯挑战赛"纯粹就是个希望能创造话题的活动,并扭转一般人认为良心设计还有待加强的偏见。不过让我们始料未及的是,与我们合作的设计师们都满怀感激并且全力以赴。最初,我还打算可能得要用苦苦哀求的方式才能借到一件服装,但是他们却都是千方百计地想要参与进来。一位不愿透露姓名、专门处理永续丝及布料的设计师点出了原因。国际影展的红地毯是异常封闭的,女演员很少不穿大有来头的设计师的服装,最好是带有订制服背景的设计师再加上珠光宝气的首饰。而这点出了问题的症结。就算一名有着高超技巧,在剪裁、加工及装饰方面都能游刃有余地制作出一件华服的良心设计师（你也不会想要在媒体的闪光灯下出糗），还是会被价码给宣判出局。一位欧洲的生态女装设计师向我透露了一段她曾经与红毯失之交臂的故事："我和一位年轻、美丽、人气火热，且获几项提名的女演员谈了几个月，她也很支持应为时尚添上更多正面意义的理念。于是我们为了一场好莱坞重要颁奖典礼的红地毯共同设计了一套服装。结果就在颁奖前几小时，她接到一通来自一家非常大的品牌的代表打来的电话。该品牌显然发现今年她获奖的概率很高，媒体将会铺天盖地报道她的穿着。于是，该品牌开了价，若是她当晚穿着它的服装走上红地毯，便给她 15 万美元。她收了钱，穿了他们的衣服。对辛苦了几个月的我来说，这简直是晴天霹雳。"

以电影产业来说，终极大奖想当然就是奥斯卡了。当柯林·佛斯于 2011 年 2 月赢得第 83 届最佳男主角奖时，我感觉有点像是"绿地毯挑战赛"也赢得了一座奖杯似的。莉薇雅穿着一件伦敦设计师盖瑞·哈维（Gary Harvey）设计的服装，他是李维斯前任创意总监。哈维之所以踏进设计这一行，是因为当时为了拍摄牛仔裤广告需要一件戏剧性的服饰，他最终使用了 42 条 Levi 501，制作出了一件礼服。他成了"回收之王"。他还曾经使用过 18 件博柏利雨衣、28 件军外套和 30 份《金融时报》做衣服。

哈维为了制作莉薇雅在奥斯卡上穿的礼服，使用了 11 件从伦敦东南区慈善二手店找来的复古礼服，这些复古衣最早的一件可追溯至《王者之声》的年代。最后的成品是一件由粉红色、淡红色及米色共谱而成、梦幻度曝表的礼服,其造型是由复杂的紧身衣与机械工程固定的(我可以证明它的复杂度,我帮忙穿上的)。

我爱死它了,重量级的时尚评论家也是。他们赞美着那件礼服浑然天成的优雅,以及在这个还算平静无波的奥斯卡红地毯上,它引起了人们对另类时尚的好奇。是的,我们也被选进了几个糟糕穿着的名单中。过去我一向很害怕这些嘲讽,但这次我也能微笑面对了。或许是这项尝试中所蕴含的伦理意义让记者大人们笔下留情,因为他们后来似乎后悔将我们列进名单中。我再回头去看了看比约克穿着的那身天鹅装。我突然觉得,那其实还蛮美的啊。

令人又爱又恨的复古衣

我希望良心设计师及其整个产业能够从"绿地毯挑战赛"中领悟到:良心时尚有资格与潜力得到一个更大的舞台。对一般人来说,我希望它能够传达一个观念:即使你不需要买一件舞会礼服,但是可以要求自己更加支持良心时尚,而不只是偶尔购买复古衣。因为尽管良心时尚内含丰富的创意与心血,但每当我们向消费者提议她应该购买更多蕴含正面道德价值的服饰时,往往得到的答案都一样:"嗯,我买过一些复古衣啊。"

这相当令人泄气。买复古衣所持的理论可能是:当你买进那些被丢弃的衣服,不只是救了它们,也免去了买进新衣服所造成的资源浪费。而且我认为那些很懂时尚的人,能了解那些布料的珍贵、完美结构的价值、好材质之美以及她们的衣服是真的需要花上时间及精力费心照顾的。以上种种都展现了可贵的精神与技艺，若是我们能够珍惜那些复古衣，可以说对良心时尚有很大的帮助。

复古衣是有魅力的。至少，它不受当季不当季的限制，而让你能从过去几十年的流行款式中挑选。如果你真的很幸运，手上又有预算（现在已经不存在糊涂不懂行情的二手商店了，好东西就是要花上大笔钱），你可以得到真正高质量的二手衣。我称不上是所谓的复古衣狂人。我不会穿着摇滚乡村风，也不会把家中随便什么东西都拿来搭配网状衬裙，但是我可以在一家复古衣店里花上几个小时，就只是潜心研究过去做衣物的工法。我完全被老旧布料的重量与纹路、高超的缝制技巧，及所有细腻的手法所吸引——比如说，为了增加点重量，而在衣服边上缝些什么，好确保一件裙子能往正确的方向下坠。

我之所以反对将复古衣当作解决环保问题的方案，是因为这是一张避重就轻的安全牌，更非很多人以为的万灵丹。虽然它往往被当作美德经济的典型，但买进复古衣，事实上买进的是一个资产雄厚的产业。二手衣当然有很多种类，从曾经叱咤风云又退出流行的怀旧商品（在参观乐施会拯救浪费的工厂时，我看中一件阿迪达斯在20世纪70年代时推出的网球裙，并且在它被复古衣小组放上网拍卖前将它抢购下来），到具有重要历史价值、代表时尚史的一页的都有。这是一个由盘根错节的大量搜集商、拍卖商、交易员及出口商组成的产业。同主流时尚一样，它也有贩卖次等复古衣的大型零售商与折扣店。复古衣经过仔细的分类及交易，近来网上交易日增，诸如易贝（eBay）这样的拍卖网站的生意更是兴隆。产品状态从"全新"（完美状态）、"几乎全新"，一直到"仍可穿"都有。

这么多不同的分类，每种都有很大的诠释（及争论）空间。然而，就连"复古衣"这个词本身也是可以有多种诠释方式的。让我们再短暂地回到红地毯上。自从茱莉亚·罗伯茨在 2001 年以《永不妥协》一片夺下奥斯卡最佳女主角时，穿着一件在过去曾大受欢迎的瓦伦蒂诺（Valentino）的单色调礼服开始，据说"复古衣"就成了在红地毯上被问及"你穿着谁家的衣服？"时的标准答案。其实茱莉亚穿的那件礼服不过是 1992 年的，距离她穿着它走向柯达剧院舞台的时间，加起来不过 9 年。我会原谅这事的发生，因为那的确是件巧夺天工的精品，理应得到更多的掌声。但我还是注意到复古衣的年份有愈来愈短的趋势。在颁奖期间，从媒体对一些年轻奢侈品集团的报道中，常常让我注意到一件事，那就是一位一线女星身上穿着的复古衣不过仅 5 年之久。老天啊！拜托，那不叫复古衣，只是一位女演员把同一件衣服穿了两次！这两者之间的分野是重要的。

不过，之所以谈到复古衣，主因是我不认为它是解决时尚问题的好方法。我们实在可以把目标设定得更高一点，投资一件通过创新生产方式而能带来更多好处的良心时尚。将"复古衣"也当作是"良心的"，未免缺乏了点想象力。毕竟，你不会因为自己在古董餐桌上吃东西，就宣称自己拥有一间绿能环保屋吧。除了古董家具外，你至少还需要在阁楼加上点隔热材料、装上可以烧热水的太阳能板、买个堆肥机。我觉得对待衣柜也应是类似的态度。你不能因为里面有几件复古衣，就以为自己的衣柜符合环保与道德标准。复古衣作为混搭的选项没有问题，但它算不上良心时尚的典范。

环保又廉价的二手衣

不过，热爱复古衣的好处之一，就是促使我们继续在旧货店里寻宝，这可是功德无量。二手衣（second-hand）与复古衣之间是有区别的，这点也在市场上反映出来。比如说，你可以把来年的购衣预算拨一部分出来买二手衣。这块市场还没有被大型复古衣商人控制，对慈善机构来说也是一门很好的收益。若是我们能为那些被丢弃的基本款——衬衫、T恤、运动裤等，这些不具有强烈流行性的服饰经常会被忽略——创造出蓬勃的市场，那么会是一个有助于开创一个更公平、更环保的时尚循环的好办法。

先前我们已经看到了，回收与分类机构已经有能力将质量好的基本款二手衣服挑出来，如今我们只缺足够大的市场。完全只从环保的角度来思考，若是每个英国人今年都愿意花钱买回收过的羊毛衣，那自然再好不过。这能够省下约3.7亿加仑水（约合14亿升水，英国水库的平均蓄水量约为3亿加仑）与480吨化学染剂。更有甚者，就算把回收衣收集、分类和运输等步骤的成本全部加进来，二手商店内基本款的零售价格仍然较廉价零售商开的低。二手衣不仅环保，还更便宜。

另外还有一些我称之为"慈善二手衣进阶版"（thrift plus）的计划，其中的佼佼者是"织品回收援助与国际发展"（Textile Recycling for Aid and International Development，简称 TRAID）。该组织在全英国各地广设鲜明的莱姆绿色回收桶，并且在伦敦及布里斯托设有店面。TRAID 与其他一般普通二手商店不同的是，它有自己的牌子：TRAID REMADE，该品牌与二手衣一同在店内销售。有潜力能被修改的服饰会从输送带上被挑出来，然后 TRAID 设计小组便会给予它们一个改头换面的新造型（特别针对青少年顾客群）。TRAID REMADE 及店内的收益主要用来资助海外的合作伙伴。比如说，"自主就业妇女协会"（Self-Employed Women's Association，简称 SEWA）就是 TRAID 的资助对象。该协会在印度成立了"拉及夫与纳嘉刺绣中心"（Rajiv and Nagar Embroidery Centres）。家庭工人能够从刺绣中心得到财务援助以及职业训练。该中心坐落在德里两个最大的贫民窟旁边，当地人口成了当地成衣产业的劳动主力。帮助该计划运作的桑杰·库玛（Sanjay Kumar）表示："SEWA 的家庭工人计划已经让我们家庭工人的工资增加近百分之百，并且让许多穆斯林妇女能够走出家门，到一间 SEWA 中心去领货并且相互交流。在那里，她们可以进而接触到小额贷款（microfinance）或子女的教育机会等其他的理念。这个经营计划不仅增加了她们的收入，也提高了她们的社会流动性。"

TRAID 的工作进一步证明在无奈接受"没那么差"的衣服之外，还存在另一种可能。我们目前有的成衣供应链实为万恶之渊薮，它们肆无忌惮地污染环境、践踏劳工人权。然而，我们还有其他的管道来获得我们的衣服，并扭转时尚界的趋势。诸如 TRAID 这样的组织就积极地把时尚工业转化成一种消弭贫穷的渠道，使之成为一个尊重且实质奖励工人的技艺的体系，并能够珍惜资源。这样一种对社会有贡献的供应链生产出来的衣服，才是我真心想要的。

15

少买一件更时尚

How Not to Buy

为什么你该花更多的钱，买更少的衣服？

To Die for：
Is Fashion Wearing out the World?

"完美衣柜"不能只关乎如何添进新衣服，即使那些新衣几乎不留下什么生态足迹，而且都可以生物分解。"完美衣柜"是有节制的，你没买什么与你买了什么一样重要。这听起来一点也不疯狂。因为，尽管我常常想要"不同"的衣服，或是更新潮，或是让我更漂亮，但我很少想要"更多"的衣服。从之前的讨论可以看得出来，我已经有了不少衣服。而你大概也是吧？

2010年2月，就在伦敦时装周开始前不久，薇薇安·韦斯特伍德（Vivienne Westwood）女爵甚至做出更激进的表态。她在英国广播公司伦敦电台的节目中，请求消费者除非是真的需要衣服，不然的话不要再买了，并且要大家在6个月内都不要再买进任何新的服饰。"我们都应该尽一己之力，而且若是身体力行，就能得到一种全新的人生观，摆脱掉那种看到什么就买什么的心态，并开始思考，将来拯救地球的正是这些伟大的思想家。"她这么说。我喜欢她的姿态，但很可惜的是，她高贵的主张却因为电视画面下方摆着展现她的新收藏的新闻链接而被打了折扣。然而，这个"停止购物"的宣言并不太受欢迎。"今天早上当我看到英国最有名的设计师之一，薇薇安·韦斯特伍德跳出来告诉大众为了拯救地球而不要再买衣服时，我差点被我嘴里的玉米片噎倒。"时尚产业杂志 *Drapers* 的洁西卡·布朗（Jessica Brown）如此写道。她说，尽管气候变迁问题值得大家关注，但在考虑地球的脆弱性之前，也得考虑经济的脆弱性。

但是，你我又岂有理由以疯狂血拼来支持一个没有未来的经济模式呢？尤其如果我们能够不把时尚与个人风格建立在大量消费之上，那么我们不只能省点钱，省些空间，更能建立一种务实且高雅的美学。我们不只会成为优秀的全球公民，而且是时髦、亮丽、帅气的全球公民。

要达到这个目标的关键在于，我们必须建立一个新观念：即"完美衣柜"里的每件衣服都必须用心妥善照顾。每件衣服都是重要的、被渴望的、需要细心照料和呵护的。同时，你越是用心经营你的衣柜，你越不会随意乱买。这不只关系到你如何挑选新衣服，也关系到你如何对待旧衣服。这一切从你如何照料它们开始。

洗衣大学问

针对生产衣服导致的大量生态足迹以及改革的呼声，成衣产业的反应倒是相当"名副其实"：把衣服洗干净就好。针对消费者所发起的环境保护运动中，Ariel 超浓缩洗衣液的"转到30"（Turm to 30）是公认最成功的。这是跨国公司宝洁（Procter & Gamble）提倡的活动，旨在要英国民众在使用 Ariel 清洗衣服时，将洗衣机的水温转到30度。据说，若是能做到这一点，长久下来将有助于减少温室气体排放。或许听起来没什么，不过这其中是有道理的。首先，英国人用来洗衣服的水温比其他国家的民众高得多，结果是为了把水加热（这可能只是一个家庭主妇私下流传的小秘方，好让她们能够洗出比白色更白的衣服），我们得花上更多的能源，也因此使全球暖化问题雪上加霜。于是，宝洁找来了超级名模海莲娜·克莉丝汀森（Helena Christinsen）担纲演出，在倡导短片中优雅地将她的洗衣机扭转到30度的位置。果然这个活动成功地改变了社会大众的洗衣习惯，也因此获奖无数。

说到让我们的衣柜更加具有可持续性，"转到30"可以算是成效卓著，而且也没挡到时尚大厂们的财路，毕竟它的主张是认为，在一件衣物的整个生命历程中，造成最严重的环境污染的不是洒在农作物上的农药，也不是绕了半个地球只为了缝上一条拉链的布料，而是你和我在洗衣服时选错了温度。没错，根据这类分析，构成庞大的时尚产业最严重的污染源的，原来就是你我的洗衣习惯啊！因此想当然耳，为了拯救地球，你应该好好改掉坏的洗衣习惯。

"低温洗，高速转，少烘干——改变洗衣及烘衣的习惯，便能够省下40%的能源账单。"玛莎百货有样学样地提出如此建议，据说70%的衣服都可以用30度的温水予以有效清洁。如果你想要做得更多，可以进一步调整你烘干衣服的方式。每年全英国的烘衣机制造出近7万吨的二氧化碳，这相当于每周两万班次往返于伦敦与纽约的飞机所产生的量。一台烘衣机一年内会产生大约254公斤二氧化碳，而洗后自然晾干不会产生二氧化碳，一年还可以为你省下大约60英镑。当时尚产业开出这样的药方来处理污染问题时，可真是轻松愉快啊。

太简单了吗？嗯，恐怕是的。即使愿意乖乖接受使唤的消费者帮忙分担制造商、零售商，甚至是洗衣液制造商应该承担的道义责

15 少买一件更时尚

任,"转到 30"活动并没有把时尚产业的其他环境冲击纳入考虑。例如,布料进行染色时会排放 70 种不同的有毒化学物质到河流里,并需为全世界 17%~20% 的水污染负起责任。此外,"转到 30"也忽略了众所周知的大量用水的问题,更别提成衣工厂恶劣的工作环境。调低你的洗衣机的温度,并不会除去这些道德上的污点。所以尽管我全力支持更环保的洗衣方式,不过"转到 30"大概是你能为环保尽到的最微薄的一分力量了。这只是一个开始,但别止步于此。

我们往往偏好把洗衣服的责任转嫁给干洗店。我们倾向于将衣柜中高端、需要细心呵护的服饰送到那儿去。不过干洗并非万无一失的保证:我身边的一位朋友就在特价的时候买了一件黄色 Trussardi 针织衫,并不幸毁在干洗店的手里。此外,送去的服饰不见了或是被遗忘的事也时有耳闻。"想到我在干洗店弄丢的衣服就让我非常生气。"有一次我访问当红造型师及时尚缪思依莎贝拉·布罗(Isabella Blow)时,她对我这样说。她细数着遗失的衣服的清单:"拿到了上衣,却没了下半身。或是下半身拿回来了,但上衣不见了。气死我了。"

老实说,现在当我要将衣物交出去前,会非常小心翼翼。就好像是在递出一只刚出生的小狗般地谨慎。"你真的确定可以好好清理它吗?不要弄坏,它是真的真的很重要喔。"干洗店做出一贯的保证以安抚我,但当我开始提出一连串问题时:"你会使用哪些步骤啊?环保吗?"他们顿时就没了把握。

以干洗来说,真正的损害不是发生在衣服上,而是发生在环境以及工作人员的健康上。的确，相较于刚刚开始起步时，干洗业的伤害性已经没那么大了。19世纪50年代时，当法国染制工坊老板让·帕布堤斯·裘力（Jean-Paptiste Jolly）使用煤油作为溶剂来清理被油弄脏的桌布时，整个公司都有可能被炸翻。不过到了20世纪30年代时，洗衣业发现了四氯乙烯（perchloroethylene），自此以后前途一片大好。四氯乙烯是一种颜色及浓稠度都像是苹果汁的液体，它会和你最心爱的衣服一起被放进那些干洗业者使用的超大台机器中（"干"洗这词是有点误用了），在不引起缩水或褪色的情况下移除脏污及灰尘。在清洗完成之后，它应该被回收，并再次使用。在多次使用后，积累在内的灰尘会将它变成有着黏稠油垢的混浊黑色液体。四氯乙烯也会让干洗过后的对象有着那股"干净的"味道，不过其实你吸进的是加氯消毒过后的碳氢化合物，再混上溶剂以及挥发性有机化学物质。

20世纪80年代时，四氯乙烯被发现对人类神经系统有害，并且内含致癌物质，使用它的干洗业者必须领有执照。若是你造访的干洗业者依然使用四氯乙烯（大部分仍是），那么你回家后应立刻把那层骇人的塑料薄套拆掉（这层与此类化学剂接触过的薄套恐怕除了进到垃圾桶外，没别的地方适合它了），然后把衣服挂于通风处20～30分钟，以免挥发性化学物质污染了你的家——现今的室内空气是恶名昭彰的糟：密实封得死死的窗户、人工纤维板制成的家具，以及像是空气滤净机这类的"新玩意"（我不喜欢这东西的程度差不多就像讨厌干洗袋一样）。

或许你也想到了在过去一个世纪中干洗店从业人员得忍受的职业风险，四氯乙烯已被认为与几种特定类型的白血病以及肿瘤发生率的增加有关。另外并不令人意外的是，在干洗店周围空气中的四氯乙烯浓度也比较高，恐怕会对一般大众造成影响。

还好四氯乙烯不是唯一能用来干洗的清洁剂，一些更先进的干洗业者引进了非四氯乙烯干洗，我建议你找一家这类的店家。比如说英国最大的干洗连锁店 Johnsons 就宣布在全英国有 150 家绿色干洗店。它们以提炼自沙子的液体硅树脂取代恶名昭彰的四氯乙烯。听说也有一种干洗机是使用二氧化碳将衣服吹干净的（而不会将它释放出来，因此不用担心气候变迁的问题），然而这些设备都要花上好几十万英镑的成本。预估要等到 2020 年，使用四氯乙烯的清理方法才会完全消失。为什么这么可怕的污染源，却要拖到那个时候才能从我们的身边消失呢？我猜是和成本有关。直到那一天来到以前，请审慎地选择你造访的干洗店吧！先问问自己，这件衣服真的需要干净成那个样子吗？我们还有很多新鲜空气啊！把衣物晾在室外，微风吹拂半小时后，就会令人满意地焕然一新了。

衣柜管理学

在清洁洗涤之外，我们需要留意另一个不起眼但却对衣柜影响甚巨的细节：缝补。我难过地向大家报告，在现今整个时尚景貌中，我们正逐渐失去手艺精湛的修补师傅。但这没什么好讶异的，我们只要想想在过去20年间的以下情形：衣服及配件若是坏了往往不是被拿去修补而是被直接丢掉，此时的修补师傅们可是门可罗雀啊。我们花在修补上的费用，只占时尚预算费用的不到3%，实在是微不足道。大概比我们花在买发圈上的钱还少。我全力支持提高我们花在修补上的费用：我个人愿意把它拉高到10%。我还给这个策略取了一个没什么创意的名字："衣柜管理学"。从长远的眼光看来，这笔钱会物超所值。

若是我们将当前的消费与使用模式视为理所当然的话，那么我们的衣物将永远只会有蜉蝣般的短暂生命。这可是祸患无穷。其中尤其受到冲击的，是在英国为衣物及配件提供修补服务的小型工厂。这个危机之严重，不仅在于这个行业可能会关门大吉，更因为这是一个恶性循环：修补师傅消失的愈多，延长衣服寿命的希望就愈渺茫。我在布莱顿（Brighton）住过几个月，有一次我偶然走进一家名为"皮革妙手"（Clever with Leather）的店内。这是一家名副其实的皮革修复店，老板是一位有数十年制作及修复配件经验的师傅。我带去一条特别昂贵的皮带，但上面配着相当劣质的扣子。师傅在对此议论一番之后，开始动工。他为我的皮带多打了几个洞（我不小心买了大一号的尺码），并且多加上一个固定皮带的环，以便我在使用时不会有多出来的几英寸皮带在外面晃来晃去。几分钟内，他就把原本被堆在抽屉里不用的垃圾，变回了实用美观的配件。他化腐朽为神奇的手艺多少钱？区区5英镑。

英国的修补工匠已经为数不多了。由于需求的减少，勉强幸存

15 少买一件更时尚

下来的师傅，往往也减少他们能够修补的品项的种类。在寄到我报纸专栏的电子邮件中，最常见的是询问如何更换运动鞋（通常是流行款鞋而不是慢跑鞋）的鞋底。有一次我收到特别多的同类来信，于是我联络了所有我能找到的补鞋匠，并得到了有趣的响应。在鞋子改为大量生产后，制造程序方面出现了一个改变，就是鞋底改以注射的方式进入模具中完成，而不是采用当原本的鞋底穿坏时能更换的一片鞋底。不过某几位我通过补鞋师傅协会（Society of Master Shoe Repairing，这样的组织还是存在的）联络到的师傅表示，他们不久前尚有意愿修运动鞋，不过其兴致都被消费者的冷淡给消磨光了。他们当中一名叫戴维的先生"投资了一个有着各种不同尺寸的特殊压制器，保证为各样的鞋底找到完全合适的修复法"，但却发现喜新厌旧的消费者宁可去买一双新的。不过多数的补鞋师傅说，他们依然能够修复一些特定颜色及图样的鞋底。所以，你应该保留下任何还在的鞋底，并且寻访所有当地的补鞋师傅。在买新鞋之前，请给旧鞋一个机会。

我们也需要捍卫现存的系统。当 Pringle 在 2008 年夏天关掉其在苏格兰的工厂时，似乎也成了该品牌"克什米尔修复服务"最沉重的熄灯号。这个修复服务是 Pringle 长期以来针对售价 250 英镑以上的高端克什米尔针织衫提供的，以延长这些衣服的寿命，抵挡虫蛀、起毛球以及其他可能的损伤。由于需求声浪不断，这项服务将由另一家苏格兰工厂来承担，并即将重出江湖。

衣服交换

修补衣物只不过是基本的日常所需，对我们的老奶奶来说，根本想都不要想就顺手做了。想到每件衣服都得来不易，累积了不少工匠的心血，因此好好地清洗、保养、修补亦只不过是应有的尊重而已。"完美衣柜"管理学的标准比这个高一点，需要更多的想象与创意。

经过10多年的疯狂消费与不负责的血拼之后，现在市面上流通的布料大概够我们所有人再穿到下一个10年。每年被丢进英国垃圾掩埋场的衣服竟然多达200万吨，更别提还有无数的衣服连穿都没穿过，就被深锁在衣柜中。这些都是机会。的确，若是我们可以让时尚循环的系统运作得宜，我们可能永远都不需要再买新衣服了！

此外，正如某甲的毒药可能是某乙的蜜糖，某人买错的衣服，可能刚好是另一个人梦寐以求的时尚珍品。因此，在向零售商购买之外，让我们彼此有机会进入别人的衣柜，这也是一项值得尝试的创举。这就是所谓的衣服交换。衣服交换正式诞生要回溯到20世纪90年代中期，美国"衣服交换"（Clothing Swap）的创办人苏珊·阿迦希（Suzanne Agasi）立下了一套基本规则（这是重要的）并且举办以慈善为目的的募款活动。然而，她也想推动一种在零售商店之外的"迷人环保"（green glamour）。它的核心理念是把"你会借给好朋友的衣服"拿出来，并且强调衣服交换不是垃圾回收，能拿来交换的服饰必须要是干净的（刚刚洗过），并且保存情况非常好的。能拿出来交换的衣服大多属于以下三种之一：新衣（挂牌还在的）、几乎全新（只穿过一两次），以及被"小心"穿过的旧衣服，这种情况的衣服是被穿过，但是几乎完好如初。经济萧条再加上缩得愈来愈紧的荷包，使得现在衣服交换活动扩散到了全球，尤其是在英国，它已从非主流的活动蜕变成了主流。你也可以找到名称富有地方风格的衣服交换活动，譬如将"交换"（to swap）一字改用"嗖嗖地移动①"（to swish）。

我必须老实地说，我在第一次进行衣服交换时有点忐忑不安，那是场由信用卡龙头公司 VISA 赞助，在柯芬园精心举办的活动，所得门票费捐作公益。你会根据自己带来的衣服得到一个分数，评鉴标准包括品牌、质量等，然后分数会被储存到一张信用卡中，你随即可以用里面的额度来选购。我逼着自己要大方一点。老实说，我觉得要分享自己的衣服不是件容易的事。我挑出来几双只穿过一次的烤花皮鞋（尺寸不合脚）、几件我觉得不再适合我的裙装、一件肩线部分太窄的 Hilfiger 西装外套。我累积了不少分数，然后选了几条裙子：看起来不特别，但很适合添进衣柜里平常穿。事后，我环顾着逐渐清空的衣杆子，当时已近傍晚，就在我差不多要离开时，朋友指向一双孤零零地搁在架子上的鞋子，我立刻为之惊艳。那是一双六号英国制的复古鞋，鞋面是绿色，高跟上涂有英国赛车

---

① 译注：swish 在英式英文中亦有漂亮、时髦的意思。

绿（racing green），显然它不符合大众口味，但却正合我的胃口。3年了，它仍是我最常穿的单品之一。鞋跟高度完美、走起来平稳舒适、比例优美，套句设计界的老话，它与我就是天造地设的一对。有了这次美好的初次体验，我从此成了衣服交换的常客。

有些衣服交换活动的狂热者能花上数小时告诉你他们捡到多少宝物，然而，也有许多人觉得此类活动令人大失所望。我想，这是因为成功的衣服交换需要有一颗慷慨的心（以及许多细节规范），这点至今仍是我们在对待衣柜时缺乏的态度。首先，要有一场皆大欢喜的交换活动，大家都必须懂得放弃。名牌与高质量是一场衣服交换是否能够成功的关键。可是，就算你并不常常穿它，要你放弃它却也很心痛。没人想把一件能在易贝（eBay）上轻松卖掉的单品拿到衣服交换活动上，最惨的是你可能发现其他人提供的东西都难登大雅之堂。衣服交换活动需要我们敞开我们的衣柜，并慷慨大方地分享。

以借代购的时尚

若是参加衣服交换活动，表示你已经向"以借代购衣柜"迈出了第一步。很抱歉我取了一个这样古怪的名字，但它代表的是一种具有高度可持续性的策略。你到目前为止也会发现，学术界中从来就不缺乏努力找出解决消费主义燃眉之急的方法。他们的研究结果很清楚：若是我们能控制住我们占有、购买的欲望，我们便能够管理我们其他的欲望，譬如让产品升级，或是购买比较环保的时尚商品。降低消费者血拼渴望的法门之一，是公司不再以贩卖商品为主，而是贩卖服务。有些公司已经在推动这样的做法，尤其是在荷兰。以洗衣机为例，概念很简单，与其拥有一台洗衣机，不如去租一台。洗衣机公司可以靠维修及租金获利，而不是靠把产品拼命推销给你之后，得到一笔短期收入。一般来说，我们买过但很少使用的东西太多了，其中排名第一的要数电动工具。我们计划某个周末要自己动手敲敲打打些什么，但大概就持续这么一个周末。而后电钻以及其他的工具会在你的储藏柜里堆个好几年的时间。这样的统计数据或许不是一个全球总值234亿美元的电动工具产业乐于让你知道的，但是平均下来，电钻一年内被使用到的时间为4分钟。这从任何人的标准看来，都是很低的使用率。因此，合理的做法是，让消费者加入一个电动工具分享计划，甚至自己发起一个。这么做会使你成为一个"以借代购"的消费者，不再需要为了实际拥有一样产品扛起沉重的负担，而是在需要及想要用时采取租借的方式，等到有新产品上市时就可以准备退租了。

想象你自己在服饰方面也采用"以借代购"模式。以一个月为期，能够自由进出衣服及配件收藏室，当你使用的"必买包"热潮退去时，你可以把它还回，然后以另一个能够满足你渴望的包包来取代，而无须担心拎着一个落伍的包包上街。我常常想着，在西方的我们缺乏一种真正在无论什么场合都上得了台面的衣物。比如说，印度的纱丽（sari）就有这个功能。纱丽的精髓在于其布料以及上面的装饰，而非其剪裁。它已经愈来愈成为这个多变时尚中的新主题：当然它也有颜色、布料及刺绣方面的不同潮流。但它的形状却能随着你的身材而变化，因此，怀孕、体重增减，以及各种你能想象的状况都难不倒它。许多女性在购买穿了一次后不晓得下次什么时候会再穿的孕妇装时都不大情愿，这也是为什么孕妇装与相关产品的出租会是一个好点子。另一个比较没有那么实用的出租生意是手提包。美国的"借包或偷包"（Bag, Borrow or Steal）是一个提供高档奢侈品的租借服务的组织，不同的会员等级能够让你租借不同等级的包包。若你在意的是最新的设计，那么多付点钱，就能够租借最"潮"的必备品。另外，出借晚礼服的服装公司已经很普遍了，在伦敦的"一夜情"（One Night Stand）便已运营超过 20 个年头。这些租借公司就是基于我们每个人都有不同的品位，并不是每个人都需要以当期 *Grazia* 杂志介绍过的配件现身，而且每个人对于潮流都有不同的偏好。"以借代购"并不想要批判或压抑我们对流行服饰的热爱（这点会让环保清教徒有些失望），但是它们却能将对环境的冲击减到最小。

可惜我在"以借代购"方面并没有什么亲身体验可以分享，因为正当我决定要加入一家英国的皮包租借公司时，它恰好关门大吉了。这也显示出英国消费者对于租借的态度还有待提升。不过我能做的是寻找具备相似概念的新时尚计划。我在利兹（Leeds）发现一个"反传统"（Antiform）时尚计划，而且似乎大有发展潜力，虽然它的理念"社群流行"（community fashion）听起来不是很吸引人。

这是一个在地的时尚系统，它正在实践我曾经想象过的计划。

15 少买一件更时尚

我曾经构想,光是在我居住的邮政编码内,一定会有些被嫌的旧衣物,而每个居住在此区的人一定会乐于与邻居交换自己的收藏。"反传统"就是从利兹的海德公园地区收集废弃的衣服,并与当地的社群团体,譬如说成员都有刺绣、缝纫专长的亚洲女性团体(Asian Women's Group)合作,一起设计、改造这些旧衣服。此外,凡是买自"反传统"的服饰,都可以免费回店修补,或是进行订制化的改造。另外,这里的消费者还可以参加每个月的交换活动。"这里的衣服的生命可以无限延长,因为它可以持续被升级、改造、分享,或是在各种不同的工作坊与交换活动中易手,"莉兹·哈里森(Lizzie Harrison)在永续设计中心就读硕士学位时想出了这个计划,"我们希望顾客从一个被动的消费者变成一个积极主动的时尚行动者。"

自己动手做

打造"完美衣柜"最积极的做法,就是自己制作衣服。要成为自己的设计师/造型师到什么程度,取决于你的能力、耐心以及有多少时间。这不是一本手作书,上天可以为证,我没资格写手作书。我上次认真动手拿起针线大概是 7 岁的时候,做了一个乏善可陈的茶壶保温套。而且我听过一些尝试自己做衣服却惨不忍睹的故事。一个朋友哀伤地提到她的环保斗士先生决定自己做一件套头毛衣,他找到来自奥克尼群岛(Orkney island)上吃海草维生的有机绵羊羊毛,自己纺织,然后用家里自己种的靛蓝做染料,染出一束束深浅有别的蓝色。"如果把投入的劳力也计算在内,我想这件毛衣的价格差不多要 2000 英镑吧。"她自嘲地说。

套用那句著名的口号,"我宁可裸体也不要穿那件靛蓝色的大麻"。不过出乎意料的是,在某个放弃大众流行服饰走向"完美衣柜"的时刻,我受到了手作风潮的鼓舞。约翰-保罗·弗林托夫(John-Paul Flintoff)在《透过针的眼》(*Through the Eye of the Needle*)一书中,描述自己制作衣服的过程,意识到自己手上正在用的线很可能来自某一家血汗工厂。这是一个充满勇气却又很可笑的尝试,尤其是当他穿着用荨麻做的会扎人发痒的羊毛裤时,更是令读者捧腹大笑。

能够自给自足整个衣柜的衣物,或许是个迷人的想法,不过实际上是极度困难的。若是真要贯彻到底,首先你得要自己种植纤维。而既然棉花不合格,剩下的选择就是像大麻或荨麻这类的环保纤维。我曾眼睁睁地看着一个试着在偏远的西韦尔斯种植大麻的务农朋友惨遭挫败。不过,环保团体"生态区域"(Bioregional)确有办法成功地将英国大麻制成织品纤维,然后被凯瑟琳·汉姆纳特用来做成一件夹克。

尽管有些约翰-保罗·弗林托夫自制的衣服实在不雅观,以至于他的妻子不让他穿出门,但是其他的结果都还算不错。在一次对谈中,他示范给我看如何将一件尺寸过大的衬衫,在几分钟内修改成一件巧妙合身的衣物。一位在场的男装名设计师也对他居然能只靠一台踩踏版的 Singer 牌缝纫机,两三下就做好一件手工大麻牛仔裤而啧啧称奇。与此同时，我爱上了 diy-couture.com 的自制系列，还从 offsetwarehouse.com 等等类型的网站（它可以供应从人字呢到大麻、丹宁等材料）上买了几米环保布料，又在美国网站 source4style.com 上找到一些本地生产、用心栽培的公平贸易印花布料。既然买了这么多，我只好再接再厉报了一门由 ohsewbrixton.co.uk 开办、位于南伦敦的短期课程，它保证教会我使用缝纫机，并且做出实用耐穿的衣物。（我最期待的是"如何缝制出合身的长裤"这堂课。）

其实并不是只有我有自制衣衫的想法。英国自助商店 Argos 的 2008 年销售报告显示，缝纫机的销售量较前一年提升了 50%。同年 4 月，英国知名零售商 John Lewis 亦称，缝纫机的销售较前一年上涨了 46%。热潮蔓延至缝纫用品店，裁缝剪刀、纽扣与去年同期相比上涨 36%。另外，设计学院必须规划更多有关订制、二手货再利用、基本打样剪裁，甚至是复古装修改的课程。还有，有机棉零售商 Gossypium 推出一件配有缝纫工具的套装，以迎接上世纪 70 年代缝纫流行热潮的复兴。

近来，在地铁上看到时尚达人为了打发等待伦敦北线的空当，拿出他们的织针和羊毛球一上一下地织着，这已成司空见惯的事。我已经数不清看到过多少个赶时髦的缝纫社团了。但显而易见的是，这些人的出发点并不是成为缝纫大师，后者我会不客气地称之为"缝纫猫"（knitted cats）。但这些人有一个更崇高的目标，也就是把主导时尚生态的权力夺回到自己的手上，尽管每双手的灵活程度不一样。

我有好久没有拾起我的织针了。20世纪80年代中期,我曾经就读于一所设有古怪的实验课程的小学。当时我每天大多数的时间都用来学习纺织、缝纫以及写书法。我必须承认我对书法实在不是非常有天分,不过我在纺织及缝纫方面表现得很出色,当我把用自己小小双手纺出来的天然羊毛球给父母看时,他们非常讶异。但与其说他们是讶异,倒不如说他们是被吓倒了,尤其是我爸。在他的想法中,孩子应该从学校学到的是像数学和英文这样的基础技能。于是,他们找到了一所更传统的小学,我的缝纫生涯就这样戛然而止了。但现在我相信那第一所小学不是一个偶然的错误,或许纺织和缝纫是我错失的两个最重要的技能。从许多方面来说,缝纫都是蓬勃发展的良心时尚运动的关键基石。这不只是因为羊毛可以保存得久,还因为在亲手编织一件衣物时所投入的技巧及心力,正是一件物品得以长寿的原因。在我们这个大众流行商品只会被穿上三五次的时代,手工织品却可以穿上百次。

　　不过对亲手制衣的人来说,最大的乐趣在于他们可以挑选自己爱用的纤维。他们现在有一个能够将永续纤维编进衣物里的机会。尽管大量生产、质地粗劣的便宜羊毛到处都是,不过非常环保的毛线现在也越来越普遍。自制者不仅仅是自己生产,也对他们使用的纤维的生产过程以及实际效果很感兴趣(有些人几乎讲究到病态了)。我老在抱怨现今我们已经对衣服多么陌生——不了解标签上的信息,或是不知道身穿的是什么纤维——但是自制者却正好相反。他们在购买时会考虑到该纱线有什么优点与缺点,以及其他的特性。

好消息是纱线制造商似乎也想尽办法迎合我们,努力找寻一种更"天然"的产品。最近主要的毛线制造商推出的新款包括:美国维蒙特有机纤维(Vermont Organic Fibre)的O-Wool系列;狮子牌的天然选择(Nature's Choice)系列;30年老字号的英国毛线公司Rowan推出的纯净生活(Purelife)环保系列,其中包含一种有机羊毛、一个自然染的系列,以及一种自然染的有机棉花;还有蓝天羊驼(Blue Sky Aplaca)推出的超薄天然色有机棉以及使用最少污染染料制成的超薄染色有机棉。类似的还有极品有机棉(Sublime organic cotton)通过一个名为BioRe的棉花计划,在不使用农药的情况下进行有机耕种,并且"使用天然成分进行轻柔的染色"。还有一些介于有机与非有机之间"过渡期"纱线。它们也有某些环保上的优点——像是低污染生产过程、取自永续畜牧群,或是使用替代纤维——不过还不到能称得上是有机的地步,例如,Sirdar环保羊毛。美丽诺羊毛则是来自于没有被去皮过的绵羊。豆腐的副产品,大豆纤维(soy silk),也可以用作布料纤维。

事实上,除了大豆、大麻,还有所谓的"植物性克什米尔羊毛",有各式各样无须伤害动物或使用任何碳氢化合物的替代性纤维。木纤维(lenpur)是一种取自树皮的植物纤维素,完全不会扎人或让人发痒,也相当贵。此外,还有菠萝、亚麻以及含有30%牛奶蛋白的牛奶纱线,甚至还有巨型褐藻。

自制并非唯一选项,要改造衣柜还有五花八门的方法。在电视上已经出现量身定做衣服的节目:在英国随处可见温国兴(Gok

Wen）在主持的节目《秀出好身材》(*How to Look Good Naked*)中帮助委托人以缎带、珠饰及各式各样小玩意儿将从大众流行店买来的服饰进行改造。这没什么不好的，只不过改造从大众流行店买来的服饰只是一小步。反之，更有效的做法是回头看看自己衣柜内现存的衣物。一旦你知道该如何缝制或进行订制化修改，你就能够对一件旧衣服赋予一种新的想象。我不会刺绣，但恰巧遇到一名推广在旧衣服上绣上新图案以作为装点的设计系学生。于是我交给她一件深色的有机棉牛仔裤，然后她在后方的口袋上绣了一个小小的爱心。这个爱心不仅漂亮，也让这条牛仔裤再次活了过来。以前它总被堆在旧衣服中，但现在我会想赶快穿上它。尽管只是一个小小的巧思，但却让这条牛仔裤起死回生，并且免于被丢掉的命运。这真是功德无量。想想看，每年平均每户英国人会把26件仍然可以穿的衣服丢进垃圾掩埋场，这个数字是"完美衣柜"绝对不能接受的。

新时尚风格

经营一个"完美衣柜"并非把所有坏习惯根除，然后引进一套新的"好规则"。只要能摆脱掉贪多务得的消费欲望，你就能建立一个更环保、更有价值、更持久并且更有你自己的个人风格的衣柜。当然，人人称羡的衣柜不可能一朝一夕就完成，它需要花时间试验、探索，并且研究出一种合宜的美学。我想每个人都曾经有过如下的惨痛教训：你一度以为在某家店里买了一套从头到脚无不闪亮美丽、期待着朋友会露出羡慕赞叹的眼光的行头，但到头来却发现只是灾难一场呢？尽管如此，在我们买衣服的时候依然会学秀台上的模特儿，然后凭着有限的预算，期望为自己买一套从头到脚的整身行头。

然而，一旦我们能抛掉这个偶像崇拜的念头，自然而然会受到另一种时尚风格的吸引，而这种风格在过去是我们觉得太过遥远、陌生的。与其将买衣服的钱花在杂志推荐的整套最新流行款式之上，不如花在那些你认为有创意、做工细腻的单品之上。这样一来，你能体会到许多前所未有的惊喜。

我与 Junky Styling 擦出的火花是关键性的一刻。15 年来，这个牌子在伦敦尽力推广着自己的美学。其创办人凯瑞·席格（Kerry Seager）和安妮卡·桑德斯（Annika Saunders）从修改老派西装起家，不仅将它们的款式改得更流行，而且还非常大胆前卫。一阵子之后，这家店开始提供衣柜大翻新的服务：他们会翻遍衣柜，挑出布料有潜力但款式已经退流行的衣服，将之修改成具有长远美学价值的新造型。该品牌一年两次在伦敦时装周中发表作品，甚至在 Topshop 有过自己的专区。所以，我把我的一袋"旧"衣物交给他们，而不须明确告诉他们我想要的样子，因为我对他们的手艺与理念有信心。

两天后我领回了一件附有腰带的量身定做的晚礼服。这是我的时尚人生的巅峰之作啊！这件礼服雅致且大方得体，并不是标签上写着"我很环保"的那种类型。我原本交给他们的那套——Whistles 纯黑底红色细纹两件式西装外套加上一件裙子——

被他们的巧手改造成了3件！这3件彼此搭配得天衣无缝、相得益彰。仔细一看，在礼服背部下方的饰条是用原来西装外套的一只袖子制成的，上面还保有一颗原本外套上的精致黑纽扣。

别担心，当我穿着我的再生礼服时，不会唠叨地向每个人炫耀它的故事。我不需要，因为它散发出的光芒自己会说话。这是一件真正令人眼睛一亮的精品。穿着它在身上，我得到有史以来最多的赞美。

在本书的一开头，你会发现我一件件地丢掉我过去的收藏，挺身迎战毁掉我的个人风格与时尚美感的服饰产业。我反抗这个百病丛生的体制，诊断其弊病与陋习，并且鼓励你与我一起这样做。而且，我认为我们应该坚持做下去，直到所有存在于当今供应链中的骇人之处完全消失。然而，做一个不苟合于流俗的人并非只是一场艰苦的战斗，它能帮助你重拾当初对时尚的热情。我相信那股热情绝对与奴役亚洲女性，或不分尺寸的打底裤一点关系也没有。就像我的前一套套装一样，经过了创意与手艺的大改造，现在它又成了一件光彩夺目、魅力四射的单品。"完美衣柜"承诺你我的是对自我风格的新想象，并且重新燃起你对衣服的热情。我，再也回不去了。

谢　辞

这本书就如同每件挂在衣柜里的衣服一样，都是好多双手和头脑通力合作下的产物。我感激所有曾经花上宝贵时间指教我的成衣工人、采购、设计师、回收业者、学者及消费者。谢谢所有努力证明良心时尚是一个势在必行的趋势而不是昙花一现的潮流的工作者。尤其要感谢的是我自己的战友：莉薇雅·佛斯、约瑟琳·怀波以及欧索拉·德·卡斯特罗。此外，还有好多朋友一路上甜言蜜语地哄骗我写到这本书的终点，若是没有阿拉敏塔·惠特利（Araminta Whitley）、路意丝·海涅斯（Louise Haines），以及从我14岁时就开始忍受我的（到现在我并没有变得更好）辛莉雅·海莉（Celia Hayley），这本书不可能问世。也要谢谢所有不断怀疑、挑战，并为道德消费、社会及环境正义挺身而出的斗士们。最后，最要感谢的是比尔·梅哈格（Bill Meharg）、克莱儿·梅哈格（Clair Meharg）与班·希格尔（Ben Siegle），他们是最伟大的斗士。